本书获兴义民族师范学院硕士学位授予立项建设
重点支持学科中国语言文学的资助

本书是兴义民族师范学院
博士科研启动基金项目的研究成果
（项目编号：20XYBS08）

秦汉简牍文书
分类个案研究

Case Studies on Classification
of the Paleography of Bamboo Slips in Qin and Han Dynasties

刘国庆 著

上海三联书店

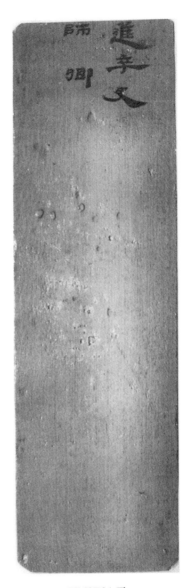

YM6D14 反   YM6D14 正

江苏省连云港市尹湾汉墓六号墓出土"师饶十谒"之一

YM6D20 反　　　　　　　　　YM6D20 正

江苏省连云港市尹湾汉墓六号墓出土"师饶十谒"之二

YM6D23 反　　　　　　　　　　　YM6D23 正

江苏省连云港市尹湾汉墓六号墓出土"师饶十谒"之三

《元致子方书》，帛书，一级文物，甘肃省敦煌市悬泉遗址出土。两汉地下出土文物中保存最完整、字数最多的私人书信。

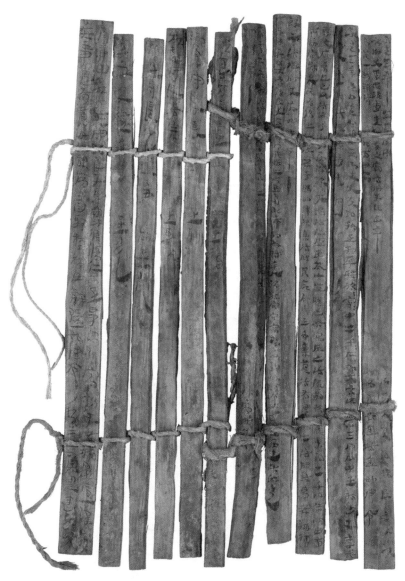

　　《失亡传信册》,悬泉汉简,一级文物。根据编绳及简上书写内容,这份由十一枚木简构成的册书可以确定为两份册书的编联。这两份册书的内容与性质各不相同,前五枚为追查丢失传信文书,后六枚属于敦煌太守府下发关于使者巡县的公文书。

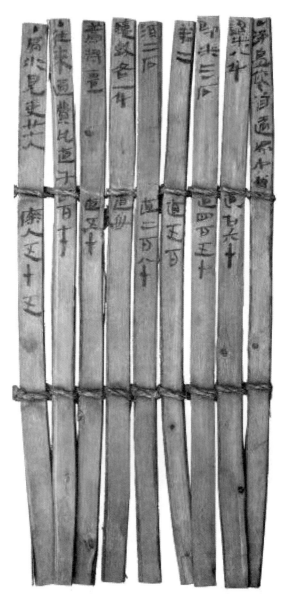

《劳边使者过界中费》册，甘肃省酒泉市肩水金关遗址出土汉简，一级文物。
为研究汉人的饮食构成、接待规格、劳边制度以及册书编联形式提供了实物依据。

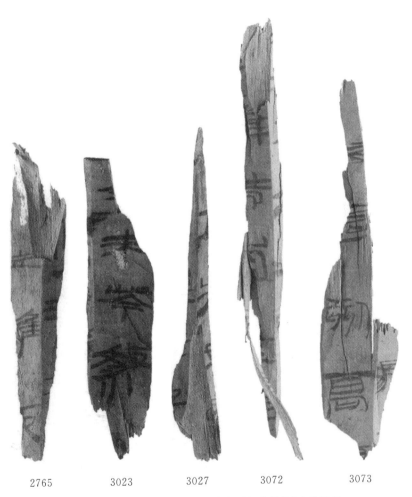

2765   3023   3027   3072   3073

《英国国家图书馆藏斯坦因所获未刊汉文简牍》中收录的
对木觚进行重复利用时刮削下来的柿

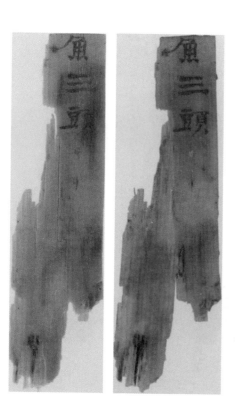

231 正面   239 正面

《长沙尚德街东汉简牍》中收录的文书杮(彩色图版和红外线图版)

二三六 2010CWJ1③：　　二三七 2010CWJ1③：　　二六二 2010CWJ1③：
71-5　　　　　　　　　71-6　　　　　　　　　71-31

《长沙五一广场东汉简牍(一)》中收录的文书柿(红外线图版)

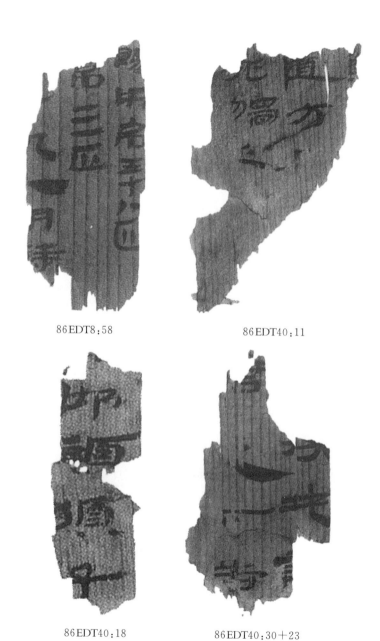

86EDT8:58

86EDT40:11

86EDT40:18

86EDT40:30＋23

《地湾汉简》中收录的文书柿(彩色图版)

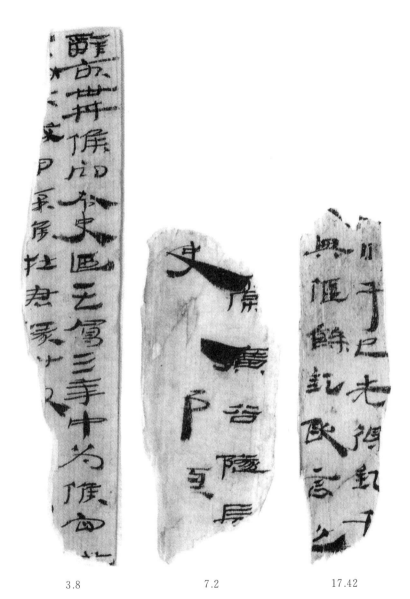

3.8   7.2   17.42

《居延汉简(一)》中收录的文书柿(红外线图版)

M3:3

M6:3

M23:3

M40:3

四川省宣汉罗家坝墓地 3 号、6 号、23 号、40 号墓出土的
战国早期至秦汉时期的削刀

简牍释文中所见符号的说明

（一）简文原有符号

■ ▮　　　　　　大方墨块。分书或分篇（章）号，有时上端画作椭圆。

● ·　　　　　　大、小圆点，表示总结，说明下文是上文的总结语，或书于简端（或行首）正文文字前，或书写位置与正文无别。

▨ ◊　　　　　　简牍上端画网格，或方或半圆，多用于木楬。

○　　　　　　　圆圈章句号。或表示一章之起始，或表示句读。

卩　　　　　　　确认符，表示对上文所记事物的核定、验证、认定、认可。

丨　　　　　　　竖线确认符。作用同上。

∠　　　　　　　锐角确认符。作用同上。

／　　　　　　　斜线。多位于文书末，为具名的标志，即在具名时先打上斜线，然后具名。

√　　　　　　　钩折符。表示的意义有：分隔；句读；分章；确认。

＝　　　　　　　下标的双短横。位于上一字的右下方，表示重文。

丿　　　　　　　文书在当时被阅读、使用人所加的标识、校点、画押等号,其用意需分析而定。

（二）简文释读时新加的标点符号

□　　　　　表示原简文中所缺之字,一□表示一字。

〔　〕【　】　表示根据简上残缺文字形体所补之字。

⊏　　　　　表示原简纵裂,右侧缺佚。

⊐　　　　　表示原简纵裂,左侧缺佚。

⊠　　　　　表示原简断折处缺字。

……　　　　表示原简文中有缺字,但缺字数目不确定。

A、B、C、D 分别表示简牍的正面、背面、两侧面。

▣　　　　　原简有封泥印匣。

目　录

前　言

本书探讨了秦汉时期的两类简牍文书：

一类是以"刺"为名的文书；

一类是柿文书。

一、对以"刺"为名的文书的探讨包括：

（一）讨论秦汉时期是否存在名刺。

我们梳理了秦汉简牍材料中的"刺"字，考察其字形、语义及搭配，同时对辞书和传世文献中疑似为"名刺"的记载进行重新释读和分析，认为：秦汉时期的"刺"字并没有产生"名片"义，"名刺"在当时既无其名，也无其实。

（二）考察谒文书的来源。

我们从谒的构成要素、谒的功用、谒所通达的双方这三个方面入手，发现：谒所通达的双方并非陌生人；相较于名片，谒更多地保留了书信的构成要素；谒正是通过其上所写的拜访、庆贺和问疾等内容来达到书信的功用。因此，作为"名片"类文书的雏形，谒起源于战国时期的书信（记）。

（三）探讨爵里刺文书的产生，通过对其功能性质和构成要素的分析，推断它的存在及例证。

尽管目前尚未见有自名"爵里刺"的记载，但爵里刺作为一种表明或包含个人身份信息的文书，这一性质决定了它的核心要素是"姓名"和"郡县籍贯"，它的名称又要求其基本构成还应包括"官爵"和"乡里"。在西北汉简中，"吏名籍"等 19 种文书可以通过附加"官爵"和"乡里"信息来进一步表明吏卒的身份；在长沙走马楼三国吴简中，通过"官爵"和"乡里"的固定搭配可以详细记录民众的户籍信息。正是因为这些户籍、身份文书的广泛存在和使用，促使了爵里刺在东汉和魏晋时期的产生和通行。

江西南昌西晋吴应墓中的名刺简"中郎豫章南昌都乡吉阳里吴应年七十三字子远"和居延"吏名籍""卒名籍"简均符合我们对爵里刺文书性质和构成的分析，将它们统称为"爵里刺"其实并无问题。根据使用场合的不同，"爵里刺"在《世说新语》和《事林广记》中被用作名片类文书，《魏名臣奏》中用为公务文书。

（四）对以"刺"为名的文书进行归类和命名。

秦汉简牍中有一些以"刺"为名的文书，这些文书名称中的"刺"在秦汉时期只能表笼统的"文书"义，而不能体现和指称文书的具体种类。因此，我们虽然可以直接以"刺"为名来称呼这些简牍，但在具体归类和命名上，应当按照文书集成的理论和方法，选取与这些"刺"各自相关的简牍进行编联，还原其所属简册的完整结构和内容，考察它们实际的使用和流通情况。只有这样，才能更好地表明其各自的形式和性质，做到名实相副。秦汉简牍中涉及的以"刺"为名的文书，其具体归类和名称或可调整如下：

1．"谒"归属于"书檄类"文书下的"记"；

2．"入官刺"置于"簿籍类"文书下，名为"入官名籍"；

3．"月别刺"归属于"簿籍类"文书下的各种粮食出入簿或"校簿"；

4．"出奉刺"归属于"簿籍类"文书下的"吏奉赋名籍"；

5．"表火出入界刺"和"邮书刺（过书刺）"都归属到"录课类"文书下的"录"；

6．"券刺"当归置于"符券类"文书下，命名为"契券"；

7．"吏买荚刺"归置于"簿籍类"文书下，命名为"吏买荚名籍"；

8．"库折伤承车轴刺"归属于"簿籍类"文书下的"车夫名籍"；

9．"书刺"即为"书檄类"文书中的书信"私记"。

二、对柿文书的探讨包括：

（一）指明简牍学中柿的种类和研究内容。

目前所见的带字简牍柿，依据来源和其上书写的内容可分为两大类：

1．源自简牍典籍的柿，主要是对简牍进行重复利用时刮削下来的竹木片，目前所见多为从觚上刮削下来的习字柿，内容归属"小学"类。

2．简牍文书学中的柿，具体包括两部分：

（1）修改错讹简文时删削下来的竹木片，这部分是我们通常所理解的柿，但由于其上内容属于误写，只字片语往往不可连读，研究价值不大；

（2）对大竹木简牍进行重复利用时刮削下来的竹木片，其上所载内容一般涉及簿籍、书信等多种文书类别。这部分柿是简牍文书学中需要重点梳理、判别和探讨的。

　　简牍学中对柿的整理和研究,具体内容应包括:①借助高质量的正、反面彩色图版对柿进行判别;②柿的材质(竹、木)和形制(简、牍、觚)问题;③柿的尺寸信息(残存长、宽、厚以及上下端、左右侧是否平整)的测量和描述;④柿上文字的释读及缀合;⑤削刀的使用等。

　　(二) 对削刀进行初步探讨。

　　削刀贯穿了简牍从析治、编联乃至其后书写的整个过程,对削刀的探讨有助于我们对柿进行判别和深入的认识。削刀的出土非常零散,研究也颇为简略、琐碎,多见于各种发掘报告,基本局限在对其材质、形制、尺寸的描述。就我们目前所见,甘肃敦煌地区和四川宣汉罗家坝遗址出土削刀的数量和种类最多。我们对这两处的削刀进行梳理,依据刀刃的弯曲状况,将其形制和功能概括为三大类:

　　1. 刀刃向内弯曲。此种形制的削刀是重要的文房用具,体现在简牍从析治、编联、书写、重复利用到废弃的全过程。

　　2. 刀刃或刀背平直,基本不弯曲。此种形制的削刀是日常重要的生产工具,其具体功能表现为对物品进行广泛的切割、刮削等——这既是削刀的起源,也是其最基本、最主要的功能。

　　3. 刀尖翘起,刀刃向刀背一侧弯曲。此种形制的削刀是日常重要的生活用具,其主要功能体现在对食材的处理上,如剥离牲畜的皮毛,这方面的功用在游牧民族地区尤为常见。

　　因此,削刀是简牍时代古人重要的日常生产、生活工具,生时可随身携带以备使用,死后作为重要的物品陪葬。削刀的产生和使用与简牍并无必然联系。削刀在简牍上的使用,只是它众多功能中的一种,和笔、墨等不同,削刀并非专门的文房用品。

(三)对文书柿进行梳理和研究。

我们通过对目前已公布的《长沙尚德街东汉简牍》《长沙五一广场东汉简牍》《地湾汉简》《居延汉简》这四批材料中的文书柿的汇集和梳理,讨论以下几个方面的问题:

1. 文书柿的尺寸、材质

简牍柿的尺寸信息包括它的残存长、宽、厚度,并涉及其上下端、左右侧是否平整的问题。目前所见已公布的文书柿材料中,《长沙尚德街东汉简牍》和《地湾汉简》披露的文书柿的尺寸信息最为完备。通过梳理发现,除了大木简牍上刮削下来的柿外,源自普通木简(指原简完整长度为汉制一尺,约合今 23 cm,宽度小于 2 cm 者)的文书柿的残存长度一般在 5 cm 以下,残存厚度基本在 0.1 cm 左右,残厚超过 0.2 cm 的罕见。

目前已披露的文书柿基本全为木质,即来源于木简、木牍或木觚。

2. 文书柿在整理和研究中存在的问题

(1)除了墓葬简牍外,西北边塞简和南方井窖简牍中都伴有大量的柿出土,有待整理者及时地整理。在出版公布时,柿的彩色背面图版和残存厚度这两项信息必不可少。

(2)残断简不等同于柿。学者容易将有下列特征的残片误归为文书柿:①残片空白,未写有文字或字迹;②残片正反两面均写有文字或字迹;③残片上残存墨迹显示为图形;④残存厚度过大;⑤残片过长;⑥残片背面没有或只有部分刮削痕迹。

3.文书柿中涉及的文书种类

以收录文书柿数量最多的《居延汉简》为例,其中涉及的文书种类共计72小类,书檄类、簿籍类、律令类、录课类、符券类、检楬类这6大文书种类均有涉及。其中,簿籍类文书柿种类最丰富,数量也最多,这与西北文书简总体的情况相符。就具体类别而言,私记和诸官府书这两类柿的数目明显最大,究其原因,前者大多是对大木牍的重复利用,残片尺寸较大,残存的释文也较多,后者得益于官府之间密切而频繁的联系,使得下行、平行、上行文书被大量制作、流通并保存为档案,而待时效性一过,大多数文书便被废弃或被重复利用。

此外,书中还以附录和附表的形式,对秦汉简牍中的"刺"字和文书柿进行了梳理和考查。这既可作为文中论断的依据,同时也是对相关问题进行研究的详细的数据库。

第1章 绪 论

1.1 选题背景及意义

1.1.1 选题背景

自 1901 年西方探险家马尔科·奥莱尔·斯坦因(Marc Aurel Stein)和斯文·赫定(Sven Hedin)在中国西北地区先后掘获汉晋木简至今,简牍学①作为一门与甲骨学、敦煌学等学科齐名的显学,其形成和发展已走过两个甲子。进入 21 世纪以来,简牍学的发展尤为迅速,突出表现为学科的细化。至今,我国出土简牍的总数已超过 30 万枚,其中文书简牍所占比例大约为 80%,年代涵盖战国、秦、两汉及三国魏晋时期,内容涉及官府文书、律令、簿籍、录课、符券、检楬,以及书信、遗嘱、遣册等私文书。各地所发掘的简牍,涉及文书类的已有 80 余批次。②现在,我们依据简牍

---

① 或曰"简帛学"。林剑鸣先生在其《简牍概述·前言》中曾对此名称有过比较和讨论,此处依从林先生的观点将本门学科命名为"简牍学"。
② 据李均明等著.当代中国简帛学研究(1949—2009).北京:中国社会科学出版社,2011:167-210,所涉及的简牍包括:望山楚简、包山楚简、长沙五里牌楚简、长沙仰天(转下页)

帛书上所记载的内容,可以将简牍学研究的对象划分为典籍和文书两大类。由此,简牍学下面便形成了"简牍典籍"和"简牍文书"两个学科分支。①对简牍学的研究,自王国维撰写《简牍检署考》以来,罗振玉、劳榦、陈直、陈梦家、马先醒以及日本国的森鹿三、大庭脩、永田英正等前辈学者均作出了杰出的贡献。而具体到简牍文书学方面的研究,以上诸位先贤亦多有首创之功。时至今日,以李均明、李天虹等先生的成果为代表,简牍文书学体系的发展日臻严密。

但在对简牍文书进行深入学习和研究的过程中,我们发现,简牍文书的分类和名称既多又杂,涉及的诸多术语的解释大多过

(接上页)湖楚简、长沙杨家湾楚简、临澧九里1号楚墓竹简、信阳长台关楚简、随县擂鼓墩曾侯乙墓楚简、江陵藤店1号墓楚简、江陵天星观楚简、江陵九店楚简、江陵马山楚简、德山夕阳坡楚简、江陵秦家嘴楚简、慈利石板坡楚简、河南新蔡葛陵楚简、湖北枣阳九连墩楚墓简牍、河南信阳长台关7号墓竹简、云梦睡虎地11号秦墓简、天水放马滩秦简、云梦龙岗秦简、江陵王家台秦简、青川郝家坪秦牍、云梦睡虎地4号墓秦简、江陵岳山秦简、江陵杨家山秦简、沙市周家台秦简、里耶秦简、湖南大学岳麓书院藏秦简、敦煌前期汉简、敦煌后期汉简、敦煌悬泉汉简、居延前期汉简、居延新简、额济纳汉简、罗布淖尔汉简、武威磨嘴子18号汉墓"王杖十简"、武威"王杖诏书令"册、武威旱滩坡东汉律令简、长沙马王堆汉墓简牍、江陵凤凰山汉简、青海大通上孙家寨汉简、江陵张家山汉简、沙市萧家草场26号汉墓竹简、连云港尹湾汉墓简牍、香港中文大学文物馆藏简牍、甘谷汉简、贵县罗泊湾汉墓木牍、连云港花果山云台汉墓简牍、邗江胡场汉墓木牍、西安汉未央宫遗址木简、扬州仪征胥浦汉墓简牍、湖南张家界古人堤汉简、江陵高台18号汉墓木牍、沅陵虎溪山一号汉墓竹简、湖北随州孔家坡汉简、甘肃武都赵坪村汉简、湖北荆州印台汉简、山东日照海曲汉墓简牍、湖南长沙走马楼西汉简牍、湖南长沙东牌楼东汉简牍、安徽天长纪庄汉墓木牍、湖北荆州纪南松柏汉墓简牍、广州市南越国宫署遗址木简、湖北云梦睡虎地77号汉墓简牍、湖北荆州谢家桥1号汉墓简牍、甘肃永昌水泉子汉简、散见汉简、南昌东吴高荣墓简牍、湖北鄂城1号东吴墓木刺、安徽马鞍山东吴朱然墓木刺及木谒、长沙走马楼三国吴简、湖南郴州三国吴简及西晋简、南京新出孙吴及西晋简牍、楼兰尼雅出土简牍、新疆各地出土的佉卢文简牍、武昌任家湾六朝木刺、新疆巴楚脱库孜沙来古城木简、新疆吐鲁番阿斯塔那53号晋墓木简、南昌东湖区1号晋墓简牍、武威旱滩坡19号晋墓木牍、张掖高台常封晋墓木牍、江西南昌火车站东晋雷㪍墓木刺。

① 李均明等著.当代中国简帛学研究(1949—2009)·序(李学勤).北京:中国社会科学出版社,2011.

于笼统,既易使人不明就里,也容易与其他术语发生混淆。试举一例予以说明:

简牍文书学中"录课"类文书下面包括一类名曰"刺"的文书,其下又可细分为:①名刺、谒;②入官刺;③廪食月别刺;④出俸刺;⑤表火出入界刺;⑥邮书刺等六小类。我们在学习的过程中产生一系列疑问:这六小类文书统名曰"刺"是否合适? 相互的差别是什么? 该如何精确地予以定义? 再如:"刺"表示"名片、名帖"义从何而来? 与谒的关系如何?

考之《汉语大词典》诸工具书中"刺"字义项,发现其所举词例皆为传世文献,且其语义的发展演变轨迹并不条理、明晰。我们初步梳理了 24 批秦汉简牍材料,发现其中"刺"字的内涵远非想象中的单一、浅显。通过对简牍材料中"刺"字的考释,我们可以正其字形,可以补正大型工具书的疏误,可以通过比较诸异体来考查其形体演变、语义源流,可以比较全面、系统地反映出"刺"字在秦汉时期的使用情况,等等。在此基础上,我们才能比较精确地对目前分类体系中的"刺"类文书进行释义、辨别、研究,才可能比较科学地说明"刺"与谒究竟有何异同。

通过简牍文献梳理、材料比对、分类研究,我们初步设想对六大类简牍文书及其下面的 100 多项小类涉及的简牍文书学术语进行逐一考释,以达到"正其字形,考其源流,明其语义,辨其异同"的目的。但是,一个人的学识和精力毕竟有限,故本书以个案研究的形式,一方面选取近似易混的名刺、谒和爵里刺等为代表来考察"刺类文书",另一方面,对目前学界尚未重视的简牍柿进行梳理和总结。

　　之所以选取秦汉时期的简牍文书材料作分类方面的断代、个案研究，主要原因如下：

　　1. 至今发掘公布的三十多万枚简牍，从时期上说，以秦汉时期为主；从内容和性质上来说，文书类简牍占比80%。相对丰富的出土文献为我们的研究提供了珍贵而坚实的基础。目前，我们已搜集并整理了30批的秦汉简牍材料，①搜集下载的学者的相关论著已达600多部（篇），并将持续补充。论文的前期研究资料准备较为充分。

　　2. 由于文字的广泛传播和官僚体制的确立，到战国时期，文书行政机制正式确立。至秦汉时期，文书行政已相当发达，文书由简趋繁的演变阶段正是简牍作为书写载体巅峰的秦汉时期。而到了魏晋以后，随着纸张的大量通行、使用，文书的形制和特点因为书写载体的变革而呈现出有别于秦汉简牍时期的删繁就简的新特点。因此，选取秦汉简牍文书材料作进一步的分类方面的断代探讨，对整个文书学的深入研究有重要意义。

　　3. 对简牍有关术语名称的精确审定和释义是简牍学研究的重要基础工作。林剑鸣先生明确谈道："简牍的形式和名称是学习简牍学首先必须了解的。……对简牍的名称，也存在着不统一

---

① 其中，秦简牍10种：四川青川郝家坪秦牍、湖北云梦睡虎地秦简、云梦龙岗秦简、江陵王家台秦简、江陵杨家山、沙市周家台秦简、湖南里耶秦简、岳麓书院藏秦简、甘肃天水放马滩秦简、北京大学藏秦简牍。汉简牍20种：居延汉简、居延汉简补编、额济纳汉简、敦煌汉简、敦煌悬泉汉简、武威汉简、武威汉代医简、武威旱滩坡东汉律令简、武威磨嘴子汉简、新疆罗布淖尔汉简、张家山汉简、随州孔家坡汉墓简牍、香港中文大学文物馆藏简牍、银雀山汉墓竹简、尹湾汉简、居延新简肩水金关汉简、阜阳汉简、马王堆汉墓遣册、长沙东牌楼东汉简牍、大通上孙家寨汉简。

的认识。这些问题还需要根据实物、参照文献进行深入研究。"①
时至今日,简牍文书学的分类体系经前辈学者创建,并由李均明
等先生补充阐发,已日趋翔实、严密,但对文书进行恰当分类和精
确命名、审定及释义的工作尚有许多不足,值得进一步地探讨。

目前的简牍文书学科体系中,有关文书种类划分的标准不统
一,导致划分出的种类过多、过杂。以李均明先生的《简牍文书
学》《秦汉简牍文书分类辑解》为例,分简牍文书为书檄类、簿籍
类、律令类、案录类(录课类)、符券类、检楬类等六大类,其中前
五种是依据文书内容和性质划分出来的,第六种是依据文书形制
划分出来的,这就导致"检"与"记"、"楬"与"簿籍"等本来相互关
联搭配使用的文书被割裂开来。其次,六大类文书下面又细分为
170 余个小类,显得似乎过于冗杂,能否精简、合并,值得探讨。
此外,有些简牍文书种类的定义过于笼统、简单,或者名称不准
确,有的文书种类恐怕在秦汉时尚未产生。

此外,简牍中的柿数量众多,其上所载内容可能涉及簿籍、书
信、谒、楬等多种文书类别,但目前并未引起应有的重视,研究还
很薄弱。故在论文后半部分,我们结合对削刀的探讨,对《长沙尚
德街东汉简牍》《英国国家图书馆藏斯坦因所获未刊汉文简牍》
《长沙五一广场东汉简牍》《地湾汉简》《居延汉简》五批简牍柿进
行了初步的阐述和研究,敬请学者批评指正!

诸如这些疑问和思考,是我们决定将"秦汉简牍文书分类个
案研究"作为论题展开探讨的直接诱因。

1.1.2   选题意义

由于简牍文献数量浩繁,加之学者因其知识结构、考察视角的不同,常常囿于专业所限,对简牍文书分类的探讨和对简牍文书涉及的术语的阐释仍有不少未尽如人意之处,故尚可进一步挖掘和探讨。限于学识和学力,本书主要选取目前已公布的秦汉时期的简牍出土文献为研究材料,偶有前推后延,前推始自战国,后延晚至魏晋。我们集中探讨有关"秦汉简牍文书分类"的问题,将尽力阐述、论证清楚两个方面的内容:

1. 对以"刺"为名的文书的探讨,具体包括:讨论秦汉时期是否存在名刺;考察谒文书的来源;探讨爵里刺文书的产生,通过对其功能性质和构成要素的分析,推断它的存在及例证;对以"刺"为名的文书进行归类和命名。

2. 对柿文书进行梳理和研究,包括:指明简牍学中柿的种类和研究内容;对削刀进行初步探讨;对文书柿进行梳理和研究,涉及文书柿的尺寸、材质,文书柿在整理和研究中存在的问题,文书柿中涉及的文书种类等问题。

面对浩繁的简牍出土材料,对其进行恰当分类,特别是对简牍文书的类别进行详细考查、命名和定义,精确地反映其在秦汉时期的词义发展情况,既避免以今律古,也做到名实相副,可以使我们对材料的把握和研究达到提纲挈领、事半功倍的效果,并有助于最终构建一个更加科学、准确、明了的简牍文书的分类体系。

1.2   文献综述

简牍文书服务于当时人们的社会活动,尤其对行政行为有指导作用。南朝刘勰云"章表奏议,经国之枢机"来形容秦汉文书的作用,实为精当。由于简牍文书在不同的行政行为乃至不同的行政过程中的作用不同,故其形式亦有区别,因此人们便可依据其不同的形式特征将其分成若干大类。每一大类中又分成若干小类,以便于人们驾驭掌握,发挥其应有的史料价值。当然,分类的过程也是对简牍文书的认识不断深化的过程,是简牍基础研究的重要部分。

纵观 20 世纪初以来现代中国简牍学的兴起和发展,我们将前辈时贤有关简牍文书分类方面的主要研究成果概述如下:

1.2.1　论著

虽然东汉蔡邕《独断》有不少篇幅集中讨论了汉代的官文书体式,南朝梁刘勰《文心雕龙》部分章节也谈到了官文书的特点,明代人吴讷《文章辨体》、徐师曾《文体名辨》等书从文体角度讨论了一些文书,但整体而言,古代还缺乏专门讨论文书的著作。传世文献中论及简牍形制、种类者多零散不成系统,近现代学者研究时均有引用、考查和论证。故在此所列之论著,皆为近现代学者之研究成果,传世文献不再赘言。

1. 王国维《简牍检署考》

1912 年王国维撰写的《简牍检署考》是现代中国简牍学的开山之作,与 1914 年出版的《流沙坠简》一起奠定了简牍学科的方法和基础。《简牍检署考》言简意赅,只十数页,为了更好地解读,我们选取了胡平生、马月华校雠、注解的《简牍检署考校注》作为研读的版本。

　　王国维在《简牍检署考》中阐明了中国古代简册的制度,后来被学术界概括为"分数、倍数"说,即:①古策长短皆为二尺四寸之分数。最长者二尺四寸,其次二分而取一,其次三分取一,最短者四分取一。周末以降,经书(六经)之策长一尺二寸,汉以后官府册籍、郡国户口黄籍皆一尺二寸。其次八寸,《论语》策长八寸。其次六寸,汉符长六寸。②牍之长短皆为五之倍数。最长为椠,长三尺;其次为檄,长二尺;其次为乘驿之传,长一尺五寸;其次为牍,长一尺。天子诏书一尺一寸;魏晋后又有一尺二寸、一尺三寸、二尺五寸等多种诏书版牍。又其次为门关之传,长五寸。①自《简牍检署考》后,由于简牍实物出土日益丰富,为讨论简牍制度提供了大量的材料。虽然简牍长短之制并非如王氏所说的自周秦至隋唐一以贯之,"分数、倍数"制度亦非放之四海而皆准,但若以此完全否定王氏、认为简牍"无制度",亦属偏颇。

　　此外,王国维在《简牍检署考》中已集中谈及简牍的形制和分类,其结合传世文献和日本所见之橘瑞超所得之实物,在书中论及的简牍类别和名称包括:册(策、笨)、遣册/策(赗赙)、简、方、版(板)、牍、牒(札)、典、符(信)、筹、书契(契券)、椠(牍之长者)、檄、传、过所、信、诏书、奏、记、名刺、籥、笘、瓠(瓠)、检、梜(检柙)、谒,等等,只是还未成体系。

　　2. 罗振玉、王国维《流沙坠简》

　　最早敏锐地认识到简牍出土文献巨大的学术价值并对其进行系统分类整理的是罗振玉和王国维。二人对 1906 年至 1907

① 王国维撰,胡平生、马月华校注.简牍检署考校注·导言.上海:上海古籍出版社,2004:10。

年斯坦因第二次中亚探险所获的出土于新疆、甘肃敦煌地区的简牍文献进行研究,在法国汉学家沙畹著作中公布的 500 多枚简牍的照片和内容的基础之上,重新编排、整理,于 1914 年在日本合纂出版《流沙坠简》一书。此书代表了当时的最高水平,为后人开辟了道路,提供了方法,是现代中国简帛学研究的奠基之作。

王氏在其所作序中说明,他考得此批简牍出土之地有三:敦煌西北之长城、罗布淖尔北之古城、和阗东北之尼雅城等地。并考得这批简牍的年代大体情况:"敦煌所出,皆两汉之物。出罗布淖尔北者,则自魏末以迄前凉。其出和阗旁三地者,都不过二十余简,又皆无年代可考,然其古者犹当为后汉遗物,其近者亦当在隋唐之际也。"虽然有出土地和年代的线索,但是若按地、时去分类,则不大容易显示这批出土文献内含的实质、价值。因此,在《流沙坠简》一书中,罗、王采用了据内容和性质来分类的方法,将选录的 580 余件汉晋时期的简帛纸综合运用文字内容、文书体式、简牍形制等多重标准,合理、科学地分为三大类:

(1)小学术数方技书:考释 65 件,包括《苍颉》《急就篇》、力牧、历谱、九九术(算术)、吉凶宜忌残简(阴阳书)、占书、相马法、医方等典籍。需要指出的是,罗振玉在对《急就篇》木觚(柧)及残简进行整理时,通过考校传世文献、观察图版实物形制、核对觚之各面文字书写的情况,辨析"觚"的诸种释义,搞清楚了"觚"的具体形制特征,解决了前人未解决的问题。

(2)屯戍丛残:有关汉代屯戍、烽燧等简牍内容,考释 390 件,分为簿书类、烽燧类、戍役类、禀给类、器物类、杂事类等六小类。

（3）简牍遗文：考释 86 件，主要收录书信等私人文书材料，对考察书体的演变有所裨益，其中涉及检等形制。

《流沙坠简》书后还附有"流沙坠简补遗考释"和"附录"两部分。"流沙坠简补遗考释"部分是针对斯坦因在和阗尼雅河下游发掘出的数十枚晋初木简，在沙畹考释的基础之上，王国维所作的 44 枚简文的补释，内容上涉及下行诏书、司法文书、关吏所录过所文簿、章奏等多种类型。"附录"部分则收录王国维所考释的日本大谷探险队橘瑞超在罗布淖尔北古城发掘而得的诸多简纸中有关前凉西域长史李柏的表文一通、书稿三通。

在各类简牍文书考释内容中，王氏不仅以相同简牍比较分析，还联系其他类别简牍；不仅着力考证出土材料，还广泛勾连传世文献，实践并总结出具有深远影响的"二重证据法"，既使纲目清晰，又可达到左右逢源、论说深入、观点坚实的目标。后来，劳榦、永田英正、李天虹等先生的论著，虽皆有补正，但大致仍未完全脱离王氏的分类方法。

3. 劳榦《居延汉简考释·释文之部》

居延汉简的发掘为汉代历史研究提供了珍贵的第一手资料，劳榦是居延汉简研究的集大成者，作出了杰出的贡献。他研究居延汉简的方法，基本上承袭王国维的汉晋木简研究而来。其在《居延汉简考释·释文之部》之《居延汉简考释自序》中说："本书的释文是按照简牍的'种类'来分类的。计分《文书》《簿籍》①《信札》《经籍》《杂类》五篇。在这五篇中按照'种类'中的'性质'再分出若干

---

① 在《居延汉简考释自序》中，劳榦将"簿录"写作"簿籍"，此处依据目录及正文写作"簿录"。

小类,……这个设计是变通王国维设计的流沙坠简分类而成。"

根据性质和用途,劳榦将居延汉简分为 5 大类 22 小类:

(1) 文书:书檄类、封检类、符券类、刑讼类;

(2) 簿录:烽燧类、戍役类、疾病死伤类、钱谷类,器物类、车马类、酒食类、名籍类、资绩类、簿检类、计簿类、杂簿类;

(3) 信札:

(4) 经籍:历谱类、小学类、六艺诸子类、律令类、医方类、术数类;

(5) 杂类:有年号者、无年号者(残断简、寥寥数字不能明辨内容归类者)、习字简,间或也有可以明确归类者)。

在 1960 年的修订本中,劳榦又重分简牍为 7 大类 66 项,其中新增的条目如下:

(1) 简牍之制:封检形式、检署、露布、版书、符券、契据、编简之制;

(2) 公文形式与一般制度:诏书、玺印、小官印、刚卯、算赀、殿最、别火官、养老、抚恤、捕亡、刺史、都吏、司马、大司空属、地方属佐、文吏与武吏、期会、都亭部、传舍、车马、行程;

(3) 有关史事文件举例:汉武诏书、五铢钱、王路堂、王莽诏书用月令文、西域、羌人;

(4) 有关四郡问题:四郡建置、禄福县、武威县、居延城、居延地望;

(5) 边塞制度:边郡制度、烽燧、亭鄣、坞堡、邸阁、兵器、屯田、将屯、农都尉、罪人徙边、内郡人与戍卒、边塞吏卒之家属、雇佣与"客";

（6）边郡生活：粮食、谷类、牛犁、服御器、酒与酒价、塞上衣着、缣帛、襜褕、社、古代记时之法、五夜；

（7）书牍与文字：书牍、"七"字的繁写、《苍颉篇》与《急就篇》，共包括释文简 10156 枚，图版 605 幅。

劳榦的分类方法在简牍研究史上具有划时代的意义。徐苹芳评价说："他（劳榦）在《流沙坠简》的基础上使简的分类更加详密，大体上概括了居延汉简的类别。"①此后，中外学者沿着这一思路，以出土地点、形制、年代、书写格式、内容及人名等等为标准进行综合的比较、研究，不断尝试完善简牍的分类体系。

4. 永田英正

国外从事简牍文书分类并卓有成效的是日本学者永田英正。他在 1960 年发表的《居延汉简烽燧考——特以甲渠候官为中心》②一文中，对分类进行了初步探讨。他首先把汉简大致分为定期文书和不定期文书，前者主要是根据各种记录和报告写成的账簿，包括簿检、名籍、现有人员、疾病、日迹、作簿、举书、备品、俸钱、卒衣粮、卒家属食粮、盐、驿马、茭、谷搬运十五个类别；后者包括书檄、封检、发信记录、递传、通关、除任、秋射、刑讼、赍卖、负债、爰书、书简等十二个类别；此外还有卒名、候燧名、器物札及其他。

在这之后，出于建立汉简独立体系的目的，永田氏注重采用古文书学分类的方法，根据木简的形状、书写格式或出土地点等，在掌握每支简的性质基础上，进行简牍的分类研究。如在《居延

---

① 徐苹芳.汉简的发现与研究.传统文化与现代化.1993(6):58。
② 东方学报(京都版).1964(第 36 册)。

汉简的集成Ⅰ、Ⅱ——破城子出土简的定期文书》中对账簿标题类文书的分类,一般可以分为两部分:封皮(即第一支简标题)和内容(簿录)。根据不同的账簿内容,标题也可以详细分为六大类:①吏卒现存人员类,包括在烽燧执勤的吏卒及其他人员的名簿,以及有关吏卒勤务状况的名簿。②烽燧勤务类,内容包括烽燧勤务的日常记录和报告书之类。③器物类,以烽燧的备用品为中心,并包括戍卒的所有东西。④现金出纳类,包括同现金出纳有关的账簿标题,其中多为俸钱出入。⑤食粮类,包括食粮、谷物的出纳簿,搬运簿,日配给名簿。⑥其他。①

其中,在第①类中又分 3 小类:A.吏卒名籍;B.病卒名籍;C.吏卒家属名籍。第②类中又分 4 小类:A.作簿,内容是有关工作业务的;B.日迹簿,内容是与巡视田亩有关;C.邮书簿,与书信有关的封检;D.举书,与传达信号有关。第③类中分出 2 小类:A.守御器物簿;B.戍卒被兵簿及其他。第④类中分出 2 小类:A.钱出入簿;B.吏受俸名籍。第⑤类中又分 3 小类:A.谷物出入簿;B.吏卒廪名籍;C.吏卒家属廪名籍。第⑥类中包括过书检、官茭出入簿以及残折不知分类簿检。

永田英正对简牍文书作了更加细致的整理,将简牍文书的分类研究和体系的建立向前推进了一步。其后,中国学者李天虹先生继承和发展了他的思路和方法。

5.陈梦家《汉简缀述》

陈梦家首次采用考古学的方法来研究汉简,他把简牍作为烽

---

① 东方学报(京都版).1974(第 46 册、第 47 册)。这部分内容同时见于氏著、张学锋译.居延汉简研究.桂林:广西师范大学出版社,2007:52-57。

燧遗址的出土物进行全面考察。1964年,陈梦家著《实物所见简牍制度》,此文是他整理《武威汉简》的报告以及多年来研究简牍的总结,后来收入其代表作《汉简缀述》中。陈氏对简牍形制学的探讨拓宽了简牍研究的内容。

《汉简缀述》之"由实物所见汉代简册制度"一章下共分为《出土》《材料》《长度》《刮治》《编联》《缮写》《容字》《题记》《削改》《收卷》《错简》《标号》《文字》《余论》等十四节。其中谈到的两点对简牍分类有所启发,值得注意:

(1)有关简牍长短之制,陈氏认为:汉人所述经典简策长度,都是汉尺二尺四寸;诏令目录适为汉三尺,平常的诏书则是尺一;民间经典以下的传记诸子和书信用一尺简;传长六寸,为简之最短者。①

(2)陈氏提出可以根据简牍编连之制来区分简牍种类:"编简与编札之异制,也反映了先秦简与牍在应用上的分别。编简与简,用于国家重大记事与经典书籍。……凡此简、策、典册策大部分指编简,其主要的用途为经典、国史、语录以及聘、丧赠赙名册等。""版牍的应用,似属于次于上述的公文书。……方书即版书,乃指名籍之类,即公牍簿书档案。出土汉简作长方形而有数行者,应为版牍。""牒于汉代称为编牒,是其可以编连成册。……出土汉简中的历谱皆可以编连,属于牒之一种。先秦的编牒,当只是名籍、历谱之类,汉世并以名木简所编的经牒。"②

《汉简缀述》根据居延汉简、武威汉简的材料,对王国维的《简牍检署考》多有肯定和补正,是继王国维之后对简牍制度研究贡

---

① 陈梦家.汉简缀述.北京:中华书局,1980:293-294。
② 陈梦家.汉简缀述.1980:313-314。

献最大的论著。①

6. 林剑鸣《简牍概述》

本书借鉴了日本学者大庭脩在 1979 年出版的《木简》一书的编排方法。写作特点，据作者所言，是"力图通过对简牍情况和简牍中出现的各种文体加以介绍，并对一些重要的、有代表性的简文，将进行较深入的、系统的、逐字逐句的分析解释"，②目的是"对有志于研究简牍的初学者，能起到入门的作用"。③

全书共十一章。其中，在"第三章 简牍的形式和名称"中涉及的简牍形制和种类有：两行、方、檄、椠、诏书、册（策、篇）、遣册、典（大册）、编（篇）、筹筹、传符、笺、觚（櫎、籁、笘）、检、驿传、合檄、板檄（露布）、楬、棨、符、卷（券）、契、杕（柿、削衣、札屑）。后八章具体谈论到的文书内容和种类包括法律文书④、遣策、诏书、官署文书、通行证和身份证及其他种类的文书。

7. 陈直《居延汉简研究》

1986 年出版的《居延汉简研究》是陈直先生的代表作，本书《综论》部分下设 39 个小专题，文中涉及汉代的吏赀直、过所、符传、邮驿、名籍、券约、诏书、法律、簿检、书札等简牍类别和名称。陈氏谈论的内容重在考证。

8. 高敏《简牍研究入门》

本书在第四、五两章分上、下两部分介绍了"简牍文书⑤"的类

---

① 王国维撰，胡平生、马月华校注.简牍检署考校注.上海：上海古籍出版社，2004：11-12。
② 林剑鸣编译.简牍概述·前言.1984：5。
③ 林剑鸣编译.简牍概述·前言.1984：4-5。
④ 林氏将"语书"归类为"法律文书"，见氏著第 49-52 页。
⑤ 此处所言的"文书"是包括"典籍"在内的广义的称呼。

别划分和书写体例、格式举例",其中涉及的文书种类和名称有诏令、官署文书、法律文书、簿籍、契约、实录性档案文书、书信、遣策、证明性文书、目录性文书、日历文书、邮书等十三类。作为在授课讲义基础上的修改,本书诚如高敏先生在"前言"中所说:"(本书书名)因为只讲'简牍'而没提'简牍学',自然不要求完整的系统性。特别是在目前还不具备对简牍的形制、文体、字体、规格、特征、类别等揭示其内在规律的条件下。"

9. 郑有国《中国简牍学综论》

本书对简牍学的研究史进行了系统的回顾和总结。在第四章第二、三两节中,将古代文书按其上呈与下达的路径分为上行文书、平行文书、下行文书;依据文书性质和用途的不同,分为诏书、法律文书、病书、府书、应书、爰书、报书等种类。

郑氏认为:简牍文书的分类,至今还有待深入研究。考察至今为止的分类方法,大致有按年代分类的,按出土地点分类的,按书写格式分类的,按人名分类的,按文书的传递途径分类的,按文书的发出单位分类的。并指出:目前的文书分类,已经进入更为详细的细目分类。这是简牍文书分类研究的一大进步。但应当指出,这种细目分类,往往有拘泥于简牍文书名的倾向,而忽视一些文书并不是固定的文书之专称,而是指的发书单位或习惯用语。①这些论述,对我们探讨简牍文书的分类具有一定的启发意义。

10. 李均明

1999 年,李均明先生《简牍文书学》的出版,在简牍文书学科

---

① 郑有国.中国简牍学综论.上海:华东师范大学出版社,1989:66。

研究历史上具有里程碑式的意义。此书归纳的简牍文书种类最为完备，所建立的分类体系亦最为条理、完善。连同其后续的《古代简牍》《秦汉简牍文书分类辑解》《当代中国简帛学研究（1949—2009）》，已是至今为止我们学习、探究简牍文书学科的经典教材，影响最为深远。

以《秦汉简牍文书分类辑解》为例，在检讨前人分类的基础上，李氏对秦汉简牍文书重新作了分类辑解。它按照各类简牍文书自身的特征及功能差异，将迄今所见秦汉简牍文书分为书檄、律令、簿籍、录课、符券、检楬六大类。每一大类下又按二至三个层次划分小类。每一文种的命名尽可能应用其原来的称谓，只有未见原称谓者才另起名。每一类文书都挑选尽可能多的完整或较完整的简文为例，以揭示其基本格式及规律。每一段落前后都有必要的说明或考证，对于事关某一大类基本规律的论述则附于其后，如书檄类所附"书檄类的体式特征"、簿籍类所附"簿籍与题示、合计、钩校""簿籍与会计"等。①

李氏将简牍文书详细分类，在《简牍文书学》中列有 172 个小类，《秦汉简牍文书分类辑解》和《当代中国简帛学研究（1949—2009）》中虽有所修订，但也多达 170 个小类，种类和体系不可谓不详细、完备。本书对秦汉简牍文书种类和体系所作的一点探讨，便主要基于拜读李均明先生的论著时所产生的一些感想。

11. 汪桂海《汉代官文书制度》

本书在前人研究的基础上，充分利用文献和简牍、碑刻、封

---

① 李均明等著.当代中国简帛学研究(1949—2009).2011:244。

泥、官印等考古资料,对汉代官文书制度进行了全面、系统的综合性研究,从功能、性质、结构程序、用语、抬头制度等不同方面对汉代官文书的特点作了周密细致的考证,并对汉代官文书的制作、用印、收发与启封、文书传递、保密禁伪、立卷、保存等方面都作了详尽的阐述。

在本书第二章中,汪氏将官文书分为 4 大类 17 小类:

(1)诏令文书:①策书;②制书;③诏书;④戒敕;

(2)章奏文书:①章;②奏;③表;④议;

(3)官府往来文书:①奏记、牋记;②记(下行)、教;③举书;④檄;⑤传;⑥除书与遣书;

(4)司法文书:①爰书;②劾状及其呈文;③奏谳书;

12. 李天虹《居延汉简簿籍分类研究》

李天虹先生在永田英正《居延汉简集成》的基础上,对已发表的居延汉简包括旧简和新简中的簿籍文书进行分类整理辑录,共辑录簿籍 10 大类 135 种,并广泛利用已有研究成果,用按语的方式对西北汉代边塞的簿籍制度和相关的历史问题进行研究。

所辑录的 10 大类 135 种簿籍逐录如下:

(1)吏卒及其他人员:主要是单纯的吏卒名册。包括:吏卒名籍,吏名籍,卒名籍,病卒名籍,省卒名籍,罢卒(吏)名籍,骑士名籍,车父名籍,牛车名籍,吏员簿、吏比六百石定簿,其他。共计 11 小类。

(2)俸禄、现钱:与钱有关的各类簿籍,主要记载俸禄的发放与领取及钱出入等方面的内容。包括:吏秩别名籍,俸赋名籍,受俸名籍,赋就人钱名,赋钱出入簿,钱出入簿,俸出入簿,其他。共计 8 小类。

（3）廪食、谷物：主要是记录吏卒廪食及谷物出入的簿籍。包括：吏卒廪名籍，卒家属廪名籍，廪盐名籍、盐出入簿，谷出入簿，食簿，茭出入簿、茭积别簿，其他。共计 7 小类。

（4）兵物：记载兵器、守御器、什器等各类器具的簿籍。包括：被兵名籍、折伤兵名籍、肄射伤弩名籍，被兵簿、永元兵物簿、折伤兵簿、折伤兵出入簿、完兵簿、完兵出入簿，守御器簿，什器簿、铁器簿、铁器出入簿，其他。共计 10 小类。

（5）日常工作：记录边塞戍卒日常工作"迹"和"省作"的簿籍。包括：迹名、迹簿，作簿（附"始茭名籍"），计 2 小类。

（6）赍卖（买）、债务：记载赊货交易和债务的簿籍。包括：赍卖（买）名籍、不赍卖（买）名籍，责名、责券簿，其他。共计 3 小类。

（7）功劳：记载官吏功劳的获得及多少的簿籍。包括：功劳墨将名籍，射名籍，赐劳名籍、夺劳名籍、积劳名籍、伐阅簿、累重訾直簿。共计 4 小类。

（8）牛马车：记录耕牛和驿站之马、吏私马、骑兵之马的名籍。包括：牛籍，马名籍，其他。共计 3 小类。

（9）出入关：出入关隘的凭证（符、传、致）和簿籍。包括：出入籍、致籍，吏所葆名，计 2 小类。

（10）其他：凡不能纳入上述九类的簿籍归入此类。包括：阁名籍、受阁卒市买衣物名籍，休名籍，取肉名籍，病死衣物名籍、物故衣出入簿，计簿，其他。共计 6 小类。

13. 张显成《简帛文献学通论》

张师在本书第四章中谈及简帛文书，认为既可以按是否通行

及通行的路径,分为上行文书、平行文书、下行文书、非通行文书
四类,也可以据文书的内容、性质和用途,分为簿籍类文书、信函
类文书、报告类文书、政令类文书、司法类文书、契约类文书、案录
类文书、符传类文书、检楬类文书及其他文书等共十类。①

　　和李均明先生的分类体系相比,张师所分的十个类别,一是
将李氏的"书檄类"拆分为"信函类文书""报告类文书""政令类
文书",二是将李氏的"符传类"拆分为"契约类文书""符传类文
书",三是又将"名刺、遗嘱、冥间文书"等等不便归入的几类单独归
类。可见,虽有改动,但基本仍未脱离李氏的分类方法和体系。

　　14.骈宇骞、段书安《二十世纪出土简帛综述》

　　本书对简牍文书的分类,"……主要依李均明和刘军先生在
《简牍文书学》中的分类方法,参考其他学者的研究成果……"②
在书檄、簿籍、律令、案录、符券、检楬六大类之外,又增加一类
"遣策与告地策"。至于各大类下的具体分类,则多直接引用李均
明先生的分类体系和观点,此不烦说。

　　综上可见,现代中国简牍学肇始于西方学者对西北简的发
掘、整理与研究,简牍文书学亦由此发端。在对简牍文书的分类
和命名的研究过程中,中国学者王国维首先结合实物探讨并将其
归纳为一个大致较为明确的分类体系。其后,劳榦进一步将简牍
文书的种类细分为近二十种,大体上概括了居延汉简的类别,使
文书分类和体系更加详密。与劳榦同时期的日本学者永田英正
则注重采用古文书学分类的方法进行简牍的分类研究和体系的

① 张显成著.简帛文献学通论.北京:中华书局,2004:234-235。
② 骈宇骞、段书安.二十世纪出土简帛综述.北京:文物出版社,2006:297。

建立,独辟蹊径,并被李天虹先生继承和发展。其他诸如陈梦家、林剑鸣、陈直、高敏、郑有国等先生,则更明显地侧重于对具体种类名称的阐述和研究,对文书体系则少予关注。直至李均明先生《简牍文书学》出版,简牍文书的种类归纳才最为完备,体系亦得以较为完善地建立。连同其后续的《古代简牍》《秦汉简牍文书分类辑解》《当代中国简帛学研究(1949—2009)》等著作,已是至今为止我们学习、探究简牍文书学科的经典教材。

1.2.2 论文

1.2.2.1 期刊文章

涉及简牍文书的期刊文章数量众多,目前我们已搜集下载五百余篇,所讨论的内容主要集中在如下几个方面:

1. 对简牍学科的历史进行回顾与总结。如徐苹芳《汉简的发现与研究》,谢桂华《二十世纪简帛的发现与研究》,张春树《八十年来汉简的发现、整理与研究》,何兹全《简牍学与历史学》,李宝通《特色课程建设需要强化特色——简牍学课程建设刍议》,李均明、陈民镇《简牍学研究 70 年》等。

2. 对简牍学著作的介绍与评价。如围绕王国维的著作,相关较为典型的论文有简修炜《王国维汉简研究述论》、罗琨《罗振玉、王国维与〈流沙坠简〉》、沈颂金《王国维的汉晋木简研究》、何立民《简帛学研究的开山之作——读〈流沙坠简〉并论王国维先生简帛文书研究的贡献》等文章。

3. 对相关批次简牍释文的校补、考释,其中或涉及简牍文书相关内容。如:陈直《敦煌汉简释文平议》《甘肃武威磨咀子汉墓出土王杖十简通考》,何双全《敦煌汉简释文补正》,礼堂《王杖十简补释》等等。

4. 从古文字学角度对简文进行字形、字体的隶定和分析，从而讨论简牍文书的分类问题。如裘锡圭《从马王堆一号汉墓"遣册"谈关于古隶的一些问题》，邬文玲《简牍中的"真"字与"算"字——兼论简牍文书分类》等。

5. 对某一或某几个具体简牍文书种类的再次探讨。如对"刺"的讨论，就涉及李均明《简牍文书"刺"考述》、刘洪石《谒·刺考述》、马怡《天长纪庄汉墓所见"奉谒请病"木牍——兼谈简牍时代的谒与刺》《汉画像中的两幅谒图——东平后屯汉墓壁画、沂南北寨汉墓画像石》、扬之水《从名刺到拜帖》、魏承思《古人的名片》、吴成国的《名片谈古》、刘桂状《古代的"名帖"》、张小艳《敦煌文献中所见"门状"的形制》、朱筱新《古代的名帖与贺年帖》、丁清《试从"名谒"看古人人际交往思维的变化》、王彬《汉晋间名刺、名谒的书写及其交往功能》等十数篇。讨论的角度不同，各有侧重点。这一类的论文是我们需要重点关注和研读的。

6. 对某一个大类的简牍文书的具体分类进行进一步探讨。典型的如：

（1）关于律令类简牍是否应视为文书的问题，徐世虹先生《出土简牍法律文献的定名、性质与类别》一文认为"就定名而言，律令类简牍或可不从'文书'之类，而当归入书籍并作为独立门类"。如果依永田英正对文书的定义："在古文书学中，所谓文书，其定义是：发信人以向收信人传达自己的意思或其他情报为目的所作成的书檄。因此，严格说来文书应该具备发信人、收信人、所传达的事项这三大要素。"徐先生的观点言之有理。但永田氏同时也谈及:"从古文书学的这个定义上来看,簿籍本身并不能称为文书,但是,簿籍一旦附上了呈送状,它就变成了文书。"①由此,律令类相关简牍是否应视为文书,或许还要结合是否有上传下达的情况具体而定。

(2)关于簿籍文书分类,台湾学者吴昌廉认为:"簿是簿书,古为赋税之依据。"籍,则是记人的档案,作为用人赋税、捕房等的资料。根据"簿"与"籍"的不同,吴氏将"簿"分为 9 类:①食簿;②四时簿,四时杂簿;③日迹簿;④兵簿;⑤谷出入簿,茭出入簿;⑥钱出入簿,财物出入簿;⑦戍卒被簿;⑧省卒簿;⑨其他簿名。"籍"分为 9 类:①俸赋名籍;②吏卒名籍;③食名籍;④廪名籍;⑤赐劳名籍;⑥车马名籍;⑦吏民出入籍;⑧赍卖名籍;⑨射爰书名籍,告劾副名籍。这一类与司法相关联,但也以人事为主。②

(3)薛英群先生将官府文书分为两大类,一类是中央的,一类是地方的。"属中央一级者,史籍中间有记述,然其性质、种类、格式又多语焉不详,加之后世注释家之歧见,犹增加了一定程度的疑难。属地方一级者,多数与史无征,难察其详。"③关于中央一级官府文书,他指出有诏书、策书、制书、敕书。地方一级的文书种类极多,他详细考证出府书、檄书、应书、牒书、爰书、举书、遣书、报书、病书、治所书、别书、吏宁书、行亭书、变事书。

最后这一类的论文数量不多,但重要性不言而喻,需要加强

① [日]永田英正著.居延汉简研究.张学锋译.桂林:广西师范大学出版社,2007:266。
② 吴昌廉.居延汉简所见之"簿""籍"述略.简牍学会编辑部主编.简牍学报,1980(7):157-163。
③ 薛英群.汉简官文书考略.甘肃省文物工作队等编.汉简研究文集.兰州:甘肃人民出版社,1984:258-297。

搜集并重点研读。

1.2.2.2 学位论文

涉及简牍文书及其分类的博硕士学位论文的数量相较而言要少得多,所讨论的内容主要有如下几类:

1. 对某一地区或某一地点所出土简牍释文的整理与校释,其中或涉及简牍文书相关内容。如韩厚明《新疆出土汉晋简牍集释》,章水根《江陵凤凰山汉墓简牍集释》,宋培超《尹湾汉墓简牍集释》,赵宁《散见汉晋简牍的搜集与整理(上)》等。

2. 对某一批次简牍进行集中的文书分类和研究。如:以里耶秦简为研究对象的学位论文包括谢明园《基于里耶秦简的秦代公文档案制度研究》,姚登君《里耶秦简〔一〕文书分类》,张弛《〈里耶秦简(一)〉文书学研究》等。

3. 对某一类型简牍文书的探讨。如:涉及文书形制方面的有王策《金鸡梁所出木牍、封检及相关问题研究》、吴然《汉代简牍中的觚》、张冬冬《简牍书署制度与书法史研究》等。涉及书信类的有王力鑫《睡虎地木牍家书研究》、张鹏立《秦汉书信研究》、杨芬《出土秦汉书信汇校集注》等。涉及符传类的有杜鹏姣《汉代通关文书研究》、朱翠翠《秦汉符信制度研究》、张玲《秦汉关隘制度研究》等。

身处简牍大发现的时代,既是我们的幸运,同时也是极大的挑战,面对浩繁的发掘报告、简报和论著,上文我们只是略举了简牍学史上一些代表性学者的有关学术成就。与简牍文书相关的著作和论文我们尚在进一步搜集补充,对前人时贤的成果和观点亦在持续研读和消化中。

1.3 本书的重点与难点，拟采取的解决方案

1.3.1 本书重点讨论及要解决的问题

本书的研究涉及秦汉时期的两类简牍文书，一类是以"刺"为名的文书，一类是柿文书。

1. 对以"刺"为名的文书的探讨，要重点讨论和解决以下四个具体问题：

（1）讨论秦汉时期是否存在名刺；

（2）考察谒文书的来源；

（3）探讨爵里刺文书的产生，通过对其功能性质和构成要素的分析，推断它的存在及例证；

（4）对以"刺"为名的文书进行归类和命名。

2. 对柿文书进行梳理和研究，要重点讨论及解决以下三个方面的问题：

（1）指明简牍学中柿的种类和研究内容；

（2）对削刀进行初步探讨；

（3）对文书柿进行梳理和研究，具体又涉及文书柿的尺寸、材质，文书柿在整理和研究中存在的问题，文书柿中涉及的文书种类等。

总而言之，通过爬梳秦汉简牍材料，并辅之以传世文献的用例，对涉及的简牍文书的种类和名称进行通查、审定和详细定义，准确地反映其在秦汉时期的真实发展情况，使简牍文书的分类和体系更加精准、明了。

1.3.2　本书研究的难点

首先,本书涉及学科较多,知识储备不足。

保存至今的简牍,除了自身文字漫灭残泐、多系断简残编,其中有些文句、字词不见于传世文献,释读上要困难得多。诚如林剑鸣先生在《简牍概述·前言》中所说:"要弄懂它们,不仅需要有古文字学的基础,而且必须具备古代史、考古,尤其是古代典章制度和古典文献方面的知识。"李学勤先生也说:"学术史告诉我们,学科总是不断细化的,但细化越繁,各个分支的交叉关系就越强,换句话说即越需要互相关联和结合。"①简牍材料的释读和研究涉及众多学科,这就要求我们不但要尽量搜集、借鉴前辈时贤的研究成果,充分理解之后提出自己的见解,而且对于所涉及的学科知识要不断加强学习和积累,提高自身的知识储备。

其次,简牍资料搜集困难。

虽然百年来发掘的简牍数量已达 30 万枚,但有相当数量和批次的简牍资料只公布了一部分且公布较为零散,特别是缺乏对必要的简牍实物(如本书后半部分谈及的简牍"柿")进行实地的观察和测量。据李均明等先生所著《当代中国简帛学研究(1949—2009)》介绍,各地所发掘的战国、秦汉、魏晋简牍,涉及文书类的已有 80 余批次,目前本人搜集到的只有一半左右。

1.3.3　拟采取的解决方案

针对本书涉及学科较多,笔者知识储备不足的问题,在不断加强自身学习的同时,有不能解决的疑问,都及时请教导师,并加

---

① 李均明等著.当代中国简帛学研究(1949—2009)·序(李学勤).中国社会科学出版社,2011。

强和同门、学友的讨论,集思广益。简牍资料搜集的问题,在注意利用好网络搜索、查询的同时,加强同学界学者的联系,互通有无。

简文的准确隶定和校释是一切工作的基础。在本书写作过程中,我们将会严格核查简牍图版,努力保障简文释读的精确性。在此基础之上,我们结合以下研究方法展开研究:

1. 二重证据法

王国维在《简牍检署考》中首次试验实践了"二重证据法"的研究新方法,亦即陈寅恪总结王氏"学术内容及治学方法"的第一条"取地下之实物与纸上之遗文互相释证"。"二重证据法"的影响力,李学勤先生给出了中肯的评价,他指出:"几十年的学术史证明,我们在古史领域中的进步,就是依靠历史学同考古学的结合,传世文献与考古发现的互证。"①

2. 文书集成法

就是指把散乱的简牍中有关的简集中起来,发现并探讨其中一些值得注意的问题。②最早运用此方法的是日本学者森鹿三,后被许多人接受,成为一种重要的研究方法。我们在探讨某一具体的文书种类时,如以"刺"为名的那十种文书,会运用文书集成法,将涉及的简牍梳理、集中,再进行进一步的对比分析。

3. 校勘学的方法

(1)对校法:对相同的简牍材料,选取不同研究者的著作和观点进行对比研究。

---

① 李学勤."二重证据法"与古史研究.清华大学学报,2007(5)。
② 李均明等著.当代中国简帛学研究(1949—2009).中国社会科学出版社,2011:237。

（2）本校法：对同一批次的简牍材料，通过对前后相同使用处及其意义的辨析来进行研究。

（3）他校法：参考其他批次简牍材料中相同的内容来进行比较分析。

4. 传统训诂学的方法

我们在考释简牍词语时，除了会注重形训、声训、义训这三种传统训诂方法外，还将参考现今的大型工具书。当需要释义的语词并无古训可以依据时，采用排比归纳的方法，将出现同样用法的语词例证，用排比归纳出其意义和使用语境。

1.4　本书的主要亮点

1. 梳理了秦汉简牍材料中的"刺"字，考察其字形、语义及搭配，同时对辞书和传世文献中疑似为"名刺"的记载进行重新释读和推理，认为：秦汉时期的"刺"字并没有产生"名片"义，"名刺"在当时既无其名，也无其实。

2. 从谒的构成要素、谒的功用、谒所通达的双方这三个方面入手，发现：作为"名片"类文书的雏形，谒起源于战国时期的书信（记）。

3. 探讨爵里刺文书的产生，通过对其功能性质和构成要素的分析，推断它的存在及例证。

4. 对以"刺"为名的十种文书，以"月别刺"为例，按照文书集成的理论和方法，选取与其相关的简牍进行编联，还原其所属简册的完整结构和内容，考察它们实际的使用和流通情况，最终对这十种文书进行重新归类命名。

5. 指明简牍学中柿的种类和研究内容。

6. 对削刀进行初步探讨。

7. 对文书柿进行梳理和研究,包括:考察文书柿的尺寸、材质,指出文书柿在整理和研究中存在的问题,判别和归纳文书柿中涉及的文书种类。

第 2 章　秦汉无名刺

　　在迄今出土的数量庞大的简牍材料中,有一类表"名片"义的文书,包括三种:谒、名刺和爵里刺。学界一般认为,秦汉时期的谒和名刺是名片的起源和早期形态。谒产生于战国时期,通行于秦汉,魏晋以后仍有使用。名刺产生并通行于东汉,在后世经历了漫长的发展演变。学者们也从各个角度作了比较具体的探讨,见解都很有启发性。[①]学界对爵里刺的探讨不多,但意见较为统一。目前的简牍文书学分类体系中,学者们一致认为:爵里刺就是名刺,产生于东汉时期。

　　在对这三种文书进行学习的过程中,我们产生一系列疑问,比如:"刺"表示的"名片"义从何而来?秦汉时期的"刺"字是否具有"名片"义?亦即秦汉简牍中是否存在名刺这种文书?再如:

---

① 比如:刘洪石《谒·刺考述》、扬之水《从名刺到拜帖》对"刺"、谒类文书进行了比较和论述,郭炳洁《汉代谒、"刺"的演变》分析了其演变及成因,郭浩《汉晋"名片"习俗探究》对形制及特点进行了比较详尽的分析和归纳,张显成《简帛所见上古用刺之俗——兼论简帛的民俗史研究价值》、丁清《试从"名谒"看古人人际交往思维的变化》则分别从民俗学和人际交往的社会关系角度进行了探讨,王彬《汉晋间名刺、名谒的书写及其交往功能》从书写和书法角度进行了考察。

被认为是现代名片起源的谒又是起源于何物？它和名刺、爵里刺之间有何异同？等等。

下面，围绕这三种文书，我们逐章进行阐述。我们主要选取秦汉时期的文献材料予以考证，偶有前推后延，前推始自战国，后延晚至魏晋。

本章先谈名刺的问题。

李均明先生对简牍文书进行了系统的分类和论述，其观点被学界广为接纳，影响深远。他认为，"简牍常见之'名刺'，犹今名片，亦称'谒'。"①又名爵里刺，并举东汉刘熙的《释名》为证。②

学者们对简牍文书学中以"刺"为名的文书从各个角度所作的探讨，基本均建立在这样一个前提和基础之上：秦汉时期已经产生了表"名片"义的被称为"名刺"的刺类文书。③如：

1. 王彬《汉晋间名刺、名谒的书写及其交往功能》："这类介绍自己的通名工具至迟在汉代就已经存在了，当时称作名刺或是名谒。"④

2. 郭炳洁《汉代谒、"刺"的演变》："东汉'谒'虽依然使用，但适应时代需求的新形式——'刺'逐渐占据主导地位。"⑤

① 李均明著.古代简牍.北京：文物出版社，2003：190。
② 李均明.简牍文书"刺"考述.文物.1992(9)：55-56.李均明、刘军著.简牍文书学.南宁：广西教育出版社，1999：406-407.李均明、刘国忠、刘光胜、邬文玲著.当代中国简帛学研究（1949—2009）.2011：321-322。
③ 在我们所搜集到的诸多相关文献中，目前只发现刘洪石《谒·刺考述》中谈到了"刺"最早见于魏晋时期："（湖北鄂城东吴墓）这应是迄今见到的最早的刺的形制。"可惜并未予以进一步阐述。
④ 王彬.汉晋间名刺、名谒的书写及其交往功能.李学勤主编.出土文献（第八辑）.上海：中西书局，2016：221。
⑤ 郭炳洁.汉代"谒"、"刺"的演变.云南社会科学.2012(6)：133。

3. 扬之水《从名刺到拜帖》："名刺亦即《释书契》中说到的爵里刺，它的流行似乎比谒要晚，从传世文献来看，当迟至东汉。"①

4. 王晓雷《中国古代名刺初探》："名刺即《释名·释书契》中说到的爵里刺，……刺的出现应该是在东汉。"②

5. 姚文清《从"名刺"谈起》："'名刺'秦汉时叫'谒'，汉末称'刺'……"③

6. 张显成《简帛所见上古用刺之俗——兼论简帛的民俗史研究价值》："刺，即名刺，犹现代的名片，又称'名谒'。……(《释名·释书契》中记载)古名刺往往有'再拜起居'类问候语"。文中将 1993 年江苏连云港市出土的尹湾汉墓"师饶十谒"直接称之为"名刺"。④

7. 郭浩《汉晋"名片"习俗探究》："至东汉，'刺'始广泛流行。"并以《后汉书》中的记载作为例证。⑤

然而，我们运用文书集成和训诂学的方法，对 24 批秦汉简牍材料⑥进行梳理后发现，秦汉简牍中的"刺"字并没有产生"名片"

---

① 扬之水.从名刺到拜帖.收藏家.2006(05):47。

② 王晓雷.中国古代名刺初探.山东师范大学硕士学位论文.2012:17。

③ 姚文清.从"名刺"谈起.日语知识.2001(03):30。

④ 张显成.简帛所见上古用刺之俗——兼论简帛的民俗史研究价值.历史文献研究(总第 27 期),2008:74-77。

⑤ 郭浩.汉晋"名片"习俗探究.史学月刊.2011(09):134。

⑥ 秦简牍 7 种：睡虎地秦墓简牍、岳山秦墓木牍、放马滩秦墓简牍、睡虎地秦墓木牍、青川秦更修田律木牍、龙岗秦墓简牍、周家台秦墓简牍，其中后 4 种未见与"刺"字形体有关的用例。汉简牍 17 种：张家山汉简、随州孔家坡汉墓简牍、香港中文大学文物馆藏简牍、银雀山汉墓竹简、尹湾汉简、武威汉代医简、武威汉简、居延汉简、居延汉简补编、居延新简、敦煌汉简、肩水金关汉简、阜阳汉简、马王堆汉墓遣册、额济纳汉简、长沙东牌楼东汉简牍、大通上孙家寨汉简，其中后 5 种未见与"刺"字形体有关的用例。

义，当时也不存在名为"名刺"的一类文书。①

下面，我们结合出土的秦汉简牍材料，分别从"刺"的字形、"刺"的语义、"刺"字在秦汉简牍中的搭配情况这三个方面予以阐述。本章最后的附录是对秦汉简牍中出现的"刺"字的汇释。

2.1　"刺"的字形

"刺"字在传世文献的使用中主要涉及"束、剌、刾"三种不同形体。在秦汉简牍中，"刺"字的形体基本均写作"刾"，偶有写作本字形体"束"，未见"剌"形体的用例。异体字形包括"刾、剌、刿"三种。

上述诸字形体在各批简牍材料中使用的情况如下表所示：

频率／简牍　形体	束	剌	刾	剌	剌	刿	备 注
睡虎地秦墓简牍			16				
岳山秦墓木牍			1		4		
放马滩秦墓简牍			2				图版模糊，似均为"刾"
张家山汉简			4	2			
随州孔家坡汉墓简牍			4				含1次省写讹字"夹"
香港中文大学文物馆藏简牍			6				

---

① 秦汉简牍中由"刺"及其异体搭配组成的词语包括：月刾、天刾、刾离、刾伤、刾杀、自【刾】、久（灸）刾／刿、刾草之臣、刾史、券刾、刾卷（券）、吏买茭刾、邮书刾、过书刾、【邮?】书出入界日时刾、库折伤承车轴刾、出奉刾、月别刾、吏对会入官刾、诏书刾。上述由"刺"所组成的多音节词大多未见于传世文献中。参见刘国庆.秦汉简牍中的"刺"字.简帛语言文字研究（第九辑）.成都：巴蜀书社，2017。

形体 频率 简牍	束	刺	剌	剌	剌	㓨	备　注
银雀山汉墓竹简	1		1				
尹湾汉简			3				
武威汉代医简				6		3	
武威汉简				1			
居延汉简			21	1			
居延汉简补编			1				
居延新简			24	1			图版模糊莫能辨者5例
敦煌汉简			2				图版模糊莫能辨者2例
肩水金关汉简			16				
总计（120例）	1	0	101	9	6	3	9例图版模糊，1例讹字

　　"刺"的本字是表"荆棘、木芒"义的"束"字，在后世的使用过程中，"束"字经引申产生"戳刺"义，又为了突出"戳刺"的方式是"刀剑矛等"锐利物而加上"刂"部件，创造出"刺"字。所以，独体的"束"加义符"刂"产生会意字"刺"才合理。那么"刾、剌、剌、㓨"诸形体又是如何产生的呢？尤其是，为何在秦汉简牍中见到的形体基本均写作"剌"而竟无一例"刺"的形体？

　　清顾蔼吉《隶辨》云："（束）碑变从夹。《左传·成十六年》'刺公子偃'，释文云：'刺，本又作剌'。相仍积习，有所自来。"[1]李学

---

① （清）顾蔼吉编撰.隶辨.北京：中华书局，2003：121－122。

勤先生主编的《字源》列出了"刺"字形体演变的过程：①

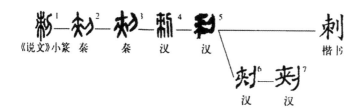

　　　　1《说文》92页。2、3《睡甲》65页。4《金石
　　典》198页。5《马王堆》176页。6、7《甲金篆》
　　280页。

　　顾、李两人的观点有待商榷。"朿"讹变为"夹"在秦简牍中即
已出现，如睡虎地秦墓简牍、岳山秦墓木牍、放马滩秦墓简牍中
"刺"普遍写作"刾"，而且其讹变的时间甚至可能更早，而非源于
汉碑之汉隶。此外，"朿、刺、剌、刾、剌、刌"等字形在秦汉时期的
官方文书中也都是常见的，并没有明确的断代。

　　"朿()"和"來()"形体相近，导致"刺"字讹写为"剌"；"來
()"和"夾()"形体相近，"剌"字形体又进一步讹写为"刾、
刾"；而"刌"是对"刾、刾"形体的省写。诸字形体演变的过程大
致如下：

$$束 \rightarrow 刺 \rightarrow 剌 \begin{cases} 刾 \\ 刾 \end{cases} \rightarrow 刌$$

　　虽然我们在秦汉简牍材料中见到的"刺"形体基本均写作
"刾"或其异体，没有一例写作正字"刺"，但东汉许慎的《说文解

①　李学勤主编.字源.天津:天津古籍出版社,2013:381。

字》却将"刺(㓨)"作为正体列为字头——这或许印证了《说文解字·叙》中所言的当时"小学不修,莫达其说久矣""诡更正文,乡壁虚造不可知之书,变乱常行"等等文字形体及使用的混乱情况,以及许慎"信而有证,稽譔其说,将以理群类,解谬误,晓学者,达神恉"的治学态度。

2.2 "刺"的语义

秦汉简牍中,"刺"字及相关诸异体的语义主要涉及以下 8 种:

1.用(刀剑矛等)锐利之物戳入或穿透。2.兵器的锋刃。3.分离。4.铲除。5.刺史,古代官名。6.文书。7.象荆棘、木芒之形。8.表月相。

这 8 种语义在各批简牍材料中使用的情况如下所示:

频率　　义项　　简牍	用锐利之物戳入或穿透	兵器的锋刃	分离	铲除	刺史	文书	象荆棘木芒之形	月相	备　注
睡虎地秦墓简牍	5		5				1	5	
岳山秦墓木牍								5	
放马滩秦墓简牍	2								
张家山汉简	6								
随州孔家坡汉墓简牍							1	3	
香港中文大学文物馆藏简牍						6			

续　表

义项　频率　简牍	用锐利之物戳入或穿透	兵器的锋刃	分离	铲除	刺史	文书	象荆棘木芒之形	月相	备　注
银雀山汉墓竹简	1	1							
尹湾汉简					3				
武威汉代医简	9								
武威汉简				1					
居延汉简	3				7	11			释义存疑2例
居延汉简补编	1								
居延新简	3				9	15			释义存疑1例
敦煌汉简	1				2	1			
肩水金关汉简	2				9	4			释义存疑1例
总计(126例)	33	1	5	1	30	37	2	13	释义存疑4例

　　"刺"字在传世文献中的语义可以参见《汉语大词典》《汉语大字典》《故训汇纂》等工具书,①但工具书中所举词例皆为传世文献,出土文献中出现的更早的用例及新的义项需要补充;其次,工具书中所列的义项并无条理,使得"刺"字语义发展的源流显得不明晰。我们结合出土的秦汉简牍材料,对"刺"字的语义及源流尝试进行一番梳理。

　　(一)"刺"字的义项综合归纳如下:

　　1.▲象荆棘、木芒之形。2.泛指尖利如针之物。3.用(刀剑矛

---

① 汉语大词典编纂处编纂.汉语大词典.上海:上海辞书出版社,2011。汉语大字典编辑委员会编纂.汉语大字典.北京:崇文书局,2010。宗福邦、陈世铙、萧海波主编.故训汇纂.北京:商务印书馆,2003。

等)锐利之物戳入或穿透。4.兵器的锋刃。5.刺杀;暗杀。6.插入;钻进。7.刺绣。8.古代耕田器耒下连耛之前曲部分,本称"疵"。其面不平,如颡额患疵病,故称"疵"。因其耕作时插入地下,故又称"刺"。后用为刨土、耕作之意。9.▲分离。10.铲除。11.讽刺。12.喻令人难堪、棘手的言行。13.刺激;刺射。14.谓指责;揭发。15.刺史,古代官名。16.刺探;侦探。17.判决。18.刺配。19.征募兵卒的代称。20.采录;书写。21.▲书写成的文书。22.名片。23.划船;撑船。24.一种横网捕鱼方式。25.▲表月相。

其中:

(1)标记▲的是依据秦汉简牍材料补充的义项,总计四条。

(2)"象荆棘、木芒之形"这个义项由"刺"的本字"朿"得来,简牍材料见《睡虎地秦墓简牍·日书甲种》简 49 叁[①],《随州孔家坡汉墓简牍·日书》简一四二叁[②]。

李学勤先生认为"刺"字不可解,应为"夹"字之误。[③]恐非。此处"刾"字之义,似可直接联系其本字"朿"来探讨。《甲骨文字典》收录"朿"字形作[④],《甲骨文字编》收录"朿"字形作[⑤],《新甲骨文编(增订本)》收录"朿"字形作[⑥],可知"朿"字本义为象的"木芒,荆棘",引申之可表"象荆棘、木芒之形"。这和绘于竹简上的、艮山之形有相似之处,皆有枝、干、刺状物之形

① 陈伟主编.秦简牍合集〔一〕·睡虎地秦墓简牍.武汉:武汉大学出版社,2014。
② 湖北省文物考古研究所、随州市考古队编.随州孔家坡汉墓简牍.北京:文物出版社,2006。
③ 陈伟主编.秦简牍合集〔一〕·睡虎地秦墓简牍.2014;384 注释〔6〕。
④ 徐中舒主编.甲骨文字典.成都:四川辞书出版社,1989;765。
⑤ 李宗焜编著.甲骨文字编.北京:中华书局,2012;1313。
⑥ 刘钊等主编.新甲骨文编(增订本).福州:福建人民出版社,2014;424。

状。故此处简文或可释为:天干与地支象荆棘之形(脉络分明)分列于艮山两侧,这称之为离日。

(3)"分离"义见《睡虎地秦墓简牍·日书甲种》简号 59 壹、60 壹、61、62、63。整理者认为疑读为谪①。当可从。据简 63"刾者,室人妻子父母分离"。则"刾"字义可引申为"分离"。

(4)《香港中文大学文物馆藏简牍》简 226 背面、228 正面、229 背面、230 背面、231 背面、233、238 均书有"死人毋适(谪),卷(券)书明白"②之类语句,简 227、232、234、235 背面、237、239 均书有"死人毋适(谪),券刾明白"之类语句,则"券刾"即"卷(券)书",意为"契约、文书"。另,"刾"表"文书"义在西北地区出土汉简中多见。

(5)"刾"表"月相"义可参见《睡虎地秦墓简牍·日书甲种·刾毁》简 124 背/43 反,《日书乙种》简 46 贰,《岳山秦墓木牍·日书·刾》简壹Ⅵ③,《随州孔家坡汉墓简牍·日书》简二一〇叁、二三六壹。刘乐贤先生认为从月相的角度理解,刾可能与弦是同一回事。④陈炫玮的观点认为是表月相⑤。或可从。

(6)《汉语大词典》和《故训汇纂》在"刾"字条下列有义项"探取;采取"⑥,所举文例为《荀子·正论》:"圣王之生民也,皆使当厚优犹知足,而不得以有余过度,故盗不窃,贼不刾。"实际上此处

① 陈伟主编.秦简牍合集〔一〕·睡虎地秦墓简牍.2014:382 注释〔3〕。
② 陈松长编著.香港中文大学文物馆藏简牍.香港:香港中文大学文物馆,2001。
③ 陈伟主编.秦简牍合集〔三〕·周家台秦墓简牍、岳山秦墓木牍.武汉:武汉大学出版社,2014。
④ 陈伟主编.秦简牍合集〔三〕·周家台秦墓简牍、岳山秦墓木牍.2014:102 注释〔2〕。
⑤ 陈伟主编.秦简牍合集〔一〕·睡虎地秦墓简牍.2014:495 注释〔1〕。
⑥ 宗福邦、陈世铙、萧海波主编.故训汇纂.北京:商务印书馆,2003。

"刺"字意为"刺杀;杀死",而非"探取;采取"。此处可查杨倞注:"盗贼,通名。分而言之,则私窃谓之盗,劫杀谓之贼。"另可参《书·舜典》:"寇贼奸宄。"孔传:"杀人曰贼。"《史记·秦始皇本纪》:"燕王昏乱,其太子丹乃阴令荆轲为贼。"汉袁康《越绝书·吴人内传》:"纣贼比干,囚箕子,微子去之。"

（二）"刺"字语义演变的源流大致如下图所示:

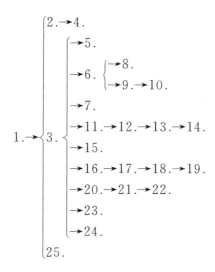

由此可见,"刺"字在文献使用过程中产生的绝大多数语义,都是紧紧围绕"3.用(刀剑矛等)锐利之物戳入或穿透"这一义项,通过直接或间接引申发展演变而来。

2.3 "刺"字的搭配

（一）"刺"字单独使用

"刺"字单独使用时主要涉及下面四个义项:

1.用(刀剑矛等)锐利之物戳入或穿透。

在秦汉简牍中主要的语境表现为以刀、剑、针等刺击鼻、颈、腹、女子。

2. 兵器的锋刃。

见《银雀山汉墓竹简·守法守令等十三篇》简 773：铦诸有束（刺）□

3. 象荆棘、木芒之形。

见《睡虎地秦墓简牍·日书甲种》简 49 叁，《随州孔家坡汉墓简牍·日书》简一四二叁。

4. 表月相。

见《睡虎地秦墓简牍·日书甲种》简 124 背/43 反，《日书乙种》简 46 贰，《岳山秦墓木牍·日书》简壹Ⅵ，《随州孔家坡汉墓简牍·日书》简二一〇叁、二三六壹。

（二）由"刺"搭配组成的词语

秦汉简牍中所见到的由"刺"搭配组成的词语包括：

1. 表月相：月刺、天刺。

2. 分离：刺离。

3. 用（刀剑矛等）锐利之物戳入或穿透：刺伤、刺杀、自【刺】、久（灸）刺/㓙。

4. 铲除，去除：刺草之臣。

5. 古代官名：刺史。

6. 书写成的文书：券刺、刺卷（券）、吏买茭刺、邮书刺、过书刺、【邮？】书出入界日时刺、库折伤承车轴刺、出奉刺、月别刺、吏对会入官刺、诏书刺。

上述由"刺"所组成的多音节词大多未见于传世文献中。

2.4　文献解读

根据我们上面的梳理可见,秦汉简牍中的"刺"字并未产生"名片"义,与之相关的义项是"文书",但只能表通名,尚不能指代具体的文书种类。

学者们之所以认为汉代已经产生表"名片"义的"刺"字和名刺这种文书,除了主观及从众的心理因素,主要依据的是大型工具书《辞源》《辞海》以及传世文献《后汉书》《论衡》《释名》中的记载。

(一)对"名刺"的定义,《辞源》释为:"即名片。古未有纸时,削竹木写上自己的名字,拜访通名时用。西汉时叫作谒,东汉叫刺。后来虽改用纸,仍相沿叫刺或名刺。"《辞海》释作:"即名帖、名片。赵翼《陔馀丛考・名帖》:'古人通名,本用削木写字,汉时谓之谒,汉末谓之刺,汉以后则虽用纸,而仍相沿曰刺'。"

两书都认为名刺产生于东汉,上书的内容为"自己的名字",作用是"通名"。除了产生时间这一点值得商榷,名刺上书的内容及其功用我们是赞同的。

(二)东汉王充《论衡・骨相篇》中的"韩生谢遣相工,通刺倪宽,结胶漆之交,尽筋力之敬"被认为是最早关于名刺的记载。《汉语大词典》收录的"通刺"词条释义为"出示名片以求延见。刺,名片。"《汉语大字典》释"刺"为"名帖",所举的用例正为《论衡》。

此处"通刺"之"刺",根据我们对秦汉时期简牍材料的梳理,当与西北汉简中常见的"吏买荄刺""邮书刺""过书刺""库折伤承车轴刺""出奉刺""月别刺""入官刺""书刺"等词语中的"刺"

意义相同,均通释为"文书",其具体归类,当为"书刺",即书信。"书刺"的名称既见于刘熙《释名·释书契》,也见于《后汉书》,出土的居延汉简 101.24＋276.10 中也有涉及,可参看我们对这三处的讨论。①

《论衡·骨相篇》中的这个用例,谈及韩生借助相工的指引,认定倪宽将来会"秩至三公",于是主动与倪宽交好。就语境和语义而言,较之"通名片","通刺"释为"通书信"更为合理、妥当。后世涉及使用"名刺"的词语中,以《后汉书》为例,可见"赍刺、投刺、修刺"等,释为"拿着、送达、书写",皆为一次性的短暂行为。韩生与倪宽"结胶漆之交,尽筋力之敬"当非一时之力、一日之功。

(三)东汉刘熙所撰《释名·释书契》章第 31 条释义:

"书称刺书,以笔刺纸简之上也。又曰'写',倒写此文也。书姓字于奏上曰'书刺',作'再拜'、'起居',字皆达其体,使书尽边,徐引笔书之,如画者也。下官刺曰'长刺',长书中央一行而下之也。又曰'爵里刺',书其官爵及郡县乡里也。"②

由于版本纷杂,《释名》中的语词、句读多有不同,校本亦多有出入,导致对正文的理解差异较大。学者们在引用《释书契》章第 31 条释义时,多仅作只言片语的解读,更甚者,只是单纯引用而不深谈。在这里我们尝试着仔细分析一下。

上文所引的这第 31 条释义包含五个句子,其内容和结构可分为三个较为清楚的部分:

---

① 《释名》和《后汉书》中的用例及分析请见本章下文,对居延汉简中"书刺"的归类命名请见第五章。
② 刘熙《释名》所见版本纷杂,此处所引内容依据任继昉纂.释名汇校.济南:齐鲁书社,2006:333-335。

1."书称刺书,以笔刺纸简之上也。又曰'写',倒写此文也。"

第1部分这两句解释了"刺"字产生"书写"义的原因:以手执笔在简牍、纸张上书写的形态,类似于手执尖利之物戳刺的动作。

2."书姓字于奏上曰'书刺',作'再拜'、'起居',字皆达其体,使书尽边,徐引笔书之,如画者也。"

第2部分的内容颇令人费解。诸版本所记载的文字、句读纷杂各异,因而实难准确地一字一词予以翻译。其大致文意或许是说"把在奏上书写姓名字号称为'书刺',内容上会包含有'再拜'、'起居'的字样,字体及书写形式则表现为'如画者也'。"

(1)"书姓字于奏上曰'书刺'",此句的版本最为混乱,据任继昉《释名汇校》所见,这寥寥九个字中,各版本疑似脱讹衍异之文字达五处之多,令人难辨真意。

(2)"如画者也",此为譬喻,非实指图画。书写的文字何以会表现得像图画一样?

一种可能是,这里描述的是书信,书信的字迹潦草难以辨识以致"如画"。李均明先生在讨论"私记"这类文书时称引罗振玉云:"古简文字最难识,其时最先者上承篆书,下接章草,一也。边徼急就之书颇多讹略,二也。断烂之余不能求其义理,三也。诸简皆然,而书牍为尤甚。"[1]并总结说:"简牍文书中尤以私记之类字形字义难辨识,……罗振玉所云书牍即指私信一类。"[2]

另一种可能是书写工整、美观"如画"。这首先可以排除书信"私记"。结合前文"字皆达其体,使书尽边,徐引笔书之"的描

---

① 罗振玉、王国维编著.流沙坠简·简牍遗文考释.北京:中华书局,1993:215。
② 李均明、刘军著.简牍文书学.南宁:广西教育出版社,1999:270。

述,似乎这种情况更为合理:书写缓慢稳健,字体顺畅,形体舒展。如此,则名片、吏名籍等文书的书体特征符合。考虑到《释名·释书契》这一章第 18 条释义已经对名片类文书谒作了解释:"谒,诣也;诣,告也,书其姓名于上,以告所至诣者也。"如果此处谈的仍是名片类文书,应当放到第 18 条释义中进行合释,不太可能再于别处单独另起一条。因而此处又可以明确排除名片类文书,剩下的可能性包括"吏名籍"等公务文书和尚需讨论的爵里刺。

(3) 第 2 部分中最引人关注的是"再拜""起居"的字样。此处各版本记载一致,因而对判明此段究竟在谈论何种文书相当重要。

首先可以明确排除"吏名籍"等公务文书。

我们注意到,名片类文书,如尹湾西汉墓中出土的"师饶十谒"中正有"再拜""起居"之类的敬语:

① 进东海太守功曹　　师卿　　　　　　　　　　　　　　　(正)

沛郡太守长惠谨遣吏奉谒再拜　问　君兄起居　南阳谢长平

　　　　　　　　　　　　　　　　　　　　　　　　　　(反)

② 进主吏　　师卿　　　　　　　　　　　　　　　　　　(正)

弟子遒迫疾谨遣吏奉谒再拜　问　君兄起居　卒史宪丘骄孺

　　　　　　　　　　　　　　　　　　　　　　　　　　(反)

那么,这第 2 部分所提及的"再拜""起居"字样是否就意味着必然是在阐释名片类文书呢?恐怕不能。

首先,《释名·释书契》这一章第 18 条释义已经涉及了对名片类文书的阐释。

其次,"再拜""起居"为汉时的常用问候语,屡见于汉籍文献中,如司马迁《报任安书》中开头便说:"太史公牛马走司马迁再拜言。"末尾曰:"书不能悉意,略陈固陋,谨再拜。"出土的简牍书信中所见"再拜""起居"的用例亦甚多。仅以敦煌汉简为例,经初步统计,其中所见"再拜"者 56 例,"起居"者 31 例,且不乏"再拜""起居"同简使用的情况,如下面这封私记:

> 原匡叩头白:谨使卒张常奉记,叩头再拜白,
>
> ……因卒张□□记□□☑　　　　　　　　　　243A
>
> ……言□□□□□塞报卒亟急,它毋□☑

> 匡治事大,且已为今见。自爱病望深衣,强餐饭,自爱。来人闻起居,幸甚　　　　　　　　　　　　　　　　　243B

综合上述的分析,第 2 部分谈论的文书不应是谒、名刺等名片类文书和"吏名籍"等公务文书;考虑到《释书契》章所记录的 37 种与"书契"相关的名物和术语,其中正缺少对书信的阐释,第 2 部分有可能谈论的是书信"私记";此外的可能便是尚待讨论的"爵里刺"。

3."下官刺曰'长刺',长书中央一行而下之也。又曰'爵里刺',书其官爵及郡县乡里也。"①

第 3 部分所言涉及两点:

(1)文书行文格式的特点为自上而下单行书写。相较于谒和书信的双面多行,的确可称为"长书中央一行而下之",故曰"长刺"。

(2)内容包含"官爵"及"郡县乡里"等信息,故又称"爵里刺"。

综合这两点来看,单就第 3 部分而言,所谈的"长刺"和"爵里

---

① 王先谦疏证补:"毕沅曰《御览》引'又曰'作'又有'。"

刺"不可能是谒和私记文书。那么是否为名刺呢？

目前学界公认的实物名刺简是中华人民共和国成立后发掘出土的六批魏晋时期的简牍材料。①这六批魏晋简总计 68 枚，它们的书写格式确为"长书中央一行而下之"，但是，这 68 枚名刺简，除了江西南昌西晋吴应墓中出土的简"中郎豫章南昌都乡吉阳里吴应年七十三字子远"，其他 67 枚的构成要素中既无"官爵"，也无"乡里"，有的甚至连"郡县"信息也缺失不写，加之《释书契》这一章第 18 条释义已经对名片类文书作了阐释，如此来看，这 67 枚名刺简与"爵里刺"之名及其内容明显不相合。因此，除了简"中郎豫章南昌都乡吉阳里吴应年七十三字子远"，剩下的可能性，就只有居延"吏名籍"等公文书和尚待讨论的"爵里刺"的内容和书写形式也符合第 3 部分的描述。

综合上述三部分的推理，可以明确排除掉名片类文书（谒、名刺）、书信"私记"和"吏名籍"等公务文书，能同时满足《释名·释书契》章第 31 条释义的这三部分内容描述的，只剩下尚待讨论的"爵里刺"。

问题又回到了原点，《释名·释书契》章第 31 条释义阐释的"爵里刺"到底是种什么样的文书？在后文第 4 章中，我们认为，爵里刺恐怕并不只是大家所认为的私人性质的名片类文书，诸如"吏名籍""卒名籍"这样，但凡其上书写有"姓名（字）""籍贯""官爵"和"乡里"等内容，能够包含或表明官吏、士卒的身份和民众的户籍信息的公私文书，都可被统称为爵里刺。鉴于秦汉时期还未

---

① 这六批名刺简的例子见第四章。

发现有将"官爵"和"郡县乡里"连用以表明个人身份的名片类文书,《释名·释书契》章中所说的"爵里刺",更有可能是指类似"吏名籍""卒名籍"这样的官文书。——第四章中的结论与我们对第31条释义的推理相悖,该如何解释呢?

我们认为,第2部分中"再拜""起居"和"如画者也"的描述,可能只有"私记"文书相合。第3部分应独立出来,单独列为一条释义来阐述"长刺"和"爵里刺"。事实上,《释名》吴志忠校本正是将第3部分提行别起,另成一条。①也只有如此才可能解释得通。

另外,如果我们通读《释名·释书契》会发现,本章中收录的37条释义,基本上每条释义都只有一两个句子组成。有三个句子组成的是第32条释义"书称题。题,谛也,审谛其名号也。亦言'第',因其第次也"。其内容依次阐释"书→题→谛→第",逻辑层次非常清楚。有四个句子组成的是第35条释义"下言上曰'表'。思之于内,表施于外也。又曰'上',示之于上也。又曰'言',言其意也"②。这条释义通过"……又……又……"的联合语法结构将其首尾、前后的内容密切联系为一个整体。

唯有第31条释义是由五个句子组成,其内容可简省为三部分:

1."书称刺书……又曰'写'……",谈书写的动作形态;

2."书姓字于奏上曰'书刺'……",谈"书刺"的内容和书体;

3."下官刺曰'长刺'……又曰'爵里刺'……",谈"长刺"和"爵里刺"的书写格式和内容。

---

① 任继昉纂.释名汇校.济南:齐鲁书社,2006:335 校注⑭。
② 任继昉纂.释名汇校.济南:齐鲁书社,2006:335-336。

这三部分内容之间的逻辑关系并不清晰,也没有明确的语法结构可以将其串联为一个整体。吴志忠校本将第 31 条释义的第 3 部分独立出来,单独列为一条释义,的确可以很好地解决与我们推理相悖的问题。

第 3 部分独立出来后,"下官刺曰'长刺',长书中央一行而下之也。又曰'爵里刺',书其官爵及郡县乡里也"。其中谈到的"爵里刺"是种什么样的文书呢? 一种可能,爵里刺就是名片类文书,如此则应归属至第 18 条释义中。更大的可能,爵里刺是包含名片类文书在内的、既与名片类文书相关、但差异又很大的几种文书的统称。

鉴于包括《释名》在内的传世文献对"爵里刺"的记载实在过于简陋,出土文献中又至今未见有自名"爵里刺"者予以实证,我们目前所能做的,只有尽量合理地去分析、推测它的这些种种可能性。

(四)《后汉书》由南朝刘宋时期范晔(公元 398—445 年)编撰而成,著述时距汉亡已两百年。王先谦《后汉书集解·述略》中说:"(刘)昭既为范书作注,病其无志,复取司马彪《续汉书》八志注而补之。……及(宋)真宗乾兴元年,孙奭误以续志三十卷为昭自作以述范者,始奏请合刻补阙,国子监奉牒依奏施行。遂共成一百二十卷……"①则今本《后汉书》一百二十卷中的八志三十卷为南朝梁刘昭从西晋司马彪(? —306 年)《续汉书》中补注而来,此八志三十卷所用之语词较《后汉书》其他篇章能更为可靠地反

---

① 王先谦撰.后汉书集解·述略.北京:中华书局,1984:3。

映东汉时期的名物。

《后汉书》中涉及"刺"的语义,十之八九用为"刺史",其后依次为"刺杀;暗杀""指责;揭发""讽刺""刺绣""划船;撑船"。疑似释为"名刺"义的是下列语句:

1.《后汉书·卷七六·列传第六六》:"后融以告郭林宗,林宗因与融赍刺就房谒之,遂请留宿。"符融和郭林宗拿着"刺"前往仇览住处拜访,仇览于是请二人留宿。

2.《后汉书·卷七六·列传第六六》:"及赐被劾当免,掾属悉投刺去,恢独诣阙争之。"司徒杨赐遭弹劾要被免官,他的下属们都"投刺"离开,只有童恢一人前往京城去为杨赐辩争。

3.《后汉书·卷八〇下·列传第七〇下》:"府掾孔融、王郎并修刺侯焉。"孔融、王郎一起"修刺"迎候边让。《汉语大词典》释"修刺"为"置备名帖,作通报姓名之用"。除用此例外,又列举南朝宋刘义庆《世说新语·雅量》:"远近久承公名,令于是大遽,不敢移公,便于牛屋下修刺诣公。"

4.《后汉书·卷八〇下·列传第七〇下》:"尝从马融欲访大义,融疾不获见,乃覆刺遗融书曰:'承服风问,从来有年,故不待介者而谒大君子之门……'"高彪想跟随马融做学问,马融称疾不见,于是高彪写了一封"刺"给马融,上面写道:"我久仰您的学识多年,所以不等别人介绍就登门拜见您……"

5.《后汉书·卷八〇下·列传第七〇下》:"始达颍川,乃阴怀一刺,既而无所之适,至于刺字漫灭。"祢衡到达颍川后,怀揣一"刺",但因无处可投,导致"刺"上文字磨损不清。

6.《后汉书·卷八三·列传第七三》:"(井丹)性清高,未尝修刺候人。"此与上文例 3 的用词和语境相同。

上述诸例并未涉及西晋司马彪《续汉书》中的原文,全为范晔以南朝时的语词所写就。目前学界公认的实物名刺简是中华人民共和国成立后发掘出土的六批魏晋时期的简牍材料,[①]因此上述诸例中的"刺",除例 4 外皆可释为"名刺",但其反映的时代为东汉之后两百年的南朝,这是需要强调的。所以,《汉语大词典》中引范晔和刘义庆的著作用语为例来解释名刺没有问题,但《辞源》《辞海》中谈及名刺产生的时间,就目前的证据而言,尚不能认定为东汉。

上文例 4 中高彪给马融写的那封"刺",其上文字洋洋洒洒,显示出此"刺"并非名刺,而是"书刺",即书信。"书刺"的名称既见于刘熙《释名·释书契》,也见于居延汉简 101.24+276.10,我们认为这两处的"书刺"均指书信,请参见后文第五章中对"书刺"归类命名的讨论,此不赘述。

2.5　小结

综上,"朿"("刺"的本字)据其本义"荆棘、木芒"经引申产生"戳刺"义,又因以手执笔在简牍、纸张上书写的形态类似于手执尖利之物戳刺的动作而产生"书写"义,后再经引申产生"书写成的文书"义,最终于魏晋时期才产生"名片"义。

秦汉时期,"刺"字既未产生"名片"义,当时也尚无称为"名刺"的简牍文书类别,亦即:

---

① 这六批名刺简的例子见第四章。

1. 既无其名——"名刺"之称谓在秦汉简牍中未见,传世文献中最早用例为成书于唐时的《梁书·江淹传》:"永元中,崔慧景举兵围京城,衣冠悉投名刺,淹称疾不往。"

2. 也无其实——目前所见出土简牍实物中,能称之为"名片"的"刺",最早所见为魏晋时期的简牍材料。

附录:秦汉简牍中的"刺"字及释义

1.《睡虎地秦墓简牍》

"刺"出现 16 次,未出现其他形体。

(1)《法律答问》

捕赀辠(罪),即端以剑及兵刃刺杀之,可(何)论?杀之,完为城旦;伤之,耐为隶臣。

[按]刺:用锐利之物戳入或穿透。   124

甲、乙交与女子丙奸,甲、乙以其故相刺伤,丙弗智(知),丙论可(何)殹(也)?毋论。

[按]刺:用锐利之物戳入或穿透。   173

(2)《封诊式》

其可(何)病,毋(无)它坐。"令医丁诊之,丁言曰:"丙毋(无)麋(眉),艮本绝,鼻腔坏。刺其鼻不嚏(嚏)。肘胳(膝)   53

[按]刺:用锐利之物戳入或穿透。

(3)《日书甲种》

正月五月九月,北徙大吉,东北少(小)吉,若以是月殹(也)东送〈徙〉,殽,东南刺离,南精,西南室毁,西困,西北辱。   59壹

[按]刺:整理者认为疑读为谪。恐非。据简"63:刺者,室人

妻子父母分离"，则"刜"意义当为"分离"。

　　二月六月十月，东徙大吉，东南少（小）吉，若以〖是〗月殹（也）南徙，戠，西南刜离，西精，西北戠，北困辱。　　　　60 壹。

　　[按]刜：同上。

　　三月七月十一月，南徙大吉，西南少（小）吉，若以是月殹（也）西徙，戠，西北刜离，北精，东毁，东北困，东南辱。　　　　61

　　[按]刜：同上。

　　四月八月十二月，西徙大吉，西北少（小）吉，若以是月殹（也）北徙，戠，东北刜离，南精，东南毁，南困辱。　　　　62

　　[按]刜：同上。

　　□□□戠者，死殹（也）。刜者，室人妻子父母分离。精者，□□□□□□□□□□□。困者，□□所□□。辱者，不执而为□人矢□。　　　　63

　　[按]刜：同上。

　　枳（支）刜艮山，之胃（谓）离日。离日不可　　　　49 叁

　　[按]刜：李学勤认为"刜"字不可解，应为"夹"字之误。

　　人，以良剑刜其颈，则不来矣。　　　　35 背贰/132 反贰

　　[按]刜；用锐利之物戳入或穿透。

　　鬼恒宋伤人，是不辜鬼，以牡棘之剑刜之，则止矣。

　　　　　　　　　　　　　　　　　　36 背叁/131 反叁

　　[按]刜；用锐利之物戳入或穿透。

　　入月六日刜，七日刜，八日刜，二旬二日刜，旬六日毁。

　　　　　　　　　　　　　　　　　　124 背/43 反

　　[按]刜：刘乐贤认为其意义有两种可能：①同"刜离"，其意义

与离相近；②从月相的角度理解，故剌可能与弦是同一回事。陈炫玮的观点认为是表月相。

（4）日书乙种

剌，旬六日毁。   46 贰

［按］剌：释义见 124 背/43 反。

2.《岳山秦墓木牍》

总计出现 5 次。其中，"剌"出现 1 次，"剌"形体出现 4 次。

《日书》

入月六日市日剌，七日市日剌，望、后三日市日剌，四日市日有（又）剌。剌已，有五剌一番。壹Ⅵ

［按］剌剌：据刘乐贤先生观点，可能与弦是同一回事。

3.《放马滩秦墓简牍》

出现 2 次，图版字形模糊，墨迹有残缺，似均为"剌"形体。

《丹》

■八年八月己巳，邸丞赤敢谒御史：大梁人王里□徒曰丹，□今七年，丹【剌】伤人垣离里中，因自【剌】殹，□之于市三日，

［按］剌：用锐利之物戳入或穿透。

4.《张家山汉简》

出现 6 次，其中"剌"出现 4 次，"剌"出现 2 次。

《奏谳书》

如池。·视曰：以军告与池追捕武，武以剑格鬭，击伤视，视恐弗胜，诚以剑剌伤   39

格鬭伤视，视恐弗胜，诚以剑剌伤捕武，毋它解。·问：武士五（伍），年卅七岁，诊如辟（辞）。·鞫之：武不   45

当复为军奴,军以亡弩(奴)告池,池以告与视捕武,武格鬬,以剑击伤视,视亦以剑刺伤 46

·六月癸卯,典赢告曰:不智(知)何人刺女子婢寁里中,夺钱,不智(知)之所。即令狱史顺、去疢、 197

孔自以为利,足刺杀女子夺钱。即从到巷中,左右瞻毋人,以刀刺夺钱去走。 223

[按]刾/刺:用锐利之物戳入或穿透。

5.《随州孔家坡汉墓简牍》

"刾"出现 4 次,包括 1 次省写讹字"夹"。未出现其他形体。

《日书》

方数。日与字(支)夹〈刾〉根山 一四二叁

[按]夹〈刾〉:参见 1.睡虎地秦墓简牍 49 叁下之按语。

九月庚,十月辛。不可凿地,月刾直(值)法日。凿地 二一〇叁

[按]刾:月刾,神煞名,命名似与月相有联系。则"刾"意义可能与弦是同一回事。

天刾,凡朔日,六月六日、七日,朢,十八日,廿二日,此天刾,不可祠及杀。 二三六壹

[按]天刾,神煞名。则"刾"意义可能与弦是同一回事。

6.《香港中文大学文物馆藏简牍》

"刾"出现 6 次,未出现其他形体。

厚适(谪),生者毋责(债),券刾明白。所祷序宁,皆自持去对天公。 227

序宁,今以头堅目宵,两手以卷脯酒下,生者毋责(债),死者

毋适（谪），券刺明白。　　　　　　　　　　　　　232

序宁，今以头竖目瞉，两手以卷脯酒下，生人不负责（债），死人毋适（谪），券刺明白。　　　　　　　　　　　234

券刺明白。　　　　　　　　　　　　235 背面

女殇司命，皇母序宁，今以头竖目瞉，两手以卷脯酒下，生人不负责（债），死人毋适（谪），券刺明白。　　　237

瞉，两手以卷脯酒下，生人不负责（债），死人毋适（谪），券刺明白。　　　　　　　　　　　239

〔按〕券刺：即券书。简 226 背面、228 正面、229 背面、230 背面、231 背面、233、238 均书有“死人毋适（谪），卷（券）书明白”之类语句，“卷（券）书”即契约、文书。

7.《银雀山汉墓竹简》

“刺”出现 1 次，“朿”出现 1 次。

(1)《曹氏阴阳守法守令等》

☑枳（枳），诸刺伤害人者亦阴而刑也·棘不可以盖　　1664

〔按〕刺：用锐利之物戳入或穿透。

(2)《守法守令等十三篇》

铦诸有朿（刺）☐　　　　　　　　　　　773

〔按〕朿：兵器的锋刃。

8.《尹湾汉简》

“刺”出现 3 次。

下邳丞沛郡竹朱☐故 豫州刺史从事史以捕格山阳亡徒将率

戚令丹杨郡句容☐道故杨州刺史从事史以秀材迁

襄 贲令 北海郡淳于五贺故青州刺史从事史以秀 材迁 三正

［按］刺：～史，古代官名。原为朝廷所派督察地方之官，后沿为地方官职名称。

9.《武威汉代医简》

"刺"出现 6 次，"刔"3 次。

溏儵（愈）出蔵（箴）：寒氣（气）在胃莞（脘）腹溏【肠】　□□□□笛（留）【蔵（箴）】病者呼四五十乃出蔵（箴）；次刺　　19

膝下五寸分闲荣深三分，笛（留）蔵（箴）如炊一升米顷，出蔵（箴），名曰三里；次刺颈从上下十一椎侠（侠）椎两刺荣　　20

深四分，笛（留）蔵（箴）百廿息乃出蔵（箴），名曰肺输。刺后三日病（病）儵（愈）平复。黄帝治病神魂忌：人生一岁毋灸心，21

百岁者与九岁同，年已过百岁者不可灸刺。氣（气）脉（脉）壹绝，灸刺者随蔵（箴）灸死矣。独　　25

五辰辛不可始久（灸）刔（刺），饮药必死。甲寅、乙卯不可久（灸）刔（刺），不出旬死。五辰不可饮药，病（病）者日益加【深】。

90 甲

无□禁朔晦日甲午皆不可始□□□□□□□□□月六日、十六日、十八日、廿二日皆不可久（灸）可久刔（刺）见血，【止】已□。

90 乙

［按］刺/刔：用锐利之物戳入或穿透。

10.《武威汉简》

"刺"出现 1 次。

《甲本士相见之礼》

邦戒举前肆踵。凡自称于君，士大夫曰"下臣"。诧者在国则曰:"市井之臣",在野则曰:"草茅之臣",庶人则曰:"刾草之臣"
也,国之人则曰"外臣"。·凡千二十字。　　　　　　　　　16

［按］刾草:除草。《荀子·富国》:"刾草殖谷,多粪肥田,是农
夫众庶之事也。"梁启雄释:"刾草,谓以耜锸除去草根。"则"刾"
可释为"铲除"。

11.《居延汉简》

"刾"出现 21 次,"刺"出现 1 次,未见图版 1 例。

史齐敢言之。爰书:鄣卒魏郡内安定里霍不职等五人,
□□□卒刑敞剑庭刾伤状。先以"证,不言请,出、入罪人"辟。

乃爰书不职等辟县、爵、里、年、姓各如牒。不职等　辟曰:敞
实剑庭自刾伤,皆证。所置辟审,它如　　　　　　　　3.35

［按］刾:用锐利之物戳入或穿透。

凉州刾史治所□凉□刾史□史史治所

□兼传舍以邮行行行兼传舍以邮行　　　　　　　　24.3A

［按］刾:~史,古代官名。

坐从良家子自给车马为私事论,疑它。不然书到,相、二千石
以下从吏毋过品,刾史禁督,且察毋状者,如

律令。　　　　　　　　　　　　　　　　　　　　40.6

［按］刾:~史,古代官名。

十二月邮书刾,北书二封,肩水□　　　　　　　　　70.21

［按］刾:文书。

▨绥和元年九月以来

吏买茭刾。　　　　　　　　　　　　　　　　　84.6A

［按］刾:文书。

▨吏买荄刾。　　　　　　　　　　　　　　84.6B

［按］刾：文书。

　　　谢范子恩，顷以前所取世诏书刾以付妇。幸甚幸甚。

记　从徐子胜家取韦囊积凡十，莞刀二，笔、研、附布巾。

子恩必幸哀怜。□□到□□所言。前顷车　　101.24，276.10

［按］刾：此简文中的"书刾"连用，即书信"私记"。

▨月邮书刾▨　　　　　　　　　　　　　　103.34

［按］刾：文书。

更弩以□多不端乏刾　　　　　　　　　　　121.22

［按］刾：简文残缺，释义存疑。另可参见居延汉简"265.1▨
弦毋巨，负三筭。▨辟一，箭道不端弊，负五筭"。相关句读似可
更正为"不端、乏""不端、弊"。"不端"即"不正"，"箭道不端、弊，
负五筭"意为"箭头形状不工整规范、有破损，故数量减五"；"更
弩以□多不端、乏，刾"意义似可释为"弩的形制多不工整、（弓
弦）无力"，则"刾"字当释为"用锐利之物戳入或穿透"。姑且作
为一说。

　·吞远部建昭五年二月过书刾▨　　　　　135.14

［按］刾：文书。

　·诚北建昭五年二月过书刾▨　　　　　　136.18

［按］刾：文书。

　·永光三年尽建昭元年三仓月别刾　　　142.32A

［按］刾：文书。

▨久（灸）胫，刾廿针　　　　　　　　　　159.9A

［按］刾：用锐利之物戳入或穿透。

积为刾史、大守君借侍,毋省河西□☑   178.3

〔按〕刾:～史,古代官名。

·阳朔三年三月乙未从史霸出奉刾   190.21A

〔按〕刾:文书。

☑□縢刾史杜君。候长一人钱三百

　　　　候史隧长九人,钱九百·凡千二百 214.37

〔按〕刾:～史,古代官名。

☑仓毋出刾   225.8

〔按〕刾:文书。

　　　　　　　　□—□,直□

刾马刀一,直七千。栒皮一斗,直百五十。   262.28B

〔按〕刾:其义存疑,或为"针刺状",或为"杀"。

建昭元年三月过书刾。   317.3

〔按〕刾:文书。

州刾史捕吏,移部郡大守   455.12

〔按〕刾:～史,古代官名。

☑刾史治所,迫断冬狱☑   482.19

〔按〕刾/刺:～史,古代官名。

12.《居延汉简补编》

"刾"出现 1 次,未出现其他形体。

□闗以剑刃刾伤乙左　　敦煌小方盘城汉简   T17N23

〔按〕刾:用锐利之物戳入或穿透。

13.《居延新简》

"刾"出现 24 次,"刺"出现 1 次,因图版模糊不能清晰辨识者 5 例。

新始建国地皇上戊元年

▨ 八月以来吞远仓廪

吏卒刾。　　　　　　　　　　　　　　　　EPT43.30A

［按］刾：文书。

吞远仓吏卒刾。　　　　　　　　　　　　　EPT43.30B

［按］刾：文书。

建平三年五月庚戌朔己未，治书侍御史听天、侍御史壀，使移部刾史、郡大守、诸侯相、☑

男子訢、相、赐，茂陵女子纪姣，皆有罪，疑殊死以上，与家属俱亡，章所及奸能，当穷竟☑

［按］刾：～史，古代官名。　　　　　　　　EPT43.31

☑ ⋯ 一所，刾腹一所，尊击□□□右胁一所，凡□□□□

　　　　　　　　　　　　　　　　　　　　EPT43.106

［按］刾：用锐利之物戳入或穿透。

□ ▨ 以来刾史书　　　　　　　　　　　　EPT50.182B

［按］刾：～史，古代官名。

鸿嘉二年五月以来

▨ 吏对会入官刾。　　　　　　　　　　　　EPT50.200A

［按］刾：文书。

鸿嘉二年五月以来

▨ 吏对会入官刾。　　　　　　　　　　　　EPT50.200B

［按］刾：文书。

临木隧建始二年二月邮书刾。　　　　　　　EPT51.391

［按］剌：文书。

□▨九月剌史奏事簿録。　　　　　　　　EPT51.418B

［按］剌：～史，古代官名。

合檄二,章皆破,摩灭不可知。其一诣剌史赵掾　□

北板合檄四。√十七。√

合檄一。张掖肩候印,诣剌史赵掾在所。·合檄一,□

　　　　　　　　　　　　　　　　　　EPT52.39

［按］剌：～史,古代官名。

·吞远部建昭五年三月过书剌。　　　　　EPT52.72

［按］剌：文书。

建昭四年四月辛巳朔庚戌,不侵候长齐敢言之,官移府所移

邮书课举曰,各推辟部中,牒别言,会月廿七日。·谨推辟案

过书剌正月乙亥人定七分,不侵卒武受万年卒盖;夜大半三

分,付当曲卒山;鸡鸣五分,付居延收降亭卒世。　EPT52.83

［按］剌：文书。

·不侵部建昭元年八月过书剌。　　　　　EPT52.166

［按］剌：文书。

九月乙亥,凉州剌史柳,使下部郡大守、属国、农都尉,承书从

事,下当用者。明察吏有若能者勿用。严教官属,

　谨以文理遇百姓,务称明诏厚恩。如诏书。　　/从事史贺、音。

　　　　　　　　　　　　　　　　　　EPT54.5

［按］剌：～史,古代官名。

▨阳朔五年正月尽十二月府

移丞相、御史、剌史条。　　　　　　　　EPT 56.77A

［按］刺：～史，古代官名。

▩ 阳朔五年正月尽十二月府

移丞相、御史、刺史条。　　　　　　　　　　　EPT56.77B

［按］刺：～史，古代官名。

☑ 正月壬午，病左足，癃□刺。　　　　　　　EPT56.339

［按］刺：用锐利之物戳入或穿透。

☑ 汉律：刺史　　　　　　　　　　　　　　EPT 58.97

［按］刺：～史，古代官名。

☑ 日且入时，严归，以戊申到郭东田舍。严病伤汗，即日移病书，使弟赦付覆胡亭卒不审名字。己酉有

☑ 追逐器物，尽壬子积六日。即日严持绛单衣、甲带、旁橐、刺马刀，凡四物，其昏时到部。严期一日还，　　　　EPT 59.2

［按］刺：其义存疑，或为"针刺状"，或为"杀"。

拔剑入临舍。阖户。临与男子☑纪骏欲出，众以所持剑刺伤骏臂一所，☑　　　　　　　　　　　EPT 65.414

［按］刺：用锐利之物戳入或穿透。

▩ 始建国五年八月□□□

禀卒刺。　　　　　　　　　　　　　　　EPT65.419A

［按］刺：文书。

·甘露元年十一月，所假都尉库折伤承车轴刺　EPT65.459

［按］刺：文书。

史将军发羌骑百人，司马新君将，度后三日到居延，居延流民亡者，皆已得度。今发遣之居延，

它未有所闻。·何尉在酒泉，但须召耳。·闻赦诏书未下

部，•月廿一日守尉刾白掾。•甲渠君有恙，未来，趋之莫府。

EPF22.325B

［按］刾：文书。

☑□券刾及廩。　　　　　　　　　　　　EPF22.422

［按］刾：文书。

☑□始三年正月

☑□事刾。　　　　　　　　　　　　　　EPF22.591A

［按］刾：文书。

□▨ 戊子，胡虏攻際，吏卒格鬬

際别名及刾卷（券）。　　　　　　　　　EPF22.747A

［按］刾：文书。另，《居延新简集释（七）》中释为"对卷"，存疑。

☑年三月过书刾。　　　　　EPC（1972—1974 年）15

［按］刾：文书。

☑故　坐施髡钳釱左止城旦昌□等，刾不□瞉□□☑

EPS4T2.69

吏　永始三年五月己酉，诣治所。

［按］刾：简文残缺，释义存疑。

胡刀，刾马刀，直五□☑　　　　　　　　ESC108

［按］刾：其义存疑，或为"针刺状"，或为"杀"。

14.《敦煌汉简》

"刾"出现 2 次，因图版模糊不能清晰辨识者 2 例。

极知天寒，刾史且来，不敢解须臾。久居石上，举露减水，处

非所乐，诚　　　　　　　　　　　　　　　1305

［按］刾：～史，古代官名。

☑【月】十一日己酉,大福守候长郭曼白刺。　　　　1946

〔按〕刺:文书。

☑下中二千石、部刺史、郡大守、诸侯相,承书从事,下当用者,致督察　　　　2376

〔按〕刺:～史,古代官名。

☑□鬭以剑刃刺伤乙【左】☑　　　　2462

〔按〕刺:用锐利之物戳入或穿透。

15.《肩水金关汉简》

"刺"出现 16 次。

☑使者凉州刺史案上书当除者☑　　　　73EJT6:135A

〔按〕刺:～史,古代官名。

刺史度月十七日到大守府☑　　　　73EJT6:140

〔按〕刺:～史,古代官名。

☑书出入界日时刺　　　　73EJT22:39

〔按〕刺:文书。

☑长道□□以受刺☑　　　　73EJT23:449

〔按〕刺:文书。

☑之府移刺史书……　　　　73EJT23:494

〔按〕刺:～史,古代官名。

·□□令使史刺☑　　　　73EJT23:613

〔按〕刺:简文残缺,释义存疑。

·驿北亭河平三年四月过书刺　己未朔　　　73EJT24:34

〔按〕刺:文书。

☑□九月旦尽晦邮书刺□☑　　　　73EJT24:342

［按］刜：文书。

▨□□□□迎刜史君肩水▨　　　　　　　73EJT26：80

［按］刜：～史，古代官名。

▨□击刜伤宗右手左脾右掖下各一所亡时广宗安所居不▨

73EJT26：95

［按］刜：用锐利之物戳入或穿透。

谓隧长贤友等尉丞卿送刜史都吏北迁谷尽二行东塞檄到贤
友等▨　　　　　　　　　　　　　　　73EJT28：54

［按］刜：～史，古代官名。

制曰刜史之部明教吏谨□▨　　　　　　73EJT28：71

［按］刜：～史，古代官名。

死罪屋阑游徼当禄里张彭祖　以胡刀自贼刜颈各一所以辜立死
元康二年三月甲午械毂　属国各在破胡受卢水男子翁□当告

73EJT30：6

［按］刜：用锐利之物戳入或穿透。

东书八封　一封诣凉州刜史　一封▨
　　　　一封诣金城大守府　□▨　　73EJT31：18

［按］刜：～史，古代官名。

▨付鯬得守令史侠嘉食传马为刜史柱　73EJT34：12

［按］刜：～史，古代官名。

七月庚午丞相方进下小府卫将军二千石将军二千石部刜史
郡大守诸侯……▨
　下当用者书到言　　　　　　　　　　73EJF1：12

［按］刜：～史，古代官名。

第 3 章 谒源于书信

秦汉时期固然没有产生名刺这种名片类文书,但源自战国时期的谒可以被视为现代名片的起源。那么,谒又起源于何物呢?迄今似尚未见到有学者探讨。就现有文献资料来看,我们认为谒的产生和发展有个过程:它源自战国时期的书信"记",发展的前期是战国、秦、西汉,中期在东汉,后期是魏晋。

战国时期的书信实物今天没有留存下来,"传世的秦汉书信数量较少,……大多只保留了正文,或者正文的一部分,书信的首尾款式皆被删除,其封缄题署、文本结构、平阙制度均无法看到,所以不能据以研究书信的形制和格式。"①

作为"名片"类文书雏形的谒起源于书信"记",我们可以从下面三个方面尝试着进行探讨。

3.1 谒的构成要素

相较于名片,谒更多地保留了书信的构成要素。如:

---

① 杨芬.出土秦汉书信汇校集注·前言.武汉大学博士学位论文.武汉:武汉大学,2010:1。

1. 进东海太守功曹

　　师卿　　　　　　　　　　　　　　　　　　YM6D15（正）

　　沛郡太守长惠谨遣吏奉谒再拜

　　问

　　君兄起居　　　　　　　　　　　　南阳谢长平　YM6D15（反）

2. 弟子王习，诣吴师门下，叩头叩头，烦劳远苦，问之，甚厚意，大佳。元小疾未平复，叩头叩头，出，谒　　八八 DYTGC：五 A

　　告弟子，皆如前，甚毋失期。有者，坐之。交故两师循行，互处之。　　　　　　　　　　　　　　　　　　八八 DYTGC：五 B

3. 弟子吴应再拜　　问起居　　南昌字子远。

4. 豫章吴应再拜　　问起居　　南昌字子远。

　　例 1 为 1993 年江苏连云港市出土的尹湾汉墓"师饶十谒"[1]中的一谒，包含有三个要素：拜谒对象的尊称（东海太守功曹师卿）、拜谒内容（问起居）、拜谒人落款（沛郡太守长南阳谢惠）。例 2 是 1988 年在敦煌市人头疙瘩烽燧采集到的五封书信之一，属于王莽时期。书信中同样包括三个要素：发信人署名（弟子王习）、收信人敬称（吴师门下）、通信正文（感谢慰问等）。例 1 和例 2 的构成要素都能一一对应。

　　例 3、4 均为 1974 年 3 月在江西南昌西晋吴应墓中出土的 5 枚"故刺"之一，学界通常将其看作是典型的名刺简。[2]与例 1、

---

① 连云港市博物馆等编.尹湾汉墓简牍.北京：中华书局，1997：26。

② 在目前所获的简牍实物中，学界公认的典型的"名刺"类文书是中华人民共和国成立后发掘的这 6 批简牍材料：①1974 年 3 月在江西南昌晋墓中出土的 5 枚木简；②1979 年 6 月江西南昌东吴高荣墓出土名刺 21 枚；③1980 年湖北鄂城东吴墓中出土的 6 枚木牍；④1984 年 6 月在安徽马鞍山东吴朱然墓中出土 14 枚名刺简；⑤1996 年 10 月湖南长沙走马楼吴简 J22—2697；⑥1997 年 9 月在江西南昌市火车站东晋墓中发现 21 枚名刺简。有关这 6 批简的分析详见第 4 章。

例 2 形成鲜明对比的是,例 3、例 4 只有两大构成要素:本人署名
(南昌/豫章吴应)、内容(问起居),并无通达对象的信息。而名刺
(名片)类文书和书信的一个显著区别正是"有无特定明确的通达
对象"。

由此,秦汉时期的谒更接近书信,魏晋时期的名刺才具有名
片的特点。

3.2　谒的功用

谒兼有动词和名词性质。《释名·释书契》:"谒,诣也,诣告
也。书其姓名于上,以告所至诣者也。"此处所言之"书其姓名",
据简牍实物所见,当包括了拜谒对象和拜谒者(含使者)的姓名。
《说文解字·言部》:"谒,白也。"段玉裁注:"《广韵》曰:白,告也。
按谒者,若后人书刺自言爵里、姓名,并列所白事。"段氏指出谒的
内容要"并列所白事",这点应予以重视。

"谒"在西汉民众的社交场合中广泛使用,据其内容和功能可
分为拜访之谒、庆贺之谒和问疾之谒。[①]

1. 拜访之谒当最为常见。魏晋时期的名刺便主要由这种谒
演变而成。如上文例 1:沛郡太守长憙派遣官吏奉谒拜问时任东
海太守功曹的师饶。

2. 庆贺之谒,是在重要的社交场合或重大节日上使用的谒的
类型。长沙东牌楼东汉简牍中有一枚拜贺正月的谒,[②]便属此类:

---

① 此处参见郭炳洁.汉代"谒"、"刺"的演变.云南社会科学.2012(6):133 - 137。
② 长沙市文物考古研究所、中国文物研究院编.长沙东牌楼东汉简牍.北京:文物出版社,
　 2006。释文见第 111 页。

正月

故吏邓邡再拜

贺

3. 问疾之谒。如同属"师饶十谒"的 YM6D20：①

进

师君兄 　　　　　　　　　　　　　　　　YM6D20（正）

容丘侯谨使吏奉谒再拜

问

疾 　　　　　　　　　　　　　　　　　　YM6D20（反）

从某种意义上说，谒的功用，正是通过所书之"事"来表达某种目的：或拜谒，或庆贺，或问疾，或叙事——这些原本都属于书信的功用。上面所举的三种类型的谒，完全可以改用书信的形式表达出来，只是书信表达的情感更加充沛，诚如李均明先生所言："简牍文书中，私记是使用情感语言最频繁的一种，最能体现当时人真实的思想感情与生活状态。"②而谒受限于形制及双方的身份关系等因素，一般更多的是体现一种礼节性的问候，情感色彩明显较书信淡漠。

至魏晋时期，名刺简上虽然仍保留了"拜问起居"的字眼，实际上其嘘寒问暖的功用可以完全忽略。名刺的作用，已基本完成了向陌生人"通达姓名"的转变。

3.3　谒所通达的双方

名片的功用主要在于"通达姓名",即来往双方中至少一方不知对方的姓名、爵里籍贯等信息,因而才需要通达。而谒的功用,据简牍实物所见,则主要在于拜问、庆贺或叙事,尤其是多次发现的"请病谒",显示出交往的双方或是同僚或是熟人,并非陌生人。由此也导致谒带有明显的书信特点和功用,这是名片所不具备的。

下面以安徽天长西汉墓出土的几枚"请病谒"为证:①

1.《英横请病谒》

A 面

☑

进

谢卿

B 面

卿膣(体)不便,前日幸为书,属宋掾使横请。

东阳丞英横宜身至床下,敄(迫)不给,谨请司空伏非(罪)奉谒,伏地

再拜谢。因伏地再拜,请病

☑(卿)马☐足下。

此枚谒中提到交往的双方为"谢卿"和"英横"。其中,英横为东阳县丞,谢卿官职不详,但他"前日幸为书",表明在此之前已经

---

① 马怡.天长纪庄汉墓所见"奉谒请病"木牍——兼谈简牍时代的谒与刺.简帛研究(二〇〇九).桂林:广西师范大学出版社,2011:21-28。

与英横有过书信往来，且双方所托付书、谒的"宋掾""司空"皆为官场中人，应该都是东阳县的地方官员。

2.《方被请病谒》

A面

米一石，鸡一只

贱弟方被谨使〔使〕者伏地再拜，

进

孟外厨。　　　　　　野物幸勿逆，被幸甚〔幸甚〕。

B面

孟膌（体）不安善少谕（愈），被宜身数至状（床）视病。不宵（肖）伏病，幸毋重罪，幸甚〔幸甚〕。

贱弟方被宜身至前，不宵（肖）伏病，谨使〔使〕者奉谒，伏地再拜，

请

孟马足下：寒时，少进酒食，近衣、炭，慎病自宽毋忧，被幸甚〔幸甚〕。

本谒是"方被"致"孟"的礼单兼"请病谒"。B面起首第 1 行交代了致谒的缘由。文中的"贱弟"、"伏地再拜"、"安善"（安妥吉善）、"寒时，少进酒食，近衣、炭，慎病自宽毋忧"等均为汉代书信的常用寒暄语句。如：

同为天长西汉墓出土的《贲且与孟书》："寒时幸进酒食"。

悬泉置汉代帛书《元致子方书》："丈人、家室、儿子毋恙，元伏地愿子方毋忧。"

敦煌汉简《时与翁糸书》："贱弟时谨伏地再拜请""时伏愿翁

糸将侍近衣、幸酒食",《政与幼卿、君明书》:"政伏地愿幼卿、君明适衣进食,察郡事。"《霸与孟书》:"霸愿卿为侍前者幸强酒食、近衣炭、以安万年"。

居延汉简《信与次君、君平书》:"信愿次君、君平近衣、强酒食、察事",《初与丈人书》:"寒时,初叩头愿丈人近衣强幸酒食。"

居延新简《充与中君次公书》:"贱弟充谨伏地再拜请"。东牌楼汉简《侈致督邮书》:"安善欢喜,幸甚幸甚。"

3.《孙霸买药事书谒》

A 面

谨　伏地再拜进书	孙王孙
	遣从者
谢　卿马足下	进东阳
	谢卿

B 面

使前孙霸谨因使者奉谒,伏地再拜请

谢卿马足下:甚苦病者,玉膧(体)毋恙。谨因道:卿幸赐书,教以

买药事。霸幸甚。谨奉教买药,凡四百钱,付张长子。寒时不禾(和),

霸愿卿为侍前者幸强酒食,近衣、炭,以安万年。霸伏地幸甚。有来往,幸赐严教,使霸奉闻卿玉膧(体)毋恙。伏地再拜卿马足下。

此枚木牍为孙霸遣使奉送之谒,对象为东阳谢卿。此谒的特点是:A 面为"谒",B 面为"书"。这种兼具书(书信)和谒的特征

及功能的结合体或可称为"书谒"。①相比《方被请病谒》,这枚"书谒"中孙霸也明言"(谢)卿幸赐书,教以买药事",说明之前孙霸和谢卿有过书信往来,二人应当相熟。

3.4   小结

综上,秦汉时期的谒所通达的双方并非陌生人,而且不论行文款式、构成要素、内容或是功用,均明显与书信"记"相类同。杨芬在《出土秦汉书信汇校集注》中将相关的谒归为书信,是有一定道理的。但是,谒从书信中分化出来以后,逐渐形成了自己的发展轨迹和特点,不宜再与书信混同。

名片类文书脱胎于书信,其后经历了漫长的发展演变。从简牍时代的谒、名刺,到易木为纸后唐宋的门状、门笺、门启、参榜、参状、名纸、手刺、手简,再到明时的名帖、手本,直至晚清,方才有西方传入的现代意义上的名片。凡此种种之名,无不与其各个发展阶段的材质、形制、尺寸、内容、功用等相称。我们之所以要对谒和名刺进行严格区分和探讨,原因即在于此,既要避免以今律古,又能使之名实相副。

---

① 马怡.天长纪庄汉墓所见"奉谒请病"木牍——兼谈简牍时代的谒与刺.简帛研究(二○○九).桂林:广西师范大学出版社,2011:26-28。

第 4 章　爵里刺文书试探

4.1　爵里刺文书

"爵里刺"的名称数见于传世文献,去除因袭重复的,其较为典型的记载有:

1.《释名·释书契》:"书称刺书,以笔刺纸简之上也。又曰'写',倒写此文也。书姓字于奏上曰'书刺',作'再拜'、'起居',字皆达其体,使书尽边,徐引笔书之,如画者也。下官刺曰'长刺',长书中央一行而下之也。又曰'爵里刺',书其官爵及郡县乡里也。"①

2.《三国志》卷九《夏侯渊传》裴松之注引《世语》曰:"宾客百余人,人一奏刺,悉书其乡邑名氏,世所谓爵里刺也……"②

3.《太平御览》卷六百六《文部二十二·刺》:"《魏名臣奏》曰:黄门侍郎荀俣奏曰:今吏初除,有二通爵里刺,条疏行状。"③

---

① 刘熙《释名》所见版本纷杂,此处所引内容暂且依据任继昉纂.释名汇校.济南:齐鲁书社,2006:333-335。

② (晋)陈寿撰,(宋)裴松之注.三国志.北京:中华书局,2011:228。

③ (宋)李昉等撰.太平御览.北京:中华书局,1960:2728。

4.《陔余丛考》卷三十《名帖》:"皇甫规家居,有雁门太守亦归里,以刺来谒,规不礼之,以其刺刮髀。则刺又似削竹木为之者。窃意古人通名,本用削木书字,汉时谓之谒,汉末谓之刺,汉以后则虽用纸而仍相沿曰刺。故《事林广记》云:见长者用名纸,见敌以下用刺,其文书某郡姓名,有爵者并书爵,谓之爵里刺,其实已皆用纸也。六朝时名纸但谓之名。"①

同为名片类文书的谒和名刺既在传世文献中有记载,在考古发掘中也均有实物出土。与之相比,爵里刺文书只在传世文献中有寥寥几笔的记述,在出土文献中始终未见到有自名"爵里刺"者。这也导致学界对爵里刺的探讨并不多。尽管如此,学者们对爵里刺的意见却较为统一:在目前的简牍文书学分类体系中,爵里刺就是名刺(或谒),即名片,产生于东汉时期。如:

1.李均明《简牍文书"刺"考述》《简牍文书学》《秦汉简牍文书分类辑解》等论著中认为"名刺"又叫爵里刺。②

2.扬之水《从名刺到拜帖》:"(南昌东吴高荣墓出土的名刺简)均与《释书契》所说一致,此应即爵里刺。"③

3.王辉《我国古代的名片——爵里刺》:"汉代,名刺已很流行,刺上一般要写明姓名爵里,故又称'爵里刺'""从考古中我们可以知道,一般的爵里刺是在简的开始处写明郡名、姓名并书'再拜'。其间稍空后,再书'问起居'。然后在简的下部偏左侧,

① (清)赵翼著.陔余丛考.上海:商务印书馆,1957:638。
② 李均明.简牍文书"刺"考述.文物.1992(09):55-56。李均明、刘军著.简牍文书学.南宁:广西教育出版社,1999:407。李均明.秦汉简牍文书分类辑解.北京:文物出版社,2009:417。
③ 扬之水.从名刺到拜帖.收藏家.2006(05):48。

以小字注明乡里和本人的字。这便是我国古代的名片了。"①

4. 徐东根《名片、名帖与爵里刺》:"……'谒'或'名刺',因上面一般要写明姓名爵里,故又称之'爵里刺'。"②

5. 王晓雷《中国古代名刺初探》:"名刺即《释名·释书契》中说到的爵里刺,……刺的出现应该是在东汉。""(南昌东吴高荣墓出土的名刺简)正符合《释名·释书契》所说的'长书中央一行而下也',问候语是小一号字体的'再拜问起居',最后说明籍贯,这些形制特征与《释名·释书契》所说是基本保持一致的,因此这也就是所谓的爵里刺。"③"而从考古资料可以知,汉魏时期刺的主要使用者是当时的官员和名士,也就是说这一时期刺的主要类型便是爵里刺……"④

学者们在论述爵里刺时,常以中华人民共和国成立后发掘出土的六批魏晋时期的简牍材料作为例证。我们将这六批学界公认的典型的名刺简迻录于下:

1. 1974 年 3 月,在江西南昌西晋吴应墓中出土 5 枚木简,其中 3 枚简文相同:

(1) 弟子吴应再拜　问起居　南昌字子远。

另外 2 枚简文分别为:

(2) 豫章吴应再拜　问起居　南昌字子远。

(3) 中郎豫章南昌都乡吉阳里吴应年七十三字子远。⑤

① 王辉.我国古代的名片——爵里刺.杭州师范学院学报.1993(02):52。
② 徐东根.名片、名帖与爵里刺.南方文物.1998(03):123。
③ 王晓雷.中国古代名刺初探.山东师范大学硕士学位论文.济南:山东师范大学,2012:17。
④ 王晓雷.中国古代名刺初探.2012:20。
⑤ 江西省博物馆.江西南昌晋墓.考古.1974(6):375。

　　值得注意的是,墓葬中出土的遣策上写有"故刺五枚",证明它们都是墓主生前所用之"刺",并非明器。

　　2.1979 年 6 月,江西南昌东吴高荣墓出土名刺 21 枚,形制均相同,墨书隶体,上书简文为:

　　(4)弟子高荣再拜　问起居　沛国相字万绶。①

　　3.1980 年湖北鄂城东吴史绰墓中出土的 6 枚木牍,上书简文分两种:

　　(5)童子史绰再拜　问起居　广陵高邮字浇瑜。

　　(6)广陵史绰再拜　问起居。②

　　4.1984 年 6 月,在安徽马鞍山东吴朱然墓中出土 14 枚名刺简,行文分三种:

　　(7)弟子朱然再拜　问起居　字义封。

　　(8)故障朱然再拜　问起居　字义封。

　　(9)丹杨朱然再拜　问起居　故障字义封。③

　　5.1996 年 10 月,湖南长沙走马楼吴简 J22—2697,简文为:

　　(10)弟子黄朝再拜　问起居　长沙益阳字符宝。④

　　此枚名刺简的背面行文与正面一样,但字体稚嫩、潦草,应为习字简。

　　6.1997 年 9 月,在江西南昌市火车站东晋墓中发现 21 枚名刺简,形制相同,墨书隶体,简文为:

---

① 江西省历史博物馆.江西南昌市东吴高荣墓的发掘.考古.1980(3):226。
② 鄂城县博物馆.湖北鄂城四座吴墓发掘报告.考古.1982(3):266。
③ 安徽省文物考古研究所等.安徽马鞍山东吴朱然墓发掘简报.文物.1986(3):6。
④ 长沙市文物考古研究所等.长沙走马楼三国吴简嘉禾吏民田家莂(上).北京:文物出版社,1999:34。

（11）弟子雷陔再拜　问起居　鄱阳字仲之。①

这六批魏晋简总计 68 枚。其中 65 枚上书的内容都包含如下三大要素：本人姓字；拜问辞；侯国郡县。2 枚的内容稍有不同：例（6）省略了史绰的字，例（7）省略了朱然所在的郡县。总之，这 67 枚魏晋简被认定为名刺简，没有疑问。

差异最大的是例（3）"中郎豫章南昌都乡吉阳里吴应年七十三字子远"。与其他 67 枚名刺简相比较可以发现，这枚简上书写的内容，除了本人姓字、郡县外，不但没有"再拜问起居"字样的拜问辞，反而多了"年七十三""中郎"这样表年岁和官爵的信息，而且描述吴应的籍贯时详细到了具体的乡里，这些明显的差异或值得引起足够的重视。

我们认为，例（3）"中郎豫章南昌都乡吉阳里吴应年七十三字子远"这枚简可以称之为爵里刺。就性质而言，爵里刺和名刺都是包含或表明个人身份的文书，要向他人交代清楚"我是谁""我来自哪里"的问题，因而其核心要素是本人的"姓名（字）"和"籍贯"，这导致爵里刺和名刺在功能和书写形式上颇为相似。二者的显著区别从名称上即可体现出来。就名称而言，爵里刺文书突出了"官职爵位"和"具体乡里"这两点信息——这两点信息也正是爵里刺文书得名的直接缘由。东汉刘熙所撰《释名·释书契》中对此的阐释很清楚："又曰'爵里刺'，书其官爵及郡县乡里也。"②

---

① 江西省文物考古研究所等.南昌火车站东晋墓葬群发掘简报.文物，2001（2）：25。
② 任继昉纂.释名汇校.2006：333 - 335。

那么,这种和名刺一样能表明个人身份的爵里刺是如何产生的呢?

4.2 爵里刺文书的由来

一般而言,相较于名刺,爵里刺文书除了要载明人名和籍贯这两个核心要素,应当还要涉及"官职爵位"和"具体乡里"这两点信息。若以此来考察出土的众多秦汉时期的简牍,我们会发现,有相当多类别的文书都或多或少涉及了这些要素和信息。对这些文书的梳理和探讨,或许可以帮助我们厘清爵里刺文书的由来。

经过初步梳理,这些通过额外记录"官职爵位"和"具体乡里"的信息来进一步表明吏卒个人身份的文书计有 19 种,包括:[1]

1. 劾状

（1）·状辞<u>公乘</u>居延<u>觻汗里</u>年卅九岁姓夏侯氏为甲渠

EPT68.9

（2）甲渠塞百石士吏居延<u>安国里公乘</u>冯匡年卅二岁始建国天凤上戌六年   EPT68.4

（3）<u>上造</u>居延<u>累山里</u>年卅八岁姓周氏建武五年八月中除为甲

EPT68.16

（4）·状辞皆曰名<u>爵县里</u>年姓官禄各如律皆□   EPT68.34

（5）☐年九月九日甲渠第四<u>隧长</u>居延<u>平明里</u>王长 EPT68.142

---

[1] 以下例文基本选自居延汉简和居延新简,不再一一标注。每个种类仅选取几例较为完整者作为代表,不作穷尽性举例;为行文简洁,简文或有节取,其中的官职爵位和乡里信息以<u>下划线</u>予以标记。

2. 除书

（6）故吏<u>阳里上造</u>梁普年五十　今除补甲渠候官尉史　代

郑骏　　　　　　　　　　　　　　　　　　　　　EPF22.58

（7）宜谷亭长<u>孤山里大夫</u>孙况年五十七　薰事　今除补甲

渠候官斗令史代孙良　　　　　　　　　　　　　EPF22.60

3. 变事书

（8）肩水候官令<u>史</u>觻得<u>敬老里公乘</u>粪土臣熹昧死再拜上言

变事书　　　　　　　　　　　　　387.12，562.17

4. 爰书

（9）<u>当遂里公乘</u>王同即日病头痛寒热小子与同隧……它如

爰书敢言之　　　　　　　　　　　　　　　　　52.12

（10）鞫系书到定名县<u>爵里</u>年　　　　　　　　239.46

（11）爰书……乃验问隧长忠卒赏等辞皆曰名郡县<u>爵里</u>年姓

官除各如牒　　　　　　　　　　　　　　　　EPT51.228

（12）而不更言请辞所出入罪反罪之律辩告乃爰书验问恭辞

曰<u>上造居延临仁里</u>年廿八岁姓秦氏往十余岁父母皆死与男同产

兄良异居以更始三年五月中，除为甲渠吞远隧长　　EPF22.330

5. 吏赀直簿

（13）三墩隧长居延<u>西道里公乘</u>徐宗年五十　徐宗年五十

妻妻　宅一区直三千……　　　　　　　　　　24.1B

（14）候长觻得<u>广昌里公乘</u>礼忠年卅　小奴二人直三万　用

马五匹直二万……　　　　　　　　　　　　　37.35

6. 吏名籍

（15）居延甲渠第廿八隧长居延<u>始至里大夫</u>孟宪年廿六 58.2

（16）甲沟第十三隧长闲田<u>万岁里</u>上造冯匡年二十三<u>伉健</u>

EPT27.32

（17）居延甲渠塞有秩候长昭武<u>长寿里公乘</u>张忠年卅三河平

三年十月庚戌除　史　　　　　　　　　　　　　　EPT51.11

7. 卒名籍

（18）田卒淮阳新平<u>常昌里</u>上造柳道年廿三　　　　　　11.2

（19）戍卒梁国己氏<u>高里公乘</u>周市年卅　　　　　　　　50.29

（20）河渠卒河东皮氏<u>毋忧里公乘</u>杜建年廿五　　　　　140.15

（21）田卒淮阳郡长平<u>平里士五</u>李进年廿五　　酒　　　509.18

（22）戍卒魏郡元成正阳里<u>大夫</u>张安世年廿四　　　　　EPT53.5

8. 吏未得俸及赋钱名籍

（23）肩水破胡<u>隧长</u>觻得成汉里朱千秋

地节二年七月乙酉除　　未得地节……　　　　387.4

（24）□赏<u>隧长</u>觻得富□里牛庆　　未得元康四年三月十四日

用钱三百八十……　　　　　　　　　　　　　　560.4

9. 债名籍

（25）灭虏<u>隧</u>戍卒梁国蒙东<u>阳里公乘</u>左咸年卅六自言责故乐

哉<u>隧长</u>张中实皁练一匹直千二百今中实见为甲渠令史　　35.6

10. 衣物名籍

（26）　　　　　　　　　　　　袭一领犬纮一两

田卒淮阳郡长平业阳里公士　　绔一两　私纮一两

儿尊年廿七　　　　　　　　　贯赞取　　　　　19.40

（27）　　　　　　　　　　　　袍一领　枲履一两

田卒昌邑国邸<u>宜年里公士</u>　　单衣一领　绔一两卩 303.40

丁奉德年廿三

（28）田卒淮阳郡<u>嚣堂邑上造</u>赵德　<u>皁</u>布复袍一领……

498.14

（29）<u>巍□□里五大夫</u>朱得年廿四

皁布复袍一领　校县官裘一领过□□□□□□

……　　　　　　　　　　　　　　　　EPT52.638

11. 被兵名籍

（30）　　　　　　　　　　　　　　　　　三石具弩一

第十三隧戍卒河南郡成皋<u>宜武里公乘</u>张秋年卅四　槀矢铜

鍭五十　　　　　　　　　　　　　　　　214.7

三石具弩一

（31）戍卒东郡邺<u>安成里大夫</u>吕贤　有方一完椟一完

EPT51.113

12. 佣名籍

（32）张掖居延库卒弘农郡陆浑<u>河阳里大夫</u>成更年廿四　庸

同县<u>阳里大夫</u>赵勋年廿九贾二万九千　　　　170.2

（33）田卒大河郡平富<u>西里公士</u>昭遂年卅九庸举里严德年

卅九　　　　　　　　　　　　　　　　303.13

（34）☑南阳郡杜衍<u>安里公乘</u>张赍年廿六　庸同县<u>安居里公</u>

<u>乘</u>张胜年廿八　　　　　　　　　　　EPT52.240

13. 吏换署名籍（吏换调名籍）

（35）居延甲渠士吏觻得<u>广宛里公乘</u>窦敢能不宜其官　今换

补靡谷候长代吕循　　　　　　　　　　　　203.33

（36）甲渠候史居延阳里公乘泛汉年廿七　能不宜其官☑

EPT50.78

（37）甲渠当曲隧长☐里公乘张札年卅七　能不宜其官换为

殄北宿苏第六隧长代徐延寿　　　　　　EPT51.63

（38）☑三泉里公乘召倘年卅三　能不宜其官换为候史☑

EPT51.520

14. 吏除代名籍（吏缺除代名籍）

（39）觻得定国里籍襄王遗年廿☐　今肩水当井隧长代☐偃

183.6

（40）居成甲沟第三隧长闲田万岁里上造冯匡年二十一　始

建国天凤三年闰月乙亥除补　止北隧长　☐　　　225.11

（41）三十井常寇隧长闲田市阳里上造齐当年二十一新始建

国地皇上戊元年三月戊辰除补甲沟第三☑　EPT48.21

（42）觻得长乐里公士董得禄年卅　今除为甲渠候☑

EPT52.403

（43）☑当曲隧长居延利上里公乘徐延寿年卅　五凤四年十

一月庚午有劾缺　　　　　　　　　　EPT56.24

（44）修行居延西道里公乘史承禄年卅四　今除为甲渠尉史

代杨寿　　　　　　　　　　　　EPT53.109A

15. 功劳墨将名籍

（45）肩水候官并山隧长公乘司马成中劳二岁八月十四日能

书会计治官民颇知律令武年卅二岁长七尺五寸觻得成汉里家去

官六百里 13.7

（46）☒候官穷虏隧长簪裹单立中功五劳三月能书会计治官民颇知律令文年卅岁长七尺五寸应令居延中宿里家去官七十五里属居延部 89.24

（47）肩水候官执胡隧长公大夫奚路人中劳三岁一月能书会计治官民颇知律令文年卅七岁长七尺五寸氐池宜药里家去官六百五十里 179.4

（48）肩水候官候史大夫尹财劳二月廿五日能书会计治官民颇知律令文年廿三岁长七尺五寸觻得成汉里 306.19

（49）延城甲沟候官第三十队长上造范尊中劳十月十㮥日能书会计治官民颇知律令文年三十二岁长泰尺五寸应令居延阳里家去官八十里属延城部 EPT59.104

16. 以令赐爵名籍

（50）豆□□□　公乘郪池阳里解清　老　故小男丁未丁未丙辰戊寅乙亥癸巳癸酉令赐各一级丁巳令赐一级 162.10

（51）□卅七　公乘郪宋里戴通　卒　故小男丁未丁未丙辰戊寅乙亥癸巳癸酉令赐各一级丁巳令赐一级 162.14

（52）□卅三　公乘郪京里马丙　大　故小男丁未丁未丙辰☒ 162.15

17. 出入名籍

（53）居延城仓佐王禹觻汗里　年廿七　•问禹曰之觻得视女病十月乙酉入 62.55

（54）　　　　　　　　　　　　　　八月戊戌入
士吏觻得高平里公乘范吉年卅七　迎司御钱居延　□□甲

辰出　　　　　　　　　　　　　　　　　　　　　170.7

（55）☑将车轹得安世里公乘工未央年卅长七尺二寸黑色

334.13

（56）☑都里不更司马奉德年廿长七尺二寸黑色　　　387.3

18. 葆出入名籍

（57）葆鸾鸟息众里上造颜收年十二出入长六尺黑色——皆

六月丁巳出不　　　　　　　　　　　　　　　　　15.5

（58）葆　鸾鸟大昌里不更李恽年十六　　　　　　　51.5

19. 功劳案①

（59）显美传舍斗食啬夫莫君里公乘谢横中功一劳二岁二月

今肩水候官士吏代郑昌成　　　　　　　　　　10.17

以上所举的例文涉及书、簿、籍、案四大类文书,其中大部分为"名籍类"简,它们的共同点是都包含有表明官吏和士卒身份的信息。与谒、名刺带有明显的私人文书性质相比,上述59条例文基本均产生于公务文书中。为了更好地阐明吏卒的身份,文书记录者在具体行文中,除了记录有吏卒的姓名和所属郡县籍贯这两点基础信息外,又全部都涉及了吏卒的"官职爵位"和"具体乡里(邑)",②此外也会载明诸如年岁、身高、肤色、俸禄、除官等其他有助于识别身份的信息。而诸如"吏射名籍""贳卖名籍""入官刺"等文书,就目前所见,基本都未载明吏卒的郡县和乡里信息,

---

① "功劳案"的归类名称见李均明、刘军著.简牍文书学.1999:401。在其后李氏的《秦汉简牍文书分类辑解》中,"功劳案"被归置合并于"功劳墨将名籍"中。据例文(59)中"今肩水候官士吏代郑昌成"的考核性记录,或当为"案"类文书为妥。

② 见上文例(28)"嚣堂邑"。《周礼·地官·里宰》:"里宰,掌比其邑之众寡。"郑玄注:"邑,犹里也。"贾公彦疏:"邑是人之所居之处。里又训为居,故云邑犹里也。"

这种情况大概源于吏名籍、卒名籍、吏换署名籍、吏除代名籍这些文书中都已记录有官吏和士卒的郡县、乡里信息，上级官署在考核或查验时往往可以辅之以后者，故常常得以省略而不必重复书写。

据上述 59 条例文所见，通过附加"官职爵位"和"具体乡里"信息来进一步表明吏卒身份的文书，在彼时的居延公务简牍中应当已经广泛地存在。就我们目前所见，此类表明户籍、身份的公务文书，在长沙走马楼三国吴简中愈发大量地出现，例如：[①]

富贵里户人公乘杨□年廿四□	7
富贵里户人公乘胡礼年六十踵两足	14
小赤里户人公乘刘刀年七十新(?)□	139
刘里户人公乘李尚年七十□	331
大片里户人公乘王得年六十二龙耳眇目　中	935
常迁里户人公乘李漠年卅七　妻大女思年卅二	1642
湛龙里户人公乘吴易年廿一　妻思年廿　子女□年三岁	
	1655
高迁里户人公乘毛布年卅□　妻大女思年卅九	1656
吉阳里户人公乘区(?)黑年廿七　妻思年廿六	1684
平阳里户人公乘邓狗年七十□	2543

相较于居延简，走马楼三国吴简中"乡里"和"爵位"的这种固定搭配，在记录身份信息的户籍简中已然发展成为定式。尹湾汉墓出土的西汉末年"东海郡下辖长吏名籍"中也记录有大量官吏

---

① 以下例文节选自长沙市文物考古研究所等编著.长沙走马楼三国吴简·竹简一.北京：文物出版社，2003。

的个人身份信息,如:①

......

> 武阳相山阳郡单父张临故东郡大守文学卒史以廉迁
>
> 武阳侯国丞汝南郡西华邑尹庆故武都大守文学卒史以功迁
>
> 武阳相山阳郡张盖之故河内大守文学卒史以廉迁
>
> 新阳丞京兆尹长安王相故上尒有秩以功迁
>
> 盐官长琅邪郡东莞徐政故都尉属以廉迁
>
> 盐官丞汝南郡汝阴唐宣故大常属以功迁
>
> 盐官别治北蒲丞沛郡竹薛彭祖有秩以功迁
>
> 盐官别治胡州丞沛郡敬丘淳于赏故侯门大夫以功迁
>
> 铁官长沛郡相庄仁故临朐右尉以功迁

......

这些官吏身份信息的基本书写格式为:现任官职＋籍贯(侯国郡)＋姓名＋原官职＋迁除缘由,和居延简中涉及官吏的吏名籍、吏换署名籍、吏除代名籍、功劳墨将名籍相比,全都没有载明"官爵"和"乡里"的信息。这或许可以表明,西汉时期在记录官员的名籍、身份时,尚未形成将"官爵"和"乡里"这两项信息固定搭配使用的习惯。

由此,我们或可以断定,"官爵"和"乡里"信息在文书中的连用通行于东汉时期,到了三国时期,在记录户籍、身份的文书中,

---

① 连云港市博物馆等编.尹湾汉墓简牍.北京:中华书局,1997:93。

"官爵"和"乡里"信息连用的情况已成固定格式。由此不难产生进一步的推测,即:正是因为这些包含"官职爵位"和"具体乡里"信息的户籍、身份文书的广泛存在和使用,促使了爵里刺这种包含或表明个人身份信息的文书凸显出来,并得以与谒和名刺共同存在于东汉和魏晋时期。

4.3 爵里刺性质的进一步探讨

基于目前学界将爵里刺看作是一种名片类文书,我们做了上述的探讨。

但是,如果把江西南昌西晋吴应墓中出土的那枚名刺简"<u>中郎豫章南昌都乡吉阳里</u>吴应年七十三字子远",和"吏名籍"简 58.2"<u>居延甲渠第廿八隧长居延始至里大夫</u>孟宪年廿六"、"卒名籍"简 11.2"<u>田卒淮阳新平常昌里上造</u>柳道年廿三"放在一起比较,我们不难发现,吴应墓中出土的这枚名刺简和居延名籍简 58.2、11.2 功能相同,都是表明身份的文书;在书写格式上也类似,均由"官职爵位、郡县籍贯、乡里、姓名(字)、年岁"这几个要素构成;只是具体到使用场合而言会有公私之别。由此,我们自然产生一种看法,即:所谓的爵里刺,恐怕并不只是大家所认为的私人性质的名片类文书;如果我们不能明确肯定爵里刺只能使用于私人拜谒的场合,那么,诸如"吏名籍""卒名籍"这样,但凡能表明或包含官吏、士卒身份或民众户籍信息的公私文书,都可被统称为爵里刺。

我们在最初探讨爵里刺时,曾认为爵里刺不是名片,而是"吏名籍""卒名籍"这种公务文书。持这种观点写就和修改的文章曾先后受到角谷常子和李均明等先生审阅,先生们都提出了切实的

（包括反对）意见，指出了文章中的逻辑缺陷和不当陈述。经过反思，我们还是认为，把爵里刺仅仅看作是名片类文书仍然存在着很大的疑问。鉴于包括《释名》在内的传世文献对"爵里刺"的记载实在过于简陋，出土文献中又至今未见有自名"爵里刺"者予以实证，我们目前所能做的，只有尽量合理地去分析、推测它的种种可能性。下面，根据先生们的意见和指出的问题，我们对原文章作了重新论述，放在本节中，恳请诸位先生继续批评指正。

4.3.1　由功能性质、构成要素推断爵里刺的存在

李均明先生指出，讨论"爵里刺"的前提，就是首先确认它的存在，并辨识出来。

不管是作为名片类私人文书还是名籍类公务文书，出土文献中的确还未见有自名"爵里刺"的记载。但有一点毋庸置疑，爵里刺是一种表明或包含个人身份信息的文书，因而其基本构成要素是"姓名（字）"和"籍贯"，以解决"我是谁"及"我来自哪里"的基本身份问题。此外，从爵里刺的名称上来看，这种文书的构成要素还要包括"官职爵位"和"具体乡里"这两点信息——这也正是"爵里刺"文书得名的直接缘由，不可或缺。因此，不管是作为名片类文书还是公务文书，"爵里刺"的构成都要至少包含"姓名（字）""籍贯""官职爵位"和"具体乡里"这四个要素，这应该不会有什么疑问。

以简58.2 "居延甲渠第廿八隧长居延始至里大夫孟宪年六"和11.2 "田卒淮阳新平常昌里上造柳道年廿三"为代表的"吏名籍"和"卒名籍"这两类文书是完全符合我们对"爵里刺"文书功能和构成要素的分析的，如果没有具体使用场合来限定"爵里刺"的功能的话，把它们作为"爵里刺"的实例也应该是适合的。

与之相比,如果把"爵里刺"仅仅只作为名片类文书,在目前出土的众多秦汉魏晋简中反而找不到一个实例,这不正常,尤其是前文中我们梳理过,东汉魏晋时期记录户籍、身份的文书中,"官爵"和"乡里"信息连用的情况已非常普遍,几成定式。

4.3.2 分析传世文献中爵里刺的记载

那么,"爵里刺"在传世文献中是否只能用作名片类文书呢?

刘熙《释名·释书契》章第 31 条释义中对爵里刺的这句阐述"又曰'爵里刺',书其官爵及郡县乡里也"被普遍地引作"爵里刺是名片类文书"的证据。我们在前面第 2 章中对其已作了相关的解读,可以确认的是,爵里刺的确能表明或包含个人的身份信息,如果没有具体语境进行限定,这种功能既可用于通达姓名的名片,也适用于记录吏卒身份信息的公文书。《释名·释书契》中所言的爵里刺,并不能肯定就必然是谒或名刺这种名片类文书。末句"书其官爵及郡县乡里"的简略描述,考虑到作为名片类文书在东汉时找不出实证的情况,将其用于"吏名籍"和"卒名籍"这类公务文书(也可以进一步扩大到前文中梳理的那 19 类文书)或许更为现实和可信。

再来看其他传世文献中有关爵里刺的记载。

1.《三国志》卷九《夏侯渊传》裴松之注引《世语》曰:"文帝闻而请焉,宾客百余人,人一奏刺,悉书其乡邑名氏,世所谓爵里刺也,客示之,一寓目,使之遍谈,不谬一人。"

此例说的是夏侯荣自小博闻强识,对百余名宾客的"爵里刺"能过目不忘。这里所说的"爵里刺",当与江西南昌西晋吴应墓中出土的名刺简"中郎豫章南昌都乡吉阳里吴应年七十三字子远"

相同,用于陌生人之间的晋谒拜访。居延简中的"吏名籍""卒名籍"等文书虽然也可以清晰地表明人员"乡邑名氏"的身份信息,但使用场合有所区别,不符合此条文献的语境。

2.《太平御览》卷六百六《文部二十二·刺》:"《魏名臣奏》曰:黄门侍郎荀俣奏曰:今吏初除,有二通爵里刺,条疏行状。"

这则文献在谈及爵里刺时,具体到了除吏的情况。简牍文献中有一些内容涉及官吏的迁转除授,李天虹先生认为"除书"可能是这样的文书:[①]

牒书吏迁、斥免给事补者四人,人一牒　　　　　　EPF22:56A

建武五年八月甲辰朔丙午,居延令、丞审告尉谓乡移甲渠候官听书从事,如律令甲渠·此书已发传致官,亭间相付前。掾党、令史循　　　　　　　　　　　　　　　　　　EPF22:56B

甲渠候官尉史郑骏,迁缺　　　　　　　　　　　EPF22:57

故吏阳里上造梁普年五十,今除补甲渠候官尉史,代郑骏

　　　　　　　　　　　　　　　　　　　　　　EPF22:58

甲渠候官斗食令史孙良,迁缺　　　　　　　　　EPF22:59

宜谷亭长孤山里大夫孙况年五十七,薰事,今除补甲渠候官斗令史,代孙良　　　　　　　　　　　　　　　　　EPF22:60

此"除书"简册涉及郑骏、梁普、孙良和孙况四名官吏的迁免记录。其中,郑骏和孙良二人的迁缺记载很简略。梁普和孙况二人的除补记录比较详细,内容包括了他们的籍贯、姓名、年岁、除补职位,特别是"官爵"和"乡里"信息非常明确,再查核木简的形

---

① 李天虹著.居延汉简簿籍分类研究.北京:科学出版社,2003:4-6。

制,都书写于单行木简上——这些都可以和《魏名臣奏》中"吏初除""爵里""条疏行状"的记载契合。因此,出土简牍资料中,以EPF22:58、EPF22:60为代表的"除书"简正适用于《魏名臣奏》中所说的"爵里刺"。

需要说明的是,EPF22:58和EPF22:60这二通爵里刺虽出现于"除书",但应该都源自"吏名籍"。亦即:官署机构先对士吏的官职爵位、籍贯乡里、姓名、年岁、才能等常规信息进行登记,编为吏名籍,等到对士吏进行考核、除迁时,摘录吏名籍所记载的相关信息后再加上除迁记录,便成了"除书"简。

3. 清代赵翼《陔余丛考》卷三十《名帖》:"皇甫规家居,有雁门太守亦归里,以刺来谒,规不礼之,以其刺刮楯。则刺又似削竹木为之者。窃意古人通名,本用削木书字,汉时谓之谒,汉末谓之刺,汉以后则虽用纸而仍相沿曰刺。故《事林广记》云:见长者用名纸,见敌以下用刺,其文书某郡姓名,有爵者并书爵,谓之爵里刺,其实已皆用纸也。六朝时名纸但谓之名。"

赵翼称引南宋末期《事林广记》的记载,是将爵里刺视为通达姓名的名片类文书,其描述的爵里刺上写有"郡""姓名""爵"(可有可无)等信息,其体现的功能、内容等,和中华人民共和国成立后发掘出土的那六批魏晋时期的名刺简基本相合。

则上述三条传世文献中的记载,《世说新语》和《事林广记》中的"爵里刺",据其出现的语境可以确定其指的是名片类文书;《魏名臣奏》中的"爵里刺"出现在向上级奏报官吏除授信息的公文中,其与"除书"关系密切,而"除书"中的官吏身份信息又源自"吏名籍"这类公文书。可见,根据使用场合的不同,"爵里刺"在传世文献中既可以用作名片类文书,也可以用作公文书。

4.4　小结

综合本节所述,爵里刺作为东汉魏晋时期通行的一种表明或包含个人身份信息的文书,其性质决定了它的基本构成要素应至少包括"姓名(字)"和"籍贯";其得名缘由又要求这种文书的构成要素还要包括"官爵"和"乡里"。至少具备了这四个要素的文书,才能与"爵里刺"的名实相副。

虽然使用场合有所不同,但江西南昌西晋吴应墓中的那枚"名刺"简和居延"吏名籍""卒名籍"简均符合我们对爵里刺文书功能和构成的分析,再结合传世文献中的用例,将它们统称为"爵里刺"其实并无问题。

最后补充说一点,东汉魏晋时期记录户籍、身份的文书中,"官爵"和"乡里"信息连用的情况已极为普遍,那么,为何出土文献中却未见有"爵里刺"的名称和记载?

单从名称上而言,"爵里刺"意为"写有官爵和乡里信息的文书"。"刺"是文书的通名,并不能指代具体的文书种类。西北简中以"刺"为名的诸多文书,在对其归类命名时,应综合考虑该文书的内容、性质及保管形态、使用等情况。单纯依据简文中出现的名称对文书进行归类命名固然便捷,但如果归类命名不能很好地体现该文书的功能和流通情况,也是不妥的。反之,如果 A 文书能够较好地符合名为 B 的文书所体现出来的功能性质和构成要素,即使 B 文书的名称不见于 A 文书或其他文书的记载,二者也应该归属为同一种类。

第 5 章　名不副实的"刺"类文书

目前的简牍文书分类体系中,"刺类文书"一般包括六种:①名刺、谒、爵里刺;②入官刺;③廪食月别刺;④出俸刺;⑤表火出入界刺;⑥邮书刺。[①]根据我们在第 2 章中的梳理,秦汉简牍中直接以"刺"为名的文书目前所见主要有九种:入官刺、月别刺、出奉刺、邮书刺(过书刺)、券刺、吏买荽刺、【邮?】书出入界日时刺、库折伤承车轴刺、书刺。

除"表火出入界刺"外,其他名称在简文中均有出现——即便如此,是否就可直接以"刺"来对这些文书进行命名、归类呢?如果我们将这些以"刺"为名的文书和与之各自对应的一枚枚具体木简联系起来综合考虑的话,会发现,直接以"刺"来命名和归类的做法有待商榷。正如第 2 章中我们对秦汉时期"刺"字的词义进行的梳理,上述那些名称中的"刺"彼时只能表笼统的"文书"义,而不能体现和指称文书的具体种类。我们认为,

---

① 李均明著.秦汉简牍文书分类辑解.北京:文物出版社,2009 年。

秦汉时期的简牍文书分类体系中,虽然可以直接以"刺"为名来称呼这些简牍,但在具体归类和命名上,应当按照文书集成的理论和方法,将它们还原为相应的簿籍简册,这样或许更为合理和妥当。

5.1　入官刺

如,对于"入官刺"文书,永田英正在《居延汉简研究》中认为这些记录性质的文书,其标题应该是"某某簿"①,并将入官刺文书称为"诣官"簿:"也就是说,诣官簿就是候燧负责人前往候官办事时的**签到记录簿**。"②李均明先生认为其"是官吏应召或为它事到官府的登记册,其格式特征与**名籍**相类"③。在其《当代中国简帛学研究(1949—2009)》一书中又阐述道:"此外尚有为专门事项设的登记册,如入官刺是到行政机构办事的人员登记;食月别刺是按月廪食情况的记录,就形式而言,此类刺当录自相应的**出入簿**或校簿"。④

根据入官刺上书写的简文内容,其完整的行文格式大致可概括为:

烽燧名＋官职＋人名＋(召)诣官及其事由＋月份＋干支日＋时辰＋入

① [日]永田英正著,张学锋译.居延汉简研究.桂林:广西师范大学出版社,2007:257:"……丙'诣官'记录,等等,其标题则应该是'某某簿'。"
② [日]永田英正著,张学锋译.居延汉简研究.桂林:广西师范大学出版社,2007:395。
③ 李均明、刘军著.简牍文书学.南宁:广西教育出版社,1999:411。
④ 李均明等著.当代中国简帛学研究(1949—2009).北京:中国社会科学出版社,2011:322。

　　居延新简 EPT50.200 为一枚标题楬，正反面分别书写有"鸿嘉二年五月以来　吏对会入官刺"。①则入官刺的书写、编联和使用当确如李均明、永田英正等先生所言，是以册书的形式存在：每枚入官刺木简上记载一名具体人员的入官信息，此时单枚简可被称为入官刺；入官刺的保存和使用形态为编联成册；其上记载的人员入官信息会按月、日、时进行逐一登记、汇总。需要说明的是，入官刺的书写者应为候官处的官吏，而非诣官者本人，所以，入官刺重在记录、造册，而不适宜描述为诣官者"签到"。因此，尽管 EPT50.200 标题楬上书写有"吏对会入官刺"之名，但考虑到此种文书的形成、保存和流通等情况，其完整形式当如李均明、永田英正等先生所言，显然为编联成册的簿籍类文书。故而，简牍文书学的分类体系中，将作为册书形式存在的入官刺归属到"簿籍类"文书下应该要更为稳妥恰当。"籍是以人为对象的名单，与之相比，簿则首先是以物为对象的。"②入官刺的类别名称或可称为"入官名籍"。

　　如此，按照文书集成的方法，选取与这些"刺"各自相关的简牍进行编联，还原其所属简册的完整结构和内容，进而考察它们实际的使用和流通情况，从而探讨文书的命名和归类问题，我们认为才是更为合理可行的方法。单纯依据简文中出现的名称来命名和归类恐怕过于简单，并不能很好地做到名实相副。

① 张德芳主编.居延新简集释(二).兰州:甘肃文化出版社,2016:268。
② [日]永田英正著,张学锋译.居延汉简研究.桂林:广西师范大学出版社,2007:256。

5.2　月别刺

再如,对于"月别刺"文书,李天虹先生在《居延汉简簿籍分类研究》第三章中,按照文书集成的理论和方法,将相关的廪食及谷物的出入记录一起看作是簿籍类文书,具体名称上又可分为"吏卒廪名籍""卒家属廪名籍"等等。①我们认为,这相较于直接以"月别刺"为名来归类要显得更加合理和稳妥。

下面,我们依据李天虹先生的研究方法和既有成果,综合相关简文,对"月别刺"文书进行集成,分析其结构、内容、使用和流通情况。涉及的例文主要选自台湾中研院史语所版《居延汉简》和张德芳先生主编的《居延新简集释》,文中不再一一标明。

5.2.1　名称来源及归类命名

"月别刺"文书的名称见于下面的例子:

永光三年尽建昭元年三月食月别刺　　　　　　　142.32A

　　　　　　凡出千八百五十七石三斗一升

最凡粟二千五百　　　今余粟七百卅三石四斗一升少

九十石七斗二升少　　校见粟得七百五十四石二斗　　142.32B

台湾史语所版《居延汉简》142.32A 简文释作"·永光三年尽建昭元年三仓月别刺"。②今检视图版,史语所版释文当是。李均明:"简文自称'食月别刺',当为分别按月记录的廪食情况,今见当为最末部分的合计。就形式而言,此刺当录自相应的出入簿或校簿。"③

---

① 李天虹著.居延汉简簿籍分类研究.北京:科学出版社,2003:51-70。
② 简牍整理小组编.居延汉简(二).台北:中研院史语所,2015:104。
③ 李均明著.秦汉简牍文书分类辑解.北京:文物出版社,2009:419-420。

此 142.32 简正面为廪食简册的标题,同时,因背面简文中有"校见"字样及内容,则此枚简当为对粟出入账簿进行账实核对的盘点账,相关简册确实可归为"校簿"。

142.32 简对应的简册正文是永光三年至建昭元年三仓每月廪食的粟的出入记录,可惜此册粟出入簿主体缺失。就居延简中所见,粮食的出入记录与吏卒的廪食内容密切相关,二者常共书于同一枚简牍之上:从仓库中支出粮食后,直接发放给相关人员进行具体的给食分配。如:

（1）

	粟百六十九	吏卅九人用谷百廿七石四斗四
	石四……	升其百廿一石四斗四升粟□
初元三年二	百七十石□	卒六十九人用谷二百廿一石八
月入	斗六升稦穄	斗六升其卅八石三斗粟百
稦穄十二石	八石九斗麦	·凡吏卒百八人用谷三百卅九
		石三斗其百六十九
	卩	尉史郭常不廪令史魏延年廪正
		月食粟三石三

EPT51.359

（2）

出谷百六十八石	百廿三石七斗三	二月以食戍卒八十
二斗	升少粟	七人=廿九日
	卅四石四斗六升	积二千五百廿三
	大麦	人=六升大 S

NMC1（甲附 2）

（3）

其廿九石粟

出谷四百六十　　二百九十石糜　　三月以食戍卒二百卅

四石　　　　　　百卅五石麦　　　人₌廿　　　　SHM1A

因此，以类似附系于142.32简的粟出入簿为例来考查吏卒的廪食情况，是恰当、可行的。这些具体书写的粮食出入记录和人员廪食内容的简牍，可以据简文直接称为月别刺或廪食刺，但在简牍文书学的分类体系中，当归类命名为（具体的）粮食出入簿或廪食名籍。

5.2.2　文书集成

下面，我们按照文书集成的方法，选取居延简中较为完整的涉及吏卒廪食和粮食出入的简牍进行编联，来还原相应简册的结构和内容，考察廪食名籍和粮食出入簿的使用和流通情况。鉴于粮食的出入记录与吏卒的廪食内容密切相关，二者常共书于同一枚简牍之上，不易分割，我们将二者合并集成如下。具体的粮食出入簿和廪食名籍请参见李天虹先生的《居延汉简簿籍分类研究》第三章。

简册①

（1）·建平五年十二月官吏卒名籍　　　　　　　　203.6

（2）令史田忠　十二月食三石三斗三升少　十一月庚申自取

133.7

---

① 此简册的复原参见谢桂华.居延汉简的断简缀合和册书复原.简帛研究（第二辑），北京：法律出版社，1996：248－255。李天虹《居延汉简簿籍分类研究》中谈及"吏卒廪名籍"时有引用。

（3）·右吏四人　用粟十三石三斗三升少　　　　　203.10

（4）鄣卒□□　盐三升　［十二月食三石三斗三升少］　十
一月庚申自取　　　　　　　　　　　　　　　　　286.12

（5）鄣卒李就　盐三升　十二月食三石三斗三升少　十一
月庚申自取　　　　　　　　　　　　　　　　　254.24

（6）鄣卒张竟　盐三升　十二月食三石三斗三升少　十一
月庚申自取　　　　　　　　　　　　　　　　　203.14

（7）鄣卒史赐　盐三升　十二月食三石三斗三升少　十一
月庚申自取　　　　　　　　　　　　　　　　　292.1

（8）·右鄣卒九人　用盐二斗七升　用粟卅石　　286.9

（9）执胡燧卒张平　盐三升　十二月食□　　　　55.8

（10）☑　［盐］三升　十二月食三石三斗三升少　十一月庚
申自取　　　　　　　　　　　　　　　　　　　27.10

（11）·右省卒四人　用盐一斗二升　用粟十三石三斗三升少
　　　　　　　　　　　　　　　176.18、176.45

（12）·凡吏卒十七人　凡用盐三斗九升　用粟五十六石六
斗六升大　　　　　　　　　　　　　　　　　254.25

（13）·建□□年十二月吏卒廪名籍　　　　　　203.25

1. 楬

（1）⊗九月谷出入簿

　　新始建国地皇上戊元年　　　　　　113.16A

（2）⊗八月以来吞远仓禀

　　吏卒刺　　　　　　　　　　　　　EPT43.30A

　　⊗吞远仓吏卒刺　　　　　　　　　EPT43.30B

（3）▨ 始建国三年尽五年

六月谷出入簿。　　　　　　　　EPT59.319

建昭五年十月

（4）吞远仓　尽六年九月

谷出入簿　　　　　　　　　　EPT51.157A

建昭五年十月

吞远仓　尽六年九月

谷□□簿　　　　　　　　　EPT51.157B

（5）□月吏卒廪名籍　　　　　　　　　EPT52.424

（6）始建国天凤二年五月尽六月廪

卒名籍　　　　　　　　　　　EPT59.358

2. 标题

（1）•甲渠候官建昭三年十月当食案及谷出入簿　　33.9

（2）•甲渠候官甘露五年二月谷出入簿　　　　82.6

（3）•第廿六隧廿五仓五凤五年正月谷出入簿　　101.1

（4）•收虏仓河平元年七月谷出入簿　　　　135.7

（5）•吞远仓建昭三年二月当食案丿谷出入簿　　136.48

（6）远隧仓建平四年十二月谷出入簿　　　EPT43.63

（7）•甲渠候官神爵三年九月谷出入簿　　　EPT52.203

（8）甲渠候官五凤二年二月谷出入簿　　　EPT52.473

（9）•甲渠候官建武七年正月尽三月　谷出入四时簿

EPF22.398

（10）孤山隧仓谷出入簿一编　　　　　　ESC107

（11）之谨移三月尽六月盐出入簿　　　　EPT7.13

(12)・吞远部建平元年正月官茭出入簿。　　　　　　4.10

(13)・不侵部建昭五年正月余茭出入簿　　　　　　142.8

(14)・万岁部建平五年五月吏卒廪名籍　　55.24+137.20

(15)・第廿三隧仓河平四年七月吏卒廪名籍　弟廿二

□　□　　　　　　　　　　　　176.38+193.7+190.10

(16)□甲渠官居摄三年三月吏卒廪名籍　　　　　287.9

(17)・甲渠候官永光五年正月廪吏卒名籍　　EPT52.262

(18)・第四部建始五年正月吏卒廪名籍　　　EPT53.2

(19)六月尽十一月　　　　　　　　　　EPT65.243A

　　　廪名籍　　　　　　　　　　　　EPT65.243B

(20)官居摄二年九月吏卒廪名籍　　　　　EPT65.342

(21)□年六月廪卒名籍　　　　　　　　　EPW100

(22)　　　　　廪名籍

　　肩水候官　谷簿

　　　　　岁留计　　　　　　　　　　　　5.16

3. 正文①

(1)　　　第廿三卒李婴　第廿四卒张猛　第廿六卒唐安

　　　　第廿八卒华实　箕山卒钟昌　　第廿三卒苏主

　　　　第廿五卒曹建　第廿六卒韩非人　第廿八卒马广

第廿三　箕山卒高关

部卒十　第廿三卒郭亥　第廿五卒□意　第廿七卒张愿

---

① 居延简中的廪食名籍正文另请参见李天虹著.居延汉简簿籍分类研究.北京:科学出版社,2003:54－60。

二月　　　第廿九卒张□

　　　　　第廿四卒成定　　第廿五卒张□　　第廿七卒石赐

廪名　　　第廿九卒廖赣

　　　　　第廿四卒及问　　第廿六卒张建　　第廿八卒舍相恵

廿二人　第廿九卒左债　　　　　　　　　　　　　　　24.2

（2）令史□□粟三石三斗三升少　　郫卒□捐之粟三石三斗
　十二月□□自取卩　　　　　　三升少十月壬申自取卩

　郫卒孔胜之粟三石三斗三升
　少十月癸酉自取卩

　　尉史＝尹□粟三石三斗三升　　郫卒赵忘生粟三石三斗
　　少十二月□□自取卩　　　　　三升少十月癸酉自取卩

　郫卒徐充粟三石三斗三升少
　十月癸酉自取卩

郫　尉史皇楚粟三石三斗三升少　　郫卒厉定粟三石三斗三
　　庚子自取卩　　　　　　　　　升少十月癸酉自取卩

　郫卒王奴粟三石三斗三升少
　十月癸酉自取卩

　尉史郭常粟三石三斗三升少　　郫卒弋南粟三石三斗三
　戍十二月戊申自取卩　　　　　升少十月癸酉自取卩

　郫卒李寿王粟三石三斗三升
　少十月癸酉自取卩

　令史郭充粟三石三斗三升少　　郫卒孟延寿粟三石三斗
　十二月戊午自取卩　　　　　　三升少十月癸酉自取卩

　郫卒乐胜之粟三石三斗三升

少十一月丙子自取尸

令史延年食吞远　　　　　施刑桃胜之粟三石十一

　　　　　　　　　　　月庚子自取尸　　26.21

（3）正月廿一日食马尽廿四日凡二石三斗廿三日食马凡四斗

又四斗又三斗二月二日食马一斗二月十二日食马二斗　142.29A

　　□廿七日出粟一石食府吏马。　　　　　　142.29B

（4）出粟卅石　十二月以食卒十五人　　　　　160.8

（5）出粟三十二石三斗大石　给食泰十六人六月乙酉尽九

月积二十一月六日月二石　　　　　　　　EPT2.6

（6）出粟一石四斗六升大　摄食新除佐史二人积廿二日

　　　　　　　　　　　　　　　EPT4.77

（7）出粟二百一十一石二斗　食候长候史私马廿匹积千七

百六十四　　　　　　　　　　　　EPT4.78

（8）　　　妻大女止耳年廿六用谷二石一斗

　　　六升大

制房隧　子使女捐之年八用谷一石六斗六

卒周贤　升大

　　　子使男并年七用谷二石一斗六升大　凡用谷六石

　　　　　　　　　　　　　　27.4

（9）出谷卅七石七斗其　以食肩水斥候骑士十九人马十

　　卅石七斗麦　　　六四牛二

　　　　　　九月十五日食

　　　十石粟　　　　　　　　　303.23

（10）　　　　　······

俱起隧卒　母大女阿年卅三用谷□石六斗六升大丨

宋自予　　弟使女₌年十一用谷一石六斗六升大丨　　凡用

谷七石三斗三升少

EPF25.17

（11）　　　　　官吏三人　　助吏三人·有余三十二斛

官府调正月尽　士吏二人　　万岁尽第十吏卒三十三人

二月吏卒食三　载谷吏守鄣　凡五十三人₌六斛用谷三百

百六十六斛　　凡五人　　二十三斛

鄣卒六人　　　　　　EPF22.451

（12）第四隧卒伍尊　妻大女₌足年十五　见署用谷二石九

升少　　　　　　　　　　　　　　　　　　55.20

（13）□吏吏卒十四人　用谷廿七石六斗　其十六石粟

十一石六斗麦

177.16

（14）第廿三隧　卒王音　妻大女贫年廿　居署卅日用谷二

石一斗六升大　　　　　　　　　　　203.16＋201.8

（15）出麦一石九斗三升少　以食斥竟隧卒周奉世九月食　 丿

10.3

（16）出麦八石　□如意隧卒□充等四人四月食。　10.26

（17）出麦五十斗　 卩　廪夷胡隧长王勤五日食　□　官

53.22

（18）出麦二石　以廪水门队卒王缫五月食　Ｓ　丿

253.10＋284.14

（19）出麦卌一石　　以食肩水卒九月十五日食少十五石
· □九月入　　　　　　　　　　　　　102.10＋102.1

（20）收虏隧长訾千秋　·四月取
　　　麦三石四□　　　　　　　　　　143.7

（21）出麦廿七石五斗二升　以食斥候骑马二匹五月尽八月
　　　　　　　　　　　　　　　　　　303.2

（22）出麦大石三石四斗八升　闰月己丑食驿马二匹尽丁酉
积□□升　　　　　　　　　495.11＋495.26

（23）出麦七石八斗　以食吏=私从者二人六月尽八月 303.9

（24）出麦五百八十石八斗八升　以食田卒剧作六十六人五
月尽八月　　　　　　　　　　　　　　303.24

（25）出米三斗六升　二月三日食辅平司马　进佐子三人再
食人用　入正月三时　　　　　　　　　53.2

（26）王实出七斗米董倩出五斗八升米王少史出三斗二升米
　　　　　　　　　　　　　　　160.17A

　　　凡四人食十六斗米　　　　　　　160.17B

（27）　　　　取□米。
　　　卒陈万　又取粟黍斗卩　九月□□
　　　　　又取青黍五斗　　　　　　　EPT4.49A
　　　卒……　　卩
　　　□□□取粟四斗六□□三□　　卩　　EPT4.49B①

---

① 此简背释文，《居延新简集释》释为"……泉□十卩　……三斗卩"，恐不确。此处依据
《居延新简——甲渠候官与第四燧》（甘肃省文物考古研究所等编.文物出版社，1990：
11）、《居延新简——甲渠候官》（甘肃省文物考古研究所等编.北京：中华书局，1994：4）
和《中国简牍集成[标注本]——第九册 甘肃省·内蒙古自治区卷[居延新简]一》（中国
简牍集成编辑委员会编.兰州：敦煌文艺出版社，2001：33.）三个版本的释文录入。

（28）吏十六人　用粺米四斗八升　用月□　　　　EPT4.56

（29）出盐六斗　　□□□　　　　　　　　　　　ESC 52

（30）出盐二升九龠　　　　　　　　　　　　　268.12

（31）出盐六斗给第十部卒廿人三月食二月　　　82EPC8

（32）出盐二石一斗三升　给食戍卒七十一人二月戊午□□

□□□　　　　　　　　　　　　　　　　　　　139.31

（33）鄣卒李就　盐三升　十二月食三石三斗三升少　十一

月庚申自取　　　　　　　　　　　　　　　　254.24

（34）三月禄用盐十九斛五斗　　　　　　　　　154.10

（35）七月食三石三斗三升少　盐三升　六月癸巳高霸取　卩

257.26

（36）三斗三升少丿　卒李强廪糜三石粟　卒赵富

七石凡十石

卒陈宗廪鄣粟三石　卒周世

三斗三升少

EPT56.149

（37）出糜一斛二斗①正月丁亥以食止北隧辅薰　下延年里

万道一人尽癸卯十七日□　　　　　　　　　EPT58.11

（38）入粟三石卌百九又糜三石卌九十二奇一石　五月乙丑

EPT56.120

（39）士吏尹忠　糜一卷三斗三升自取又二月食糜一卷三斗

三升卒陈襄取　　　　　　　　　　　　　　　57.20

---

① 原释文释为"一斛二升"，今检视图版更正为"一斛二斗"。

（40）□石惊糒•二千五百六十六石　　　二千五百

　　七斗二升少糜

　　六斗九升少粟　　　　　　　　•其千五十六石四□

　　　　　　　　　　　　　　　　一十二石一升大

EPT53.121

（41）三斗三升少〢　卒李强廪糜三石粟　卒赵富

　　　　　　　　七石凡十石

　　　　　　　　卒陈宗廪鄩粟三石　卒周世

　　　　　　　　三斗三升少

EPT56.149

（42）出糜七石二斗　六月丁巳朔以食昌邑校士四人尽丙戌
卅日积百廿人人六升　　　　　　　　　275.16

（43）出糜小石三石为大石一石八斗以食卒三人十二月辛卯
尽庚子十日积卅人〓六　　　　　　　　275.2

（44）出糜大石一石七斗四升　始元二年七月庚子朔以食吏
一人尽戊辰廿九日积廿九人〓六升　　　88.26

（45）出糜小石十二石　征和三年十月丁酉朔丁酉第二亭长
舒付第七亭长病已〓食吏卒四人　　　　275.20A

（46）入糜小石十五石始元三年六月甲子朔甲子第二亭长舒
受代田仓监少都丞临　　　　　　　　　273.14

（47）入糜小石十四石五斗始元二年十一月戊戌朔戊戌第二
亭长舒受代田仓监少都丞延寿临　　　　273.24

（48）入糜大石八石七斗为小石十四石五斗　二年八月辛亥
朔辛亥第二亭长舒受第六长延寿以食吏卒五人〓六升辛亥尽己
卯廿九日积百卅五人　　　　　　　　　275.21A

4. 右类

（1）·右鄣卒　用粟九十六石　　　　　　　　EPT59.794

（2）·右卒十一人　用谷卅□　　　　　　　　EPT44.2

（3）·右以祖脱谷给岁竟壹移计　　　　　　　EPF22.77

（4）·右省卒家属名籍　用谷卅石　　　　　　133.8

（5）·右城北部卒家属名籍　凡用谷九十七石八斗　203.15

（6）▊右米糒　　　　　　　　　　　　　　　89.4

（7）·右鄣卒九人　用盐二斗七升　用粟卅石　286.9

（8）·右省卒四人　盐一斗二升　用粟十三石三斗三升少

　　　　　　　　　　　　　　　　　176.18＋176.45

（9）·右鉼庭部卒二十二人　用食　　　　　　EPT59.231

（10）▊右卒三人　四月食　　　　　　　　　ESC30

5. 凡类

（1）·凡入谷四石九斗二升　其二石五斗二升粟

　　　　　　　　　　　　二石四斗糇糒　　　35.13

（2）凡出谷小石十五石为大石九石　　　　　148.15

（3）凡出卌四石五斗四升大　其三石□

　　　　　　　　　　　　卌石九　　　　　192.40

（4）凡用谷三石三斗三升少　　　　　　　　72.14

（5）·凡谷卅一石　其十九石四斗粟

　　　　　　　　　　十一石六斗麦　　　　177.17

（6）·凡十月出谷小石八十四石　　　　　　88.4

（7）·最凡十九人家属尽月见用粟八十五石九斗七升少

　　　　　　　　　　　　　　　　　　　203.37

（8）最凡吏卒廿人用谷卅石　　　　　　　　　　332.6

（9）凡出粟三百一十六石三斗　　　　　　　　190.39

（10）凡吏卒　用粟百七百八斗　　　　　　　266.31

（11）·凡出粟三十三石　给卒驿小史十人三月食　413.3

（12）凡粟六千三百　二石二斗四升　　　　　EPT4.76

（13）凡吏八十一人　用麦百七十石　　　　　387.15

（14）·凡吏卒十七人　凡用盐三斗九升　用粟五十六石六

斗六升大　　　　　　　　　　　　　　254.25

（15）·凡出茭九百卅六束　　　　　　　　　　57.3

（16）·用茭十二束　用谷八斗四升　　　　　560.9

（17）　　　　　　　　其三百五十石三斗三升少粟

　　　　　　　　　　今三百六十石三斗三升少

　·凡出谷五百五十三石　百七石九斗三升少糜今

二斗十一月簿　　　　九十七石九斗三升少

　　　　　　　　　　　　　　EPT56.109

6. 呈报

（1）谨移谷出入簿一　　　　　　　　　　　11.27A

亭长最　　　　　　　　　　　　　　11.27B

（2）建武四年十一月戊寅朔乙酉,甲渠鄣守候博敢言之。·谨

移十月尽十二月

谷出入簿一编,敢言之。　　　　　EPF22.453

（3）甘露元年十二月辛酉朔庚午鉼庭候长□

茭出入簿一编敢言之　　　　　　　EPT56.254

（4）之谨移三月尽六月盐出入簿　　　　　EPT7.13

（5）建始二年八月丙辰朔　北部候长光敢言之

厘盐名籍一编敢言之　　　　　　　　　　141.2A

郑光私印　　　　　置佐辅发

□戊午候长郑光以来　君前　　　　　　　　141.2B

（6）始建国三年十月丁巳

移卒厘名籍一　　　　　　　　　　　　　EPT5.27

（7）移吏卒厘名籍　　　　　　　　　　　　EPT59.656

（8）建平三年六月庚辰朔戊申万岁候长宗敢言之谨移部吏卒

厘七月食名籍一编敢言之　　　　　　　　EPT43.6

（9）□▨士吏平敢言之谨移省卒十九人廪□

十二月食名籍一编敢言之　　　　　　　　536.14

附

（1）令史弘校第廿三仓谷　十月簿余谷榜穈大石六十一石

八斗三升大　　　　　　　　　　　　　　206.7

（2）受征和三年十一月簿余谷小石五十五石二斗　273.22

（3）今余谷千七百六石四斗二升大　其六百

廿□石　　　　99.5

（4）凡出谷大石九石　其一石五斗麦七石五斗糜　今六月

簿毋余　　　　　　　　　　　　　　　　88.25

（5）元年六月余穬麦六百黍十九　　　　　　100.9

（6）今余粟二百卅七石八斗七升□　　　　　EPC9

（7）凡□　十月尽十二月积□□▨

因食粟十三斛三斗三升大

有余粟十三斛六斗六升大　　　　　　　　EN1

（8）今余谷千九百五十一石二斗二升　　其二百卅五石米糒

四百卅三斗三升少粟

EPT52.586A

•凡出谷九千一百八十七石四斗一升大　　EPT52.586B

（9）今余谷万三千八百四石五升少　　其二百卅一石米糒

六千三百一十六石

四斗一升少粟

EPT56.232

（10）•凡出茭四百束　　今余千七百九十　　　EPT59.344

（11）永始三年计余盐五千四百一石四斗三龠　　EPT50.29

（12）•肩水候官地节□四年计余兵谷□财物簿毋余船毋余茭

14.1

（13）□□月甲寅大司农守属闳别案校钱谷盐铁　　455.11

　　如上所见，月别刺和廪食刺经编联成各种粮食出入簿和廪食名籍后，在流通使用中，完整的廪食簿籍可包括"标题"、"正文"（由若干枚月别刺或廪食刺构成）、"总计"（"右类"或"凡类"）和"呈报"四部分。有的则会在廪食簿籍后"附"有上级的校核文书。在存放保管时，为便于检索，还会系上"签牌"。

　　粮食出入和廪食的记录涉及米、粟、麦、黍（糤糧）等多种谷物，以及食盐、茭草等物资。这些廪食簿籍可以按人、按单位、按月进行详细的逐枚记载。其中，廪食名籍包括廪名籍、隧别廪名籍、卒廪铭记、吏廪名籍、卒家属廪名籍和从者、私属廪名籍等六种，粮食出入簿（廪食簿）包括谷出入簿、粟出入簿、麦出入簿、糜出入簿、盐出入簿和茭出入簿等六种。

月别刺和廪食刺,其实质乃是指构成廪食簿籍的主体——具体的粮食出入簿和廪食名籍,而非那些附系于廪食簿籍册书前的楬和其后的校核简牍,尽管此类"刺"之名常出现于楬和校核简牍上。我们在探讨月别刺和廪食刺时,探讨的对象也应该是由一枚枚具体的简牍组成的粮食出入簿和廪食名籍整体。

综上,居延简中涉及的所谓"月别刺",其实质为"簿",且均以简册的形式存在和使用,或者为各种粮食出入簿,或者为校簿。

5.3　其他以"刺"为名的文书的归类问题

以"刺"为名的简牍文书,除了前面谈及的"入官刺"和"月别刺"外,还有"名刺、谒、爵里刺""出俸刺""表火出入界刺""邮书刺(过书刺)""券刺""吏买茭刺""库折伤承车轴刺"和"书刺"等八种。

一、"名刺、谒、爵里刺"一般被看作是名片类文书,基本上为单次单枚使用。秦汉时期尚未见名刺和爵里刺的出土,有简牍实物存在的是谒。据我们在第 3 章中的分析,谒源于书信"记",因为相较于名片,秦汉时期的谒所通达的双方并非陌生人,而且不论行文款式、构成要素、内容或是功用,均明显与书信"记"相类同。则谒或可归类在"书檄类"文书中的"记"。

另,刘洪石曾谈及"谒和刺同属于'书檄'类",[①]可参。

二、"出俸刺"的名称仅见一例:

阳朔三年三月乙未从史霸出奉刺　　　　　　　190.21A

---

① 刘洪石.谒・刺考述.连云港市博物馆、中国文物研究所编.尹湾汉墓简牍总论.北京:科学出版社,1999:142。

与此凡万四千九百七十　　　　　　　　　　　　190.21B

李均明先生认为:"此例所见自称'出奉刺',当为发放俸禄的记录。简背见发放俸禄之合计数,其前当尚有多简登录具体发放数,当录自有关账簿。"①

另:

1.《居延汉简》中

(1) 简号 72.40 是枚残断简,释文作:出临木候史钱千二百。

(2) 简号 326.12＋104.35 释文作:出赋钱二千七百　给令史三人七月积三月奉。

(3) 简号 161.5 释文作:出赋钱八万一百　给佐史八十九人十月奉　☐

2.《居延新简集释》EPT51.409:

(4) 出临木部吏九月奉钱六千

候长吕宪奉钱千二百

临木隧长徐忠奉钱六百

穷虏隧长张武奉钱六百

木中隧长徐忠奉钱六百

(下文接上)

终古隧长东郭昌奉钱六百

☐☐隧长亓禹奉钱六百

候史徐辅奉钱六百

武贤隧长陈通奉钱六百

望虏隧长吕望奉钱六百

・凡吏九人钱六千

(下文接上)

---

① 李均明著.秦汉简牍文书分类辑解.北京:文物出版社,2009:420。

建昭五年十月丙申甲渠尉史彊付终古隧长昌守阁卒建知付状

《居延新简集释》EPT59.181：

（5）出钱十五万四千二百，给佐史八十九人积二百五十七月奉。

上述 5 例也都是对官吏发放俸禄的记录，可据以补充"出俸刺"的文例。其中既有详细的个人奉钱数额，也有人数和奉钱的合计。则所谓"出俸刺"可归属在"簿籍类"文书下已有的"吏奉赋名籍"。

三、"表火出入界刺"的名称在秦汉简牍中尚未发现，是据简文内容概括得来的。李均明先生认为："表火出入界刺是烽火信号通过辖界的记录。"①

迻录两例如下：

（1）乙夜一火　丙夜一火　丁夜一火　戊

□　和木辟　和临道　和木辟　和［临］

［兑］卒兑　卒章　卒章　卒　　　　　　　　　　　88.19

（2）九月乙酉日出五分北一表一通又蚤食尽北连表一通受卒同□　　　　　　　　　　　170.4

与之性质相类似的是《肩水金关汉简》73EJT22：39"□书出入界日时刺"。②可惜此标题简上部残断，据其残存简文分析，当是有关【邮】书传递过程中，通过诸部辖界的时间记录，"【邮】书出入界

① 李均明著.秦汉简牍文书分类辑解.北京：文物出版社，2009：420。
② 甘肃简牍保护研究中心等编.肩水金关汉简（二）上册.上海：中西书局，2012。

刺"即"邮书刺"。"邮书刺是关于传递邮书过程的实录文书。"①
亦称"过书刺",两种名称在居延地区简中多次出现,如居延汉简
70.21、103.34、135.14、136.18、317.3;居延新简 EPT51.391、
EPT52.72、EPT52.83、EPT52.166;肩水金关汉简 73EJT24：
342、73EJT24：34。

　　"表火出入界刺"和"邮书刺"作为对各自事项通过诸部辖界
的实录文书,要求如实登录实情,以备考核评价并附于呈文后上
报。二者文末加上考核评语后即成为"表火课"和"邮书课"。

　　"表火出入界刺"和"邮书刺"二者无疑都应该归属在"案录类
(或录课类)"文书下。至于具体的类别,或可置于"录","表火出
入界刺"称为"表火录","邮书刺"称为"邮书录"。

　　四、"券刺"的名称见于居延新简 EPF22.422"□券刺及
廪"。②则此"券刺"或为"债券"之义。

　　又,《香港中文大学文物馆藏简牍》中,简 227、232、234、
235 背面、237、239 均书有"死人毋适(谪),券刺明白"之类语
句,简 226 背面、228 正面、229 背面、230 背面、231 背面、233、
238 均书有"死人毋适(谪),卷(券)书明白"之类语句。此"券刺"
即"卷(券)书",意为"契约、文书,……这里所言的券书乃是因
'序宁'而持往'天公'验对生死,以祈求平安的文书"③。

　　则"券刺"当归类置于"符券类"文书下,命名为"契券"。

---

① 李均明著.秦汉简牍文书分类辑解.北京:文物出版社,2009:421.
② 张德芳主编.居延新简集释(七).兰州:甘肃文化出版社,2016:78.
③ 陈松长编著.香港中文大学文物馆藏简牍.2001:99:"可见'序宁'者,在汉代乃为父母居
　　家服丧的专门用语。"

五、"吏买茭剌"见于居延汉简的一枚残断楬：

▨　绥和元年九月以来

　　吏买茭剌　　　　　　　　　　　　　　　　　　　　84.6A

▨　吏买<u>茭剌</u>　　　　　　　　　　　　　　　　　　　84.6B

此楬当是附系于编联的相关简册之上，主体内容为官吏购买茭草的簿籍文书。

西北简中常见茭草出入的记录。李天虹先生《居延汉简簿籍分类研究》中有专门的章节对"茭出入簿、茭积别簿"进行了集成研究，[①]可参看。需要补充的一点是，居延汉简 4.32＋4.30"出茭四百束，不侵隧长主忠买"这枚简，李天虹先生说："但茭出入簿正文 2(2)记不侵燧长一次购买茭 400 束，不知因何而为。"[②]

李天虹先生谈道：茭草一般用来供应边塞吏员执行公务时的马匹及屯田的耕牛食用，其来源大约有二：或常由烽燧戍卒砍伐劳作而得，或由大司农调拨而来。茭出入簿由部按月编制并上报候官。[③]据此分析，因公务活动而需的茭草当由官署直接拨付，简 4.32＋4.30 中不侵燧长购买茭草的行为当主要是缘于其私事。

事实上，4.32＋4.30 这枚缀合简记录的重点在于"购买"的这一行为及购买者的身份信息，其正是一枚"吏买茭剌"，它的完整形式当是名籍简册。与之相对应的，茭出入簿的核心要素是茭草的数目，作为公务性质的支出账目，反映的是上下级官署、吏卒之间的支取记录，似乎不应涉及个人买卖的行为。

---

① 李天虹著.居延汉简簿籍分类研究.北京：科学出版社，2003：86－89。

② 同上。

③ 同上。

则 4.32＋4.30 这枚"吏买荽刺"应归置于"名籍类"文书下，或可命名为"吏买荽名籍"。

六、"库折伤承车轴刺"的名称见于居延新简 EPT65.459"·甘露元年十一月所假都尉库折伤承车轴刺"。①此枚标题简是对那些从都尉库中借出车辆、使用后车轴有损伤的人员的统计文书。其内容或与下面例文的记载相关联：

南阳枼车父武後　第十七车　　轮一具柣柔福七辀揢福一折

佐爱完

杙轴完　　　　　　EPT51.251②

EPT65.459 和 EPT51.251 均归属于"簿籍类"文书下的"车夫名籍"③，即赶车人名单。

七、"书刺"的名称见于居延汉简 101.24＋276.10：④

谢范子恩顷以前所取世诏书刺以付妇幸₌甚₌

记　　从徐子胜家取韦橐积凡十荒刀二笔研附布巾

子恩必幸哀怜□□到□□所言前□车

此封书信"记"载于一枚完整的木牍之上。写信人不明，收信人为"范子恩"。"范子恩"这一人名又见于居延新简 EPT50：7B"……候长范昌字子恩第十九队"和 EPC：40"一事一封　一封范昌印，诣府□"。⑤李振宏、孙英民认为这三枚简中的范子恩为同

---

① 张德芳主编.居延新简集释(六).兰州:甘肃人民出版社,2016:62。

② 张德芳主编.居延新简集释(三).兰州:甘肃人民出版社,2016:60。

③ 李均明著.秦汉简牍文书分类辑解.北京:文物出版社,2009:389。

④ 简牍整理小组编.居延汉简(二).台北:中研院史语所,2015:2。

⑤ 分别引自《居延新简集释(二)》第 240 页和《居延新简集释(七)》第 151 页。

一人,三简均为汉成帝鸿嘉年间之物。①

信中开头谈及,感谢范子恩昔日把之前所取到的世诏的"书刺"交付给妇人,不胜感激之至。"书刺"一词见于刘熙《释名·释书契》:"……书姓字于奏上曰'书刺',作'再拜'、'起居',字皆达其体,使书尽边,徐引笔书之,如画者也。……"②《说文解字·言部》:"谒,白也。"段玉裁注:"《广韵》曰:白,告也。按谒者,若后人书刺自言爵里、姓名,并列所白事。"则段玉裁认为"书刺"即为谒一类的名片类文书。

但在居延汉简 101.24+276.10 这封书信的语境中,将"书刺"释为谒文书明显不妥。我们在前文中已探讨过,刘熙《释名·释书契》中的这句话阐述的或许是"私记"这种文书。另,秦汉时期的书信"记"又可直接称为"书",如:

(1)出土于湖北云梦县睡虎地 4 号秦墓的迄今所见最早的家信实物《黑夫、惊与衷(中)书》:愿母遗黑夫用勿少。书到,皆为报,报必言相家爵来未来,告黑夫其未来状。

(2)安徽天长纪庄西汉墓出土《贲且与孟书》:书不能尽意,幸少留意。《莞横与孟书》:卿体不便,前日幸为书属宋搽使横请。《霸与孟书》:谨伏地再拜请书。

(3)敦煌汉简《政与幼卿、君明书》:道里远辟,回往来希,官簿身贱,书不通。

(4)居延汉简《宣与幼孙、少妇书》:谨因使奉书,伏地再拜幼

---

① 李振宏、孙英民著.居延汉简人名编年.北京:中国社会科学出版社,1997:224-225。
② 任继昉纂.释名汇校.济南:齐鲁书社,2006:333-335。

孙少妇足下。

此外,101.24＋276.10 中的"幸甚幸甚"这种谦辞常见于书信中,如:

居延汉简中,

(1) 充伏地再拜

中卿足下:辱幸赐记教以属(嘱),幸甚幸甚！……　　　34.22

(2) 令史王卿记,愿宁卿开户,……愿以宁卿印封之,叩头,幸甚幸甚！　　　　　　　　　　　　　　　　　287.15A

(3) 子路元君马足下:远辱幸赐承光书,幸甚！今　303.14A

(4) 必为急卖之。子丽校□□□□必赐明教,叩头幸甚幸甚。谨□□□

奉钱再拜子丽足下。钱当□节□　张君长　　　　142.28B

居延新简中,

(5) ☑飡食,厚自爱,进所安。幸甚幸甚！来者,万万

　　　☑　　┄梁米石五斗□□□□　　　　　EPT26.12

(6) 叶宋乃始、张佰丈叩头言:

□子翘、子玉足下,善毋恙。间者久不相见,良苦。迫塞上,甚邑邑,毋

　已年时去□里□□□□□□□□子翘、子玉□□乃始,□

　　　　　　　　　　　　　　　　　　　　　50.42A

　┄　□□甚毋恙,皆叩头请子翘、子玉,

□幸甚,愿善视官吏,毋敢□出□不容愚,谨因甲渠官令史王卿致

白□宛巍子翘,巍子玉坐前。　叶宋乃始,张佰丈记叩头。

　　　　　　　　　　　　　　　　　　　　　50.42B

（7）赋弟充，谨伏地再拜请：

中君次公足下，善毋恙。甚赐木功事，充欲时至中君次公前，问中君次公，

徼急，乃吏候望为职，以故不敢左右。幸宽□，充叩头，谨幸甚幸甚，充与吏争言，　　　　　　　　　　EPT56.87A

（8）忠顷伏地再拜请

尊长定足下，善毋恙，良苦事。宜当伏前谢，道将吏闻急，不得左右，死罪死罪。因□☑。

长定、忠欲有所道。叩头报。尊幸步足下之道上，见思报事。叩头，幸甚！　　　　　　　　　　EPT56.347A

张次倩　▲因为馆陶东扈游公，多谢东扈，不纰言，游公□丈☑

　□　来言毋它急。惟纰步足来至道上，见□

　⋯　幸甚！□急□□之□　　　　　　EPT56.347B

则根据其出现的语境，居延汉简 101.24＋276.10 中的"书刺"又可直接省写作"书"，释为书信。"书刺"当归属在"书檄类"文书下的"私记"。

5.4　小结

秦汉时期以"刺"为名的简牍，其字面意义皆为"某某文书"。"刺"字作为文书的通名，并不能如实反映出文书的形式和性质。以简文中出现的名称直接称呼这些文书，固然便捷，但却有名不副实之嫌，如券刺、书刺，显然并不适合以其字面名称来归类。另外，我们也注意到，像入官刺、月别刺等文书，永田英正、李均明等

先生也意识到其完整形态和性质当为簿籍简册。鉴于这些原因，为了更直观地体现这些文书的形式和使用情况，表明其属性，我们对这些以"刺"为名的简牍在文书学分类体系中的命名和归类作了上述的讨论和调整，以期尽量达到名实相副。

综上，秦汉简牍中涉及的以"刺"为名的文书，其具体归类名称可调整如下：

1."谒"归属于"书檄类"文书下的"记"。

2."入官刺"置于"簿籍类"文书下，名为"入官名籍"。

3."月别刺"归属于"簿籍类"文书下的各种粮食出入簿或"校簿"。

4."出奉刺"归属于"簿籍类"文书下的"吏奉赋名籍"。

5."表火出入界刺"和"邮书刺（过书刺）"都归属到"录课类"文书下的"录"。

6."券刺"当归置于"符券类"文书下，命名为"契券"。

7."吏买茭刺"归置于"簿籍类"文书下，命名为"吏买茭名籍"。

8."库折伤承车轴刺"归属于"簿籍类"文书下的"车夫名籍"。

9."书刺"即为"书檄类"文书中的书信"私记"。

"出土文物的命名一直是考古学界的一个难题，使命名既要全面概括出土文物的性质特征，又能与文献记载相符，还要与出土文物的自名不相抵触，并不是一件容易的事。"①我们在本章中按照文书集成的理论和方法所做的这些讨论或许并不能做到尽善尽美，权当抛砖引玉，敬请学者批评指教！

---

① 田河.出土遣策与古代名物研究.华东师范大学历史学系等主办，"新史料与古史书写——40 年探索历程的回顾与思考"学术研讨会论文集，2018：525。

第 6 章　秦汉简牍文书中的柿

　　自竹木被制成简牍用作书写材料以来,在简牍素材的修治、简牍文字的削改、简牍自身的重复利用中,柿皆伴随始终。文献中常见柿的记载,然其图像、形制、内容等缺乏详细说明。自 20世纪初简牍大发现以来,柿在不少简牍材料中均有出土,且数量众多,这为我们一窥简牍时代柿的面目提供了契机和实证。

　　柿目前尚未作为简牍文书学中的单独类别予以详细讨论,但其发掘、出土数量之大,其上所载内容不仅涉及简牍典籍,更与简牍文书的许多类别有着千丝万缕的联系,是简牍文书学科研究的重要基础,不容忽视。永田英正《居延汉简研究》中谈及柿时说:"……柿,当然也是贵重的文字资料,在价值上与一般的简牍并没有什么区别。其实,奈良平城京遗址出土的木简中有相当一部分是这种柿。"[①]何双全先生也说:"削衣,本不是简牍文书的一种,它的产生,是原简牍上或木觚上因写错或二次使用而被削掉的部

---

① [日]永田英正著,张学锋译.居延汉简研究.桂林:广西师范大学出版社,2007:6。

分,因带有文字,故列其类。……尽管外形上只是一片屑,但内容却是文书,故与完整简文同等重要。"①囿于杮特殊的形制等问题,目前学界对杮未予以足够的重视,相关研究也极其简略。故在本章中,我们尝试对简牍学中的杮进行如下几方面的探讨,包括:

一、考查杮的形、名、义,指明简牍学科中杮的种类及其具体研究内容;

二、选取两种代表性的简牍材料,对其中的杮进行梳理和分析;

三、对削刀的形制、功能等作初步探讨;

6.1 简牍学中的杮

6.1.1 杮的形、名

杮之形体,文献中又作"林、枾""肺"等。②杮之名,现通称作"削衣"或"杮片",又有"刨花、削屑""削杮、削肺、削哺""削衣片"等称呼。③

---

① 何双全著.简牍.兰州:敦煌文艺出版社,2004:103。

② 《续修四库全书》委员会编.续修四库全书·经部·小学类·正字通·木部.上海:上海古籍出版社,2002:513:"林又作枾,今俗亦作杮。"王念孙《读书杂志·汉书八》:"余谓肺、附,皆谓木皮也……言己为帝室微末之亲,如木皮之托于木也。"

③ 籾山明.削衣、觚、史书.汪涛、胡平生、吴芳思主编.英国国家图书馆藏斯坦因所获未刊汉文简牍.上海:上海辞书出版社,2007:93。《后汉书·方术传上·杨由》:"有风吹削哺,太守以问由。由对曰:'方当有荐木实者,其色黄赤。'顷之,五官掾献橘数包。"李贤注:"哺当作杮"王先谦补注引惠栋曰:"《益部耆旧传》:'丰起,欲取鸡酒,由止之,曰:向风吹削杮,当有持鸡酒来者。'"北齐颜之推《颜氏家训·书证》:"《后汉书·杨由传》云:'风吹削肺。'此是削札牍之杮耳。"长沙市文物考古研究所编.长沙尚德街东汉简牍.长沙:岳麓书社,2016:88-101;附表二"尚德街东汉简牍统计表"。

"削衣"之名,字面意思为"削减衣物",文献中多用作"削衣贬食"①。"削"固可释为"简札"②,然释作柹的"削衣"之名实不可考。现能查到的最早出处是1948年夏鼐《新获之敦煌汉简》:"削衣之简,多为此类木材……"③后来学者多有沿用。或曰:"柹,为写错后以书刀削下之废片,大小薄厚不等,字迹残缺不全,故俗称削衣。"④颇令人费解。

"刨花"的称谓亦不准确。刨花的特点是薄而卷曲,尤其"卷曲"是其最明显的区别特征。但相较于刨花,卷曲并不是柹的典型外在特征。要产生卷曲状的柹,除了要求柹的材质干燥且尺寸小而薄这个基本前提,关键还在于刮削的动作要急速而有力——普通竹木简上刻意而小心地刮削很难形成此类卷曲的形态;觚虽宽且厚,便于大力、快速的删削,但要产生尺寸小而薄反而又不太容易。⑤

故"削衣""削衣片""刨花"的称呼恐名不副实。简牍学中,我们可直接称为柹或"柹片"。

---

① (唐)韩愈《清河郡公房公墓碣铭》:"削衣贬食,不立资遗,以班亲旧朋友为义。"
② 《古文苑·王褒〈僮约〉》:"治舍盖屋,书削代牍."章樵注:"削,木版也。"《后汉书·苏竟传》:"走昔以摩研编削之才,与国师公从事出入,校定秘书"李贤注:"削,谓简也。"北齐颜之推《颜氏家训·书证》:"古者,书误则削去。故《左传》云'削而投之'是也,或即谓札为削。"
③ 夏鼐著.考古学论文集.北京:科学出版社,1961:92-93。
④ 甘肃省文物考古研究所编.敦煌汉简·附录·二 敦煌马圈湾汉代烽燧遗址发掘报告.北京:中华书局,1991:67。
⑤ 在文末我们梳理的几批简牍柹中,以收录柹较多的《英国国家图书馆藏斯坦因所获未刊汉文简牍》和《居延汉简》这两批材料为例,前者只有十片柹呈卷曲状(这十片卷曲状的柹编号为2332、2412、3466、3751、3753、3760、3766、3775、3784、3785),占比不到百分之一,后者前三卷梳理的1516片柹中,只有简号为227.27的柹下端稍微呈现卷曲的形态。考虑到简牍柹在整理时可能经过整理者的按压、抚平,卷曲状的柹数量当不止上面我们的统计,但无论如何,对竹木简上错讹简文进行删削时产生的柹很难形成卷曲状,觚上删削下来的习字柹或有卷曲状,但数量当有限。

6.1.2　柿的词义

"柿 fèi"之词义,概述如下:

1. 动词。斫削木材。

晋潘岳《马汧督诔》:"爨陈焦之麦,柿柤楠之松。"

2. 名词。

(1) 泛指斫木削下的木片、刨花。

《说文·木部》:"柿,削木札朴也。从木,市声。陈楚谓棟为柿。"《资治通鉴·陈长城公祯明元年》:"(隋主)命大作战船,人请密之。隋主曰:'吾将显行天诛,何密之有!'使投其柿于江……"①

(2) 特指简牍上刮削下来的竹木片。

具体来说,包括三种情形:

① 修治简牍素材时斫削下来的竹木片。②

《汉书·游侠传·原涉》:"涉乃侧席而坐,削牍为疏,具记衣被棺木,下至饭含之物,分付诸客。"③原涉在书写之前"削牍为疏"的竹木片即是。再如凿削封检之封泥槽的木片,等等。此种情形的竹木片上并无文字。

② 修改错讹简文时删削下来的竹木片。

传世文献中多有记载,如北齐颜之推《颜氏家训·卷第六·书证》:"《后汉书·杨由传》云:'风吹削肺。'此是削札牍之柿耳。

---

① (宋)司马光原撰,李国祥等主编.资治通鉴全译(第十二册).贵阳:贵州人民出版社,1994:381。

② 李均明、刘军著.简牍文书学.1999:6:"素材乃指未书字之载体,简牍素材因其形制及用途不同,称谓亦异,常见者有札、牒、简、两行、方、版、牍、槧、橛、检材、柧等。"

③ (汉)班固撰,(唐)颜师古注.汉书.北京:中华书局,1962:3716。

古者,书误则削之,故《左传》云'削而投之'是也。"①出土简牍材料中,此种柿时有发现,其上通常有若干文字。

③ 对简牍进行重复利用时刮削下来的竹木片。

常见的是习字者在觚上学习书写时刮削下来的竹木片,其上文字一般有增简笔画、错写笔画、改变字形或潦草随意的写法。此外,在对某些比较宽厚的大竹木简牍进行重复利用时刮削下来的残片,也归属此类。

6.1.3　简牍学中的柿

简牍的出土状态分为三大类:①城郭烽燧驿站遗址出土的简牍;②古井窖出土的简牍;③古墓葬出土的简牍。②其中,只有古墓葬中未见有柿出土。究其原因,墓葬中的简牍,均为制作、书写、编联完毕后放入的,故不可能发现柿。另外,源自竹简的柿罕见,大概是由于相比木质简牍,竹简更薄,且竹子杀青后质地更坚实、纹理更细密,并不像木材一样容易"削"成片,而是适宜采用"刮"的方式,将表面附着的墨迹刮除掉即可。经历漫长的岁月,尤其是南方潮湿的环境下,竹简上刮下的丝絮状物更不易存留。

目前所见的带字简牍柿,依据来源和其上书写的内容,可分为两大类:

1. 源自简牍典籍的柿

主要是"对简牍进行重复利用时刮削下来的竹木片",目前所见多为从觚上刮削下来的习字柿,内容归属"小学"类。

---

① (北齐)颜之推著,程小铭译注.颜氏家训全译.贵阳:贵州人民出版社,1993:287。
② 李均明.简牍文书的三大类型.首都师范大学历史学院、中国社会科学院简帛研究中心主办.第三届简帛学的理论与实践学术研讨会.2018:40。

2. 简牍文书学中的柿,具体包括两部分:

① 是"修改错讹简文时删削下来的竹木片",这部分是我们通常所理解的柿,但由于其上内容属于误写,只字片语往往不可连读,研究价值不大;

② 是对大竹木简牍进行重复利用时刮削下来的竹木片,其上所载内容一般涉及簿籍、书信等多种文书类别。这部分柿是简牍文书学中需要重点梳理、判别和探讨的。

简牍学中对柿进行研究,首先便需要明确区分上述两大类。

具体而言,借助高质量的正反面彩色图版对柿进行判别、柿的材质(竹、木)和形制(简、牍、觚)问题、尺寸信息(残存长、宽、厚以及上下端、左右侧是否平整)、柿上文字的释读及缀合、削刀的使用等,都应纳入简牍学中柿整理和研究的范畴。

6.2　两种代表性的简牍柿

出土简牍中的柿数量众多,但大都零碎杂乱,加之本身脆薄,其上又仅存只字片语,简牍整理者多未予以足够重视,总体缺乏有效的整理。学者们对柿的研究,绝少能亲手接触和查验实物原件,基本上只能依靠检视出版物上的文字说明和二维平面图版,而且公布的柿的材料也往往并不完整。因此,无论是简牍整理者还是学界,对柿均缺乏应有的关注。

目前所见诸多出土简牍中的柿,能兼顾数量较大、文字较多、正反面图版清晰、材质、形制和尺寸信息完备的并不多。其中已公布的、柿的信息整理较为清楚的简牍有五批,包括《地湾汉简》《长沙五一广场东汉简牍》《长沙尚德街东汉简牍》《居延汉简》

《英国国家图书馆藏斯坦因所获未刊汉文简牍》。

下面,我们选取两种有代表性的简牍柿来进行阐述。这两批材料,一出于潮湿的南方井窖,二出于干燥的西北边塞烽燧,前者收录有文书柿详细的材质、形制和尺寸信息,后者所列举的简牍典籍柿在数量及释文方面都是最多的,且两批材料的图版质量都不错,基本能够作为简牍学中两种柿的代表。

6.2.1 简牍文书学中的柿

长沙市文物考古研究所编的《长沙尚德街东汉简牍》一书中,共收录柿 24 片,其中最短 1 cm,最长 23.6 cm,最薄 0.01 cm,最厚 0.4 cm。其详细信息整理、逐录如下:①

整理号	尺寸(长×宽×厚)②	文字情况	释　　文
092	11.1×2.5×0.2	一面有字	☑□□遣□言
170	9.4×1.95×0.1	一面有字	力□天(白?)修长烦☑
171	5.7×2.2×0.05	一面有字	……细坭各十五☑
173	4.7×1.9×0.05	一面有字 一面有字迹	☑完☑ ☑
174	4.75×1.7×0.15	一面有字	□云……
175	5.3×1.95×0.1	两面有字	☑第一庭☑ ☑四☑
176	7×2.1×0.01	一面有字	☑史位

---

① 长沙市文物考古研究所等编.长沙尚德街东汉简牍.2016:88-101 附表二"尚德街东汉简牍统计表",2016:210-260"长沙尚德街东汉简牍释文"。
② 尺寸长度单位均为厘米(cm),文中不再一一标注。

续　表

整理号	尺寸（长×宽×厚）	文字情况	释　文
184	8.9×3.1×0.1	一面有字	汉昌待史王淮再☐ 王☐王☐
185	空缺（共有4枚残片）	一面有字迹	☐
214	7.5×2×0.1	一面有字	☐消息倾侧☐
216	4×1.6×0.05	一面有字	知☐
225	10.7×2.6×0.1	一面有字	☐☐小有☐☐
231	7.95×2.3×0.1	一面有字	鱼三头
234	8.6×2.2×0.01	一面有字	☐☐自别☐☐
237	9.7×2.2×0.1	一面有字迹	☐……
239	11.4×2.2×0.2	一面有字	泣涕写有忘☐然☐☐☐
241	2.3×1.6×0.05	一面有字迹	☐……
242	1.4×1.7×0.05	一面有字迹	☐……
243	1.5×2.5×0.05	一面有字迹	☐……
244	1.4×2.3×0.05	一面有字迹	☐……
245	1×1.3×0.05	一面有字迹	☐……
246	1.2×2×0.05	一面有字迹	☐……
255	13.4×1.1×0.2	两面有字迹	☐……☐ ☐……☐
257	23.6×3.1×0.4	一面有字	☐☐☐☐☐☐☐

1. 据本书编者说："经过整理可知，该批简牍材质均为木质。"①则此批柿的材质亦当全为木质无疑。

2. 整理者将此批简牍的内容分为五类：公文、杂文书、私信、

---

① 长沙市文物考古研究所等编.长沙尚德街东汉简牍.2016:77。另，第91页整理号070的形制被标示为"竹简"，第218页又写为"木牍"，均误，据第113页070的图版，此枚简牍的形制应为残损的"木简"。

习字和残简。①收录的 24 片柿的归类情况如下：

（1）杂文书：171、184、231；

（2）私信：239；

（3）残简：092、170、173、174、175、176、185、214、216、225、234、237、241、242、243、244、245、246、255、257。

如上所见，并没有属于"习字"类内容的柿。此批柿基本是源自对大木简牍进行重复利用时刮削下来的残片。需要特别指出的是，"残简"绝不等于柿，二者完全不同，不能一概言之。②整理者归纳命名的第五类"残简"（"残断过于严重的和文字漫漶不清的"简牍）的名称并不确切，可直接命名为"其他"。

3. 整理号 175 和 255 应是残断简，而不是柿。但凡两面均有字或字迹者，与柿产生的过程皆矛盾，故不可能是柿，可直接排除。

整理号 173 残存厚度 0.05 cm，为柿，背面当无字迹。

4. 整理号 092、225、239、255、257 长度均超过 10 厘米，判断这一类长的残片是否为柿需要格外慎重。

以 092 为例，据彩色图版（见下图示），其背面上端 3/4 的木纹并不像是用削刀刮过那般平整，下端 1/4 处显示此残片是原木简的末端，木纹即为原木简的背面木纹，并没有经过刮削。故092 为残断简，不是柿。

再如，255 的形制，据书中所言为 13.4×1.1×0.2 厘米，如果

---

① 长沙市文物考古研究所等编.长沙尚德街东汉简牍.长沙：岳麓书社，2016：78－79。
② 详见第 7 章"残断简不等同于柿"。

其宽度确为 1.1 厘米,按照彩色图版显示的长宽比,其长度当在 8 厘米左右,而非 13.4 厘米。同理,257 的长度在 9.7 厘米左右,亦远非书中所言 23.6 厘米。(见下图示)

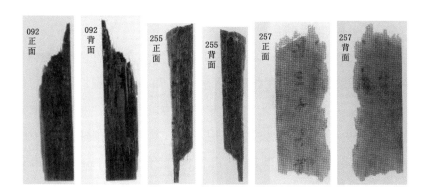

6.2.2　源自简牍典籍的杮

斯坦因第二次中亚考察时,在疏勒河流域的汉代烽燧遗址中发掘出不少汉晋时期的简牍及残片,数量达 2000 余枚(片)。后经中英学者联合整理,收录在汪涛、胡平生、吴芳思主编的《英国国家图书馆藏斯坦因所获未刊汉文简牍》一书中。另,张存良、巨虹在《英国国家图书馆藏斯坦因所获未刊汉文简牍未刊部分》一文中又补录 100 多片。①这是迄今公布的对简牍进行重复利用时刮削下来的、数量最大、图版最丰富、文字释读最多的典籍杮的材料。

据本书编者在"前言"中交代:"在英国国家图书馆的保管部里还有数千枚没有刊布的**木简**残片。这些残片大部分都是从**木牍**上刮削下来的杮……一般长在 3—10 厘米之间,但基本上都带

---

① 张存良、巨虹.英国国家图书馆藏斯坦因所获未刊汉文简牍未刊部分.文物.2016(6).

字迹。"裘锡圭先生说:"据当时的印象,似乎绝大多数是从抄《苍颉篇》或《三苍》(指《苍颉》《爰历》《博学》三篇合编本)的**木觚或木简上削下来的**。"①胡平生先生也谈到这些简片"……大多数是从书写《苍颉篇》的**木觚**上削下来的'削衣(柿)'"。②

6.2.2.1　这批柿的材质

不管是"木简"还是"木牍",抑或"木觚",都表明这批柿的材料基本为木质。夏鼐在《新获之敦煌汉简》一文中收录有柿13片,长度在2.2—5.0厘米之间,材质基本均注明为"木简,削衣,其木系松柏科植物"。③《敦煌马圈湾汉代烽燧遗址发掘报告》中说:"绝大多数为木简,其质料,以柽柳(又名红柳,Tamarix ramosissima Ldb.)为主,约占全部出土简牍的54.1%;其次为杆儿松(Picea Neoveitchii Mast.),约占全部出土简牍的31.4%;再次为胡杨(别名胡桐,Populus euphratica oliv.),约占全部出土简牍的13.1%。竹简很少,共16枚,约占全部出土简牍的1.3%。另外,还有一枚以芦苇制作的简,……此为有史以来出土简牍中所仅见。"④这两批敦煌汉简的材料可作为旁证。

6.2.2.2　这批柿的来源

这批柿大部分是从"木简"还是"木牍"抑或是"木觚"上刮削下来的?

---

① 裘锡圭.谈谈英国国家图书馆所藏的敦煌汉简.汪涛等主编.英国国家图书馆藏斯坦因所获未刊汉文简牍.上海:上海辞书出版社,2007:58。
② 胡平生.英国国家图书馆藏斯坦因所获简牍中的《苍颉篇》残片研究.汪涛等主编.英国国家图书馆藏斯坦因所获未刊汉文简牍.上海:上海辞书出版社,2007:63。
③ 夏鼐著.考古学论文集.北京:科学出版社出版,1961。
④ 甘肃省文物考古研究所编.敦煌汉简·附录·二　敦煌马圈湾汉代烽燧遗址发掘报告.北京:中华书局,1991:67。

　　由于缺少形制方面的详细数据，①该书所收录的 2829② 片（枚）简牍及柿中，我们依据初步统计的 130 片显示多行字迹（两行及以上）的柿，来探讨本书所收之残片的来源问题。

　　这 130 片显示多行字迹（两行及以上）的柿编号如下：

　　1028，1079A、B，1119，1124，1138，1148，1149A、B，1152A、B，1164A、B、C、D，1188A、B，1207，1236，1243，1270A、B，1279，1281A、B，1286.11，1286.13，1306，1347A、B，1786.16A、B，1786.35，1791A、B、C、D、E、F，1803，1810，1816A、B，942，2230，2233，2242，2301，2329，2334，2350，2354，2388，2404，2443，2453，2480，2518，2525，2528，2533，2544，2557，2563，2571，2614，2659，2675，2689，2765，2770，2787A、B，2844，2859，2876，2892，2904，2917，2927，2931，2941，2945，2976，2980，2990，2994，3000，3003，3008，3023，3025，3027，3066，3070，3072，3073，3074，3078，3079，3089，3092，3109，3115，3126，3133，3143，3182，3253，3262，3265，3383，3384，3386，3418，3434，3437，3441，3442，3445，3490，3502，3508，3509，3521，3524，3537，3538，3543，3548，3569，③3575，3602，3621，3625，3628，3652，3658，3687，3693，

---

① 据吉林大学刘浩的硕士论文《汉晋简牍相关论著的图版比较研究》页 101 说，书中所附彩色图版尺寸是依简牍原大小。

② 本书"凡例"下"一、……简牍号码是英国拍照时新编定的，自 OR8211/993 起至 OR8211/3835 止，共计二千八百四十二个号.其中 3230 号至 3242 号共计十三个号，馆方已在此前用为馆藏其他残简编号，故本书空缺此十三个号。"

③ 此处 3569 指的是释文号，其对应的图版编号应为 3568；释文号 3568 对应的图版编号应为 3569。

3731，<u>3732</u>，3739，3786，3789，3825，3826，3828

其中，标下划线的 73 片柿有以下共同点：

1. 柿上显示出至少两行文字，字迹的墨色、书体或书风一致；

2. 两行文字之间有明显的棱；

据此，我们基本可以断定：这 73 片柿是从觚上刮削下来的，其占 130 片显示多行字迹（两行及以上）的柿的比例达 56.2%。① 觚上刮削下来的柿比例如此之大，表明：

1. 此批柿上的主要内容，当确如本书"凡例"中所言："残简多为习字者学习书写之作"。② 至于是否如裘、胡两位先生所言，残片上大多数是抄写《苍颉篇》等字书的内容，有待进一步详细的梳理统计。敦煌马圈湾汉代烽燧遗址所出土的"四棱形的觚，四面或三面书写，多为苍颉篇、急就章等字书"③，或可为佐证。

2. 纸张普及之前，习字者学习书写多在觚上进行。因为相比简或牍，觚把持更方便，更厚，可以删削多次；加之其有多面，可以书写更多文字内容，确实要更便捷和实用。《急就章》："急就奇觚与众异。"颜师古注："觚者学书之牍，或以记事，削木为之，盖简属也。……其形或六面，或八面，皆可书。觚者，棱也。以有棱角，故谓之觚。"籾山明先生对"为什么要使用觚"④的问题曾有阐释，此不赘述。

---

① 实际所占比例应更高。此处 130 片多行字迹的柿，是依据本书释文确定的。后检视图版，多行字迹的柿的数量不止 130 片，如 1208、2999、3015、3088、3251 等残片基本皆为多行字迹，且两行字迹间有明显的棱。

② 此处"残简"当为"残片"。

③ 甘肃省文物考古研究所编.敦煌汉简·附录·二　敦煌马圈湾汉代烽燧遗址发掘报告.1991：67。

④ 籾山明.削衣、觚、史书.汪涛等主编.英国国家图书馆藏斯坦因所获未刊汉文简牍.2007：93。

　　除前面提到的五批简牍柿,其他各批简牍中柿的详细情况,尚待整理者进一步的梳理和公布。通过对上述两批柿进行的初步探讨,我们可以切身体会到,每一片柿的具体信息——材质、形制、高质量的正面和背面的彩色图版——都不可或缺,特别是柿的残存厚度和背面的彩色图版这两项信息尤为重要,在不能亲自接触和查验柿实物原件的情况下,这两项正是学者们赖以判断残片是否为柿的关键依据。这些理应引起简牍整理者足够的重视。

6.3　削刀

　　简牍从原材料到成品,其制作有一套相应的流程。以竹简的制作为例,大致要经过选材、析治、杀青、编联四道工序,[①]之后才能成为书写的素材。其中,析治又包括截筒、开筒、除节、去皮、齐头、直边、刮治、打磨、选料、分色等诸多工序,涉及的加工工具有锯、斧与凿、刨刀、钻、锛、削刀等。

　　削刀的使用又最广,涉及了简牍的析治、编联乃至其后书写的整个过程,理应是简牍学研究的重要内容。削刀与柿的产生直接关联,对削刀的探讨有助于我们对柿进行判别和深入的认识。

　　目前国内但凡有简牍出土的省份,基本都能伴随削刀的发现。如河南信阳楚墓、湖南长沙左家公山楚墓、湖北江陵望山楚墓、江苏连云港尹湾汉墓、山东青岛土山屯墓群、江西南昌西汉海昏侯刘贺墓等等。就我们目前所见的出土数量和种类而言,甘肃敦煌地区发现的削刀数量最多,种类也多样;具体到单一墓葬地

---

① 张显成著.简帛文献学通论.北京:中华书局,2004:113-124。

点而言,四川宣汉罗家坝遗址出土削刀的数量和种类最多。

作为简牍时代一种重要的工具,削刀和其他的文房用品如简牍、毛笔、刻刀、磨石等,多次成套出土。但总体来讲,削刀的出土非常零散,研究也颇为简略、琐碎,多见于各种发掘报告,基本局限在对其材质和形制的描述。在下文中,我们主要通过对四川宣汉罗家坝遗址和甘肃敦煌地区出土、发现的削刀的梳理,来探讨削刀的材质和形制、削刀的产生和功能等问题,为文书简牍柿的判别提供依据。

6.3.1　削刀的材质和形制

6.3.1.1　削刀的材质

宣汉罗家坝墓地是四川战国早期至秦汉时期的重大考古发现。①《宣汉罗家坝》一书记载了对该墓地 65 座东周时期墓地的清理、发掘情况。②罗家坝 65 座墓葬基本上为小型墓葬,大型墓葬仅 1 座。③发掘出土的"生产工具类共 7 类 116 件。其中以削刀的数量最多,达 35 件;其次为凿 26 件、刻刀 14 件、斤 13 件、锯 11 件、刀 7 件、锥 10 件。"④

先秦时期的削刀基本为铜制,宣汉罗家坝东周墓地出土的削

---

① 四川省文物考古研究院等编著.宣汉罗家坝.北京:文物出版社,2015:342。
② 其中,M7、M9、M11、M15、M43、M47、M49 这 7 座为空墓,见第 289、292 页。
③ 四川省文物考古研究院等编著.宣汉罗家坝.北京:文物出版社,2015:290。
④ 见该书第 294 页。按:我们依据 344 - 355 页的"附表二　宣汉罗家坝遗址墓葬登记表"进行统计,并核查正文,统计的削刀数量为 34 件:M2 中 1 件;M3 中 1 件;M6 中 1 件;M13 中 2 件;M16 中 1 件;M23 中 1 件;M31 中 1 件;M33 中 4 件;M35 中 1 件;M36 中 2 件;M37 中 1 件;M38 中 1 件;M40 中 1 件;M42 中 1 件;M44 中 1 件;M45 中 2 件;M46 中 1 件;M48 中 1 件;M50 中 1 件;M53 中 1 件;M56 中 1 件;M57 中 1 件;M61 中 1 件;M63 中 1 件;M65 中 1 件。其中,M36 据 177 页为 3 件,M48 据 219 页为 2 件,M57 据 248 页为 2 件。

刀便是代表。秦汉时期出现了铁制,但日常仍有大量铜制削刀流通。如:

在内地,2005 年 6—7 月,四川省文物考古研究院等单位对墓葬年代为西汉中晚期至东汉中晚期的阿坝小金日隆汉代石棺葬墓地进行抢救性发掘,出土铁制和铜制削刀各一件。"(铜削刀)椭圆形圜首,直柄,直背,凸刃。柄部饰 S 形纹。刃宽 2.8、长 18.8 厘米。"①

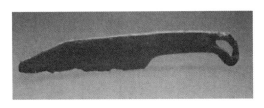

铜削刀②

"(铁削刀)锈蚀严重。圜首,直柄,直背,凸刃。圜首径 2.7—3.5、通长 22.3 厘米。"③

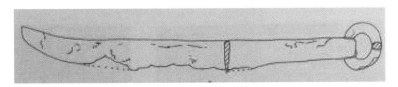

铁削刀④

在西北,"敦煌的汉代边塞、悬泉置遗址、居延汉代烽燧遗址,均出土了铜制或铁制的削刀。敦煌出土的削刀有铜、铁两种,主

---

① 四川省文物考古研究院等.《四川阿坝小金日隆汉代石棺葬墓地发掘简报》,2018(10):15。
② 同上,第 20 页。
③ 同上,第 18 页。
④ 同上,第 19 页。

要出土在汉代玉门关遗址及敦煌地区汉代墓葬之中……"①

甘肃阳关博物馆内陈设有大量征集到的各式削刀,年代涉及春秋战国至秦汉,材质包括铜制和铁制:

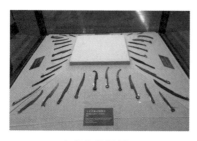

直背曲首铜削刀
春秋战国(公元前770—公元前221)

弯背尖首铜削刀
春秋战国(公元前770—公元前221)

锐锋窄刃铜削刀
春秋战国(公元前770—公元前221)

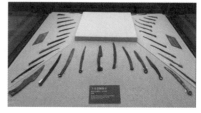

弯背铜削刀
秦汉(公元前221—公元220)

6.3.1.2 削刀的形制

四川宣汉罗家坝墓葬出土的削刀不仅数量众多,而且形制丰富,基本囊括了目前能见到的削刀的重要类型,是我们对削刀进行研究的极为重要的材料。

我们先将罗家坝东周墓地出土的削刀的形制迻录如下:②

---

① 李岩云著.敦煌历史与出土文物.呼和浩特:内蒙古人民出版社,2006:133-134。
② 四川省文物考古研究院等编著.宣汉罗家坝.北京:文物出版社,2015:313-314。

35 件削刀，其中 24 件依据刃部的不同分为三型。①

A 型　16 件。凸刃。依据圜首和背部的不同可分为五式。②

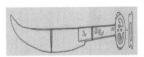

Ⅰ式 2 件。弧背，　　Ⅱ式 4 件。直柄，　　Ⅲ式 3 件。直柄，背微弧，
刃较宽，　　　　　　弧背，斜孔式圜首。　刃尖上挑，椭圆
斜孔式圜首。　　　　　　　　　　　　　　镂空式圜首。

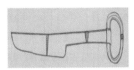
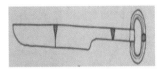

Ⅳ式 3 件。直柄，　　　　　Ⅴ式 4 件。
背较直，椭圆形圜首。　　直柄，直背，椭圆形圜首。

B 型　7 件。凹刃。依据器身的不同可分为三式。

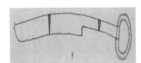
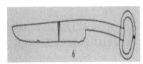
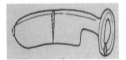

Ⅰ式 3 件。器身宽大，　Ⅱ式 2 件。器身较宽大，　Ⅲ式 2 件。
柄和刃均向刃部方向弯曲。　柄较直，刃部微弧。　　器身短小。

C 型　1 件。直柄，直背，柄部无椭圆形圜首，仅在柄末端有

一圆孔。

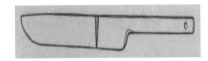

---

① 此处书中误写为"两型"。
② 此处书中误写为"四式"。

如上所见,整理者将罗家坝墓葬出土的削刀详细分为三型九式。我们结合阳关博物馆收藏、陈列的削刀,依据削刀刀刃的弯曲状况,可以将削刀的形制概括为三大类:

1. 刀刃向内弯曲。如:

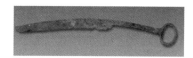

宣汉罗家坝 M56 出土铜削刀一①

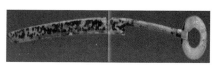

湖北沙洋县严仓楚墓出土的
战国时代铜削刀②

汉代弯背窄刃长削刀③

湖北荆州雨台山出土战国铜削刀,
荆州博物馆藏

前文中阳关博物馆收藏的"弯背尖首铜削刀""弯背铜削刀"也归属此类,这一类型的削刀最具有代表性,是作为文房用具出现的典型样式。

---

① 《宣汉罗家坝》,图版一一八　M56 出土遗物　6.铜削刀(M56:8)。

② 荆门市博物馆编著.荆门市博物馆馆藏文物精品.武汉:湖北美术出版社,2012:108-109.

③ 纪永元、初世宾主编.阳关·阳关博物馆文物图录.兰州:甘肃人民美术出版社,2013:179.

2. 刀刃或刀背平直, 基本不弯曲。样式如下:

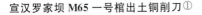

宣汉罗家坝 M65 一号棺出土铜削刀①　　　　直背铜削刀　战国②

阳关博物馆陈列的"锐锋窄刃铜削刀", 刀刃、刀背基本平直, 只是刀尖尖利, 也可以归入此类。

3. 刀尖翘起, 刀刃向刀背一侧弯曲。样式如下:

宣汉罗家坝 M33 出土铜器刀③　　　　斜柄翘首小刀　青铜时代④

此种类型的削刀在甘肃敦煌地区多有发现, 如阳关博物馆陈列的"直背曲首铜削刀"。刀尖之所以翘起, 是因为此种类型的削刀

---

① 《宣汉罗家坝》, 图版一五二　M65 出土遗物　3.M65 一号棺出土铜削刀(M65—1:4)。
② 《阳关·阳关博物馆文物图录》第 177 页。
③ 《宣汉罗家坝》, 图版七〇　M33 出土铜器　1.刀(M33:28)。
④ 《阳关·阳关博物馆文物图录》第 167 页。

"主要功能是用刀尖剥离牲畜皮毛,因而需要弯刃而不是尖锋"①。

6.3.2 削刀的产生和功能

春秋之前的简牍还未有出土,但学者们依据对甲骨文"册""典"字形的分析,认为商代时便已有简牍的使用。虽然商时文字的书写和使用主要局限于少数统治阶层,而且青铜材料稀有,但是,正如前文所言,简牍从析治、编联乃至其后书写的整个过程都离不开削刀的使用。如果我们相信商代确已有简牍的出现和使用,那么,削刀的出现和使用当是必然的,而且它的形制与我们所见到的战国秦汉时期的削刀的形制不会有太大差异。

此外,罗家坝墓地虽然没有发现简牍,但仍出土了数量众多的削刀。这表明,削刀的使用和简牍并无必然联系。

削刀在罗家坝遗址众多小型墓葬中出土,既说明当时削刀在一般阶层民众中的普及,同时也表明了削刀的重要性。削刀是简牍时代古人重要的日常生产、生活工具,生时可随身携带以备使用,死后作为重要的物品陪葬。因此,削刀在简牍上的使用,当只是它众多功能中的一种,和笔、墨等不同,削刀并非专门的文房用品。

结合内地和西北地区出土的削刀形制来看,在简牍时代,削刀的功能至少表现在三方面:

1. 与刻刀、斤、凿、锯、锥等一样,是日常重要的生产工具,具体表现形式为对物品进行广泛的切割、刮削等。这既是削刀的起源,也是其最基本、最主要的功能。

---

① 《阳关·阳关博物馆文物图录》第 5 页。

2. 和铜顶针、铜针、钗、带钩一样,是日常重要的生活用具,主要体现在对食材的处理上,如剥离牲畜的皮毛。这方面的功用在游牧民族地区尤为常见。

3. 和笔、墨一样,是重要的文房用具,体现在简牍从析治、编联、书写、重复利用到废弃的全过程。

综上,在商代对简牍进行制作和书写时,削刀便已存在。随着铜冶炼技术的进步,和其他的铜制生产、生活工具一样,削刀也渐渐为普通民众所拥有,在日常生活中发挥重要作用。春秋战国时期私学兴起,文化逐渐得以普及。在对简牍进行使用和书写的过程中,削刀的文房用具属性得以显现和强化。但是总体而言,削刀的类型和功能多种多样,对当时所有人来说,削刀仍是重要的、不可或缺的日常生产工具,这也是整个简牍时代削刀的最主要功能。

第 7 章　文书柿概论

柿的研究是简牍学科的一项基础工作,具有重要的意义。简单来说,一枚残片,通过对其形制、尺寸的考察,我们可以大致判断出是否为柿、为哪一种柿,进而推断它的来源、其上书写的大概内容,从而有利于简文的释读和简牍的缀合。

在本章中,我们通过对目前已公布的《长沙尚德街东汉简牍》《长沙五一广场东汉简牍》《地湾汉简》《居延汉简》这四批材料中的文书柿的汇集和梳理,①讨论以下三方面问题:

一、文书柿的尺寸、材质;

二、文书柿在整理和研究中存在的问题;

三、文书柿中涉及的文书种类。

7.1　文书柿的尺寸、材质

7.1.1　文书柿的尺寸

简牍柿的尺寸信息包括它的残存长、宽、厚度,并涉及其上下

---

① 详细信息请参见本章后的"附表"。

端、左右侧是否平整的问题。目前所见已公布的文书柿材料中，《长沙尚德街东汉简牍》和《地湾汉简》这两批材料各自所包括的文书柿数量虽然不多，但披露的文书柿的尺寸信息最为完备，这为我们判别柿及考察柿的尺寸问题提供了珍贵的依据。

《长沙尚德街东汉简牍》中原收录有柿 24 片，其中四片经我们判断为残断简而不是柿，另有一片的尺寸信息缺失导致无法判断，则实有柿 19 片。这 19 片柿中，①残存长度在 2 cm 左右的 6 片，5 cm 左右的 4 片，超过 7 cm 的有 9 片，这 9 片(含 2 片残长超过 10 cm)基本源自大木简牍。②残存宽度在 2 cm 以内者 7 片，2 cm 以上者 12 片，其中残存最宽者 3.1 cm，最窄者 1.3 cm。③残存厚度最薄的 0.01 cm 有 2 片，0.05 cm 有 9 片，0.1 cm 有 6 片，0.15 cm 有 1 片，0.2 cm 有 1 片。

《地湾汉简》中除了两片习字柿外，实收文书柿 37 片。这 37 片文书柿中，①残存长度基本在 5 cm 以下，超过 5 cm 的有 2 片。②残存宽度在 2 cm 以内者 32 片，2 cm 以上者 5 片，其中残存最宽者 3.2 cm，最窄者 0.3 cm。③残存厚度最薄的 0.05 cm 有 2 片，最厚的 0.2 cm 有 1 片，其余的 36 片柿残存厚度均为 0.1 cm。

由上可以窥知，除了大木简牍上刮削下来的柿外，源自普通木简(原简完整长度为汉制一尺，宽度小于 2 cm 者)的文书柿的残存长度一般在 5 cm 以下，残存厚度基本在 0.1 cm 左右，残厚超过 0.2 cm 的罕见。

7.1.2　文书柿的材质

目前公布的文书柿基本全为木质，即来源于木简、木牍或木觚。

《居延汉简(二)》中，整理者收录有 13 枚竹质的文书柿，逐录如下：

简　号	尺寸 （长×宽）	释　文	备　注
162.1	5.8×1	豆六十六　公乘	上端及左右侧均平整
162.2＋ 162.19＋ 162.7	27.3×1	豆五十四　公乘鄴池阳里陈穗 老　故小男丁未丁未丙辰戊寅乙 亥癸巳癸酉令赐各一级丁巳令赐 一级	中段左右侧基本平整
162.3	12×0.2	☑	仅存弯曲的一缕
162.6	11.7×1	令赐一级　元康四年令　乙 女□	左右侧平整
162.16＋ 162.8＋ 162.11	23.5×1.1	□□　公乘鄴左都里崔黄　卒 故小男丁未丁未丙辰戊寅乙亥癸 巳癸酉令赐各一级丁巳令赐一级	左右侧平整
162.9	12.7×0.9	豆卅四　公乘鄴原里孟幸　卒 故小□	右侧平整
162.10	26.2×0.8	豆□□□　公乘鄴池阳里解清 老　故小男丁未丁未丙辰戊寅乙 亥癸巳癸酉令赐各一级丁巳令赐 一级	上端及右侧平整
162.17＋ 162.12	26.9×1.1	豆五十九　公乘鄴赐里史充　卒 故小男丁未丁未丙辰戊寅乙亥癸巳 癸酉令赐各一级丁巳令赐一级	上端及右侧平整，下 半段左侧平整
162.13	18.5×1	□脱毋绅　卒　故小男丁未丁未 丙辰戊寅乙亥癸巳癸酉令赐各一 级丁巳令赐一级	右侧及下段左侧平整
162.14	25.5×1.1	豆卅七　公乘鄴宋里戴通　卒 故小男丁未丁未丙辰戊寅乙亥癸 巳癸酉令赐各一级丁巳令赐一级	上端及左右侧平整
162.15	16.6×1.1	豆卅三　公乘鄴原里马丙　大 故小男丁未丁未丙辰丙辰□	上端及左右侧基本 平整
162.18	20.5×0.9	□赐里陈义　☑	右侧及中段左侧平整
162.20	7.2×0.6	豆卅五　公乘鄴□□□□	上端及左侧平整

经观察,这 13 枚残片的左右侧基本平整,均为单行书写的普通简,原简的完整长度当均为汉制一尺左右,完整宽度在 1 cm 左右。据此,尽管缺少残存厚度和竹简背面图版的信息,我们仍可判断出这 13 枚残长基本在 10 cm 以上、甚至 20 多厘米的残片并不是杮,而是残断简。

秦汉时期简牍的总体尺寸情况目前尚未见到有相关的公布,能查询到的多为具体批次简牍的粗略数据。与之相对应的,长沙简牍博物馆金平先生披露的走马楼吴简的尺寸和材质状况,我们可以拿来作为参考。走马楼吴简共计清理出 76500 余枚有字简牍,另有字痕或墨迹的简牍 2 万余枚。这批三国竹简每枚长度大致在 22—26 cm 左右,竹子主要来源于刚竹属和苦竹属这两大类。据推断,整体保存状况较好的赋税账簿简等当来源于刚竹属,其宽度一般在 1.2—1.5 cm 之间,厚度在 0.15—0.25 cm 之间;形制较为细窄的名籍类竹简当来源于苦竹属,其宽度通常为 0.8—1.0 cm,厚度仅 0.06—0.1 cm。[1]

可见,对于单行书写的完整长度为 25 cm 左右、厚度在 0.1 cm 左右的竹质简来说,要经刮削产生残长在 10 cm 以上、甚至 20 多厘米的杮片,显然是不现实的。

7.2 文书杮在整理和研究中存在的问题

7.2.1 文书杮在整理和研究中存在的问题

一、对杮的整理和研究未予以足够重视

目前已公布的数量众多的简牍中,对杮的相关信息有所梳理

---

[1] 金平著,石原辽平译.竹简の制作と使用——长沙走马楼三国吴简の整理作业で得た知见から.载窪添庆文编.魏晋南北朝史のいま.东京:勉诚出版株式会社,2017:237-246。中文本稍做改动后以《长沙走马楼吴简的制作与使用问题刍议》为题首发于 2019 年 9 月 22 日的"中国魏晋南北朝史学会"公众号。

的只有《长沙尚德街东汉简牍》《长沙五一广场东汉简牍》《地湾汉简》《居延汉简》《英国国家图书馆藏斯坦因所获未刊汉文简牍》等五批材料。除了墓葬简牍外,西北边塞简和南方井窖简牍中都伴有大量的柿出土,有待整理者作出及时地整理。

对目前已公布的这五批柿的相关信息——如柿的正反面彩色图版、材质(竹、木)和形制(简、牍、觚)问题、尺寸(残长、宽、厚以及上下端左右侧是否平整)等——的描述大多有欠缺,这直接造成学者对柿进行研究时多有不便,也导致对柿进行判别时出现诸多疑问和讹误,反映出学界目前对柿的认识有待深入,应该引起我们足够的重视。

此外,对目前已公布的大量残存长度小于 5 cm 的简牍碎片,特别是上、下端或左、右侧平整者,尽管我们对其归为柿存有很大疑问,但囿于出版物上的二维平面图版可供提取的信息实在有限,加之又不能亲自接触和查验柿实物,故我们在进行具体判断时,只能暂且依从各批简牍整理者的意见将其认定为柿。

二、残断简不等同于柿

我们在对柿进行梳理时发现,出版物中公布的柿多有失误,集中表现在将大量的残断简错误地归为柿。而我们知道,残断简绝不等同于柿,二者有显著的区别,如:

1. 产生的原因、方式不同

残断简不全是埋藏环境等自然因素导致的,柿则全系人为制造。反之,自然因素导致的非完整简一定是残断简,但人为制造的非完整简不全为柿。

2.尺寸区别明显

残断简的长度可以达到原完整简的 1/2 以上,残存的宽度、厚度与原完整简基本等同;而柿的残存长度一般要小于原完整简的 1/3,残存的宽度一般要窄于原完整简,残存的厚度一定要薄于原完整简。

学者们之所以将大量残断简错误地归为柿,究其原因,除了对柿缺乏梳理,另一个重要原因是对削刀的功能认识不足。陈梦家在《汉简缀述》中说:"削本是用以削改文字的工具,又引申而为删削文字,……此外,凡使简牍废去不用的,也削除之……"①陈氏关于削刀起源的表述不甚准确,但他对削刀在简牍上的使用的归纳——删削文字和毁弃简牍——却具有重要的启发意义:出于某些原因对简牍进行毁弃时产生的那些残断简,不宜归为柿。在实际操作中也的确如此,对简牍进行毁弃,除火烧、井窖掩埋外,折断或削断简牍即可(此时断简背面没有或只有部分刮削痕迹),而不必刻意小心地削出柿片。

三、存在的具体问题

通过对四批简牍材料中的文书柿的梳理,我们发现出版物中收录的文书柿存在以下几方面具体问题:

1.残片空白,未写有文字或字迹

简牍学中探讨的柿,不论是文献柿还是文书柿,简面上都需要写有文字或字迹,以便于开展研究。没有文字或字迹的残片不属于柿,应归入空白简。

---

① 陈梦家.汉简缀述.北京:中华书局,1980:303。

《居延汉简》中收录有一些"未见图版和释文"的柿，据该书"简牍文物形制与出土地数据表"中所附的"说明"："一、……表中注明是否收入本册图版，未收入图版者如未注明为器物、非汉代文物或有书迹残片，则为无书迹之简、帛或木器。"则"未见图版和释文"是由于简面无字迹，如《居延汉简（一）》中收录的 17.23、22.11、68.24、68.71、68.83、85.29、85.33、85.36，《居延汉简（二）》中收录的 108.34、108.35、108.37、120.63、125.15、125.16、125.17、171.25，《居延汉简（三）》中收录的 214.X2、214.X3、214.X4、214.X5、218.85、227.28、227.30、227.112—126、227.127—130、227.167、227.159—166、227.170—181、230.17、239.114、239.143、242.42、242.46、242.48、242.51、242.52、245.3、248.34、248.35、248.36、248.37、248.38，《居延汉简（四）》中收录的 314.7、314.21、351.13、352.2、352.3、352.4、375.1、435.10、435.12、435.23、437.75、437.116、443.6、443.11、446.12、454.17、465.12、478.59、478.68、484.77、485.77、485.91、485.92、485.94、519.41、551.36、563.18、591.41、N252、N543、N544，这些都不适合标记为柿。

2. 残片正反两面均写有文字或字迹

《长沙尚德街东汉简牍》中，对整理号 175 和 255 的柿的简面描述是"两面有字迹"——这与柿产生的过程明显矛盾，所以这两枚应是残断简，不是柿。对整理号 173 的柿简面描述是"一面有字，一面有字迹"，考虑到其残存厚度为 0.05 cm，的确为柿，则其背面应当无字迹。

所以，但凡两面均有文字或字迹者，不可能是柿，可直接排除。

3. 残片上残存墨迹为图形

如《居延汉简（三）》239.130（见下图示），不属于杮。

4. 杮片残存厚度过大

据前文对《长沙尚德街东汉简牍》和《地湾汉简》中收录杮的尺寸的统计可知，除了大木简上刮削下来的杮外，文书杮的残存长度一般在 5 cm 以下，残存厚度基本在 0.1 cm 左右，残厚超过 0.2 cm 的罕见。

《长沙尚德街东汉简牍》中，整理号 120 是木牍，尺寸为 8.3×1.9×0.05 cm。[1]此处所列的厚度不确，当为 0.5 cm。再参考本书所收 200 多枚木牍的厚度大多为 0.4 cm 左右，其中有 22 枚木牍的厚度正为 0.5 cm，[2]我们判断整理号 120 的厚度为 0.5 cm 是合理的，书中当是整理者疏忽所致。

5. 残片过长

这里所谓的"过长"，一般指残存长度超过 10 cm，是相对于标准长度简（汉制一尺，约 23 cm）而言。需要注意的是，经整理者

---

[1] 《长沙尚德街东汉简牍》第 94 页。
[2] 这 22 枚木牍的整理号分别是 014、020、030、047、049、069、072、082、087、088、093、097、103、105、116、135、150、194、220、233、261、262。

判定为柿,且据残存宽度可推定原简完整宽度超过 2 cm 者,我们一般不作讨论,将其视作是对大木简牍(如簿籍、书信、传、谒、楬等)的重复利用。

《长沙尚德街东汉简牍》中,整理号 092、225、239、255、257 的长度均超过 10 cm,判断这一类过长的残片是否为柿需要格外慎重。

整理号 255 的尺寸,据书中所言为 13.4×1.1×0.2 cm。如果其残存宽度确为 1.1 cm,按照彩色图版显示的长宽比,其长度当在 8 cm 左右,而非 13.4 cm。同理,整理号 257 的长度在 9.7 cm 左右,亦远非书中所言 23.6 cm。(见下图示)

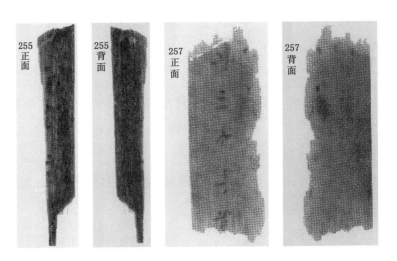

6. 残片背面没有或只有部分刮削痕迹

这种情况也是和柿产生的过程相矛盾。

《长沙尚德街东汉简牍》中,据整理号 092 的彩色图版,其背面上端 3/4 的木纹并不像是用削刀刮削过那般平整,下端 1/4 处显示此残片是原木简的末端,木纹即为原木简的背面木纹,并没有经过刮削。(见下图圆圈处)故 092 为残断简,不是柿。

另,092 的残长为 11.1 cm,我们也可从"残片过长"的角度予以判断。

7.2.2 文书柿的判别方法

基于第 6 章中对柿和削刀的认识,通过对四批简牍材料中的文书柿的材质、尺寸情况的汇集和梳理,结合从中发现的问题,我们归纳了若干条判别文书柿的方法,供学者讨论和批评。①

凡符合下列任意一条者,基本可断定不属于文书柿:

1. 残片材质为竹质的;

2. 残片正反两面均写有文字或字迹的;

3. 残片背面没有或只有部分刮削痕迹的;

----

① 由觚产生的柿的判断标准不同,因而此处主要探讨由简牍产生的文书柿。据残存宽度不能确定原简完整宽度是否达到 2 cm 者,暂且依从整理者意见,认定为柿。

4．残片空白，或残存墨迹为图形，未写有文字或字迹的；

5．残片过长的；①

6．残片较长且写有多行文字或字迹的；

7．残片较长且写有较多文字或字迹的；

8．残片较长，写有文字或字迹，但大部分空白的；

9．残片较长，上端或下端平整，本身为简首或简尾的。

7.3　文书柿中涉及的文书种类

四批简牍材料中收录的文书柿总计约 2500 片，其中涉及众多文书类别。以收录文书柿数量最多的《居延汉简（一—四）》为例，其中涉及的具体文书类别归纳如下：②

一、书檄类

（一）书

1．诏书：227.57；486.16＋486.33；

2．诸官府书：7.2；17.34；68.6；85.37；109.7；109.11；120.70；212.55；212.56；214.142；218.3；218.5；218.27；218.30；218.66；228.16＋228.17；239.74；243.20＋243.37；243.34；245.2(1)；299.6；312.16；420.3；430.9(1)；435.27；478.3；478.19；484.16＋484.56＋484.50；484.21；484.23；

---

① 判断标准中的"较长"一般指的是超过 5 cm，"过长"一般指的是超过 10 cm，均是相对于标准长度简（一尺）而言，下列附表中不再一一标注。经整理者判定为柿，且据残存宽度可推定原简宽度超过 2 cm 者，我们一般不做讨论，将其视作是对大木简牍（如簿籍、书信、传、谒、楬等）的重复利用。下面 6—9 条同。

② 以下文书种类的名称和顺序基本依据李均明《秦汉简牍文书分类辑解》中归纳的体系排列。

484.25；484.29＋484.45；484.30；485.16；485.30；485.40；
523.23；N6；N82；C16（甲附 16）；T17N27；T17N28；

3. 报书：214.140；227.111；233.47；247.48；454.5；
484.33；

4. 除书：459.4；

5. 病书：454.12＋454.13；

6. 予宁书：227.71；

7. 债书：435.14；

8. 致书：212.70；

9. 传：68.78；97.9；212.29；212.49＋212.80＋212.53＋
212.32＋212.79＋212.77；212.58；218.1；218.32；218.34；
218.36；218.42；218.43；218.48；218.53＋218.58＋218.52；
218.65；218.78；241.45；241.47；

10. 劾状：109.18；437.17＋437.5；454.26；478.21；T17N30；

11. 爰书：124.26；214.127；239.14＋239.141＋239.61；
239.46。

（二）檄

12. 府檄：216.1；

13. 警檄：227.109；437.20；485.25；523.24；N37；

14. 行罚檄：227.73；227.82；227.132；227.142；351.2；
437.3。

（三）记

15. 官记：78.52；484.28；

16. 私记：68.20；68.66；68.67；68.106；68.108；72.36；

85.46；120.61；120.73；120.77；124.13；124.18；124.23；125.3；159.27；159.28；177.5＋177.6；190.17；191.7；202.12＋202.20；212.33；212.82＋212.81；214.133；214.146；214.157；214.158；214.159；216.15；216.17；218.12；218.16；218.21；218.22；218.25；218.33；218.49＋218.29；218.45＋218.62＋218.54；218.47；228.19；228.23＋228.22；228.27；233.19；239.60＋239.57；239.118；241.40；241.46；242.20；242.40；245.1；248.26；299.4；300.12；300.20；323.10；341.7；351.11；435.15；437.18；443.32；446.3；465.13－465.20；478.32；478.34；485.22；485.23；485.29；485.53；485.71；485.89；N48；N143（乙附 37）。

二、律令类

（一）令

17. 功令：484.69；485.70。

（二）科、品

18. 烽火品约：351.5；351.8＋351.6；

19. 守御器品：214.144。

三、簿籍类

（一）簿

20. 月言簿、四时簿：327.1；341.3；

21. 校簿：218.86；

22. 谷簿：68.77；227.80；

23. 菱积簿：68.96；

24. 谷出入簿：109.12；

25. 荚出入簿：227.81；433.27；

26. 钱出入簿：68.60＋68.34＋68.44＋68.51；72.35；212.59；214.151；229.52；243.50；277.13；327.6；518.19；

27. 吏赀直簿：247.33；

28. 守御器簿：227.39；227.93；230.15；

29. 兵、守御器负算簿：68.41；68.63；68.65；68.95；68.105；68.109；

30. 兵完、折伤簿：7.4；109.10(1)；239.121；437.89；

31. 被兵簿：239.53＋239.98；239.81；324.25；339.20；486.17；486.18；497.16；497.18；521.32；N75；T17N34；

32. 什器出入簿：85.4；85.28＋85.23；124.7；

33. 日作簿：218.23；479.17；

34. 日迹簿：202.16；455.3；459.3；

35. 俸禄簿：85.35＋85.45；108.1；

36. 传置道里簿：218.41；T17N31。

（二）籍

37. 吏名籍：478.11；

38. 骑士名籍：247.34；

39. 吏廪食名籍：72.51；

40. 卒家属廪名籍：39.33；437.2；

41. 从者廪名籍：227.99；

42. 吏奉赋名籍：72.28；229.50；394.1；458.3；478.25；N84；

43. 吏未得俸及赋钱名籍：212.39；234.48；484.35；

44.债名籍：63.3；72.37；124.27；202.26；483.3；

45.贳卖名籍：325.11；

46.衣物名籍：120.56；162.5；227.62；239.79；484.26；

47.被兵名籍：50.3；228.18；

48.功劳墨将名籍：68.17；147.11；227.41；481.5；485.7；485.17＋485.18；485.26；

49.吏射名籍：484.52；484.55；485.1＋485.20＋485.14；485.5；485.36；485.59；485.69；

50.以令赐爵名籍：109.19；

51.吏换调名籍：231.29；459.2；

52.吏缺除代名籍：234.40；239.106；484.51；485.43；N54；

53.坐罪名籍：T17N23＋T17N2；

54.病名籍：120.82；239.59；437.23；

55.佣名籍：212.71；243.25；

56.出入名籍：87.18；457.6；521.33；523.x4；

57.葆出入名籍：288.34；

58.车夫名籍：72.53；230.10；484.67；

59.卒更日迹名籍：421.17；

60.传马名籍：212.69；454.33；

61.赐劳名籍：239.88；

62.省卒名籍：227.55。

四、录课类

（一）案

63.功劳案：228.31。

（二）刺

64. 谒：323.11；

65. 入官刺：132.21；395.12；454.11＋454.32；

66. 邮书刺：176.19；218.38。

（三）课

67. 邮书课：125.4；195.7；270.2；436.1；484.34；

68. 表火课：68.103；227.63；437.16＋437.15；455.5；478.7。

（四）其他

69. 启封记录：314.16。

五、符券类

70. 先令券书：202.10；202.11＋202.15＋202.22；202.23。

六、检楬类

71. 文书检：78.49＋78.31；230.7；272.2；410.1；478.6；N50；N51；

72. 函封：109.9；239.72；239.93；324.24。

据上所见，《居延汉简（一—四）》中收录的楬涉及的文书种类共计 72 小类，书檄类、簿籍类、律令类、录课类、符券类、检楬类这 6 大文书种类均有涉及。其中，簿籍类文书楬种类最丰富，数量也最多，这与西北文书简总体的情况相符。就具体类别而言，私记和诸官府书这两类楬的数目明显最大，究其原因，前者大多是对大木牍的重复利用，残片尺寸较大，残存的释文也较多，后者得益于官府之间密切而频繁的联系，使得下行、平行、上行文书被大量制作、流通并保存为档案，而待时效性一过，大多数文书便被废弃或被重复利用。

附表：简牍中的文书柹

下列诸表是对《长沙尚德街东汉简牍》《长沙五一广场东汉简牍》《地湾汉简》《居延汉简》四批材料中收录的柹进行的汇集和梳理。我们依据前文中归纳的文书柹的判别方法，对其中的柹片先进行判别，再标明其所属文书种类。

一、经判断不属于柹的，我们在表中"备注"一栏以叉号×予以标识；残片的现状和形制特征等信息如有必要加以描述者，以及柹片的尺寸和释文需要校注者，我们亦在"备注"一栏中予以说明。在各表后另加按语，以便对每批次的简牍柹情况进行总结。

各批简牍的整理号（简号）、尺寸信息（单位：厘米 cm）、释文及其中涉及的标点符号等均依文献整理者规定原样迻录。

二、根据残片上的简文，我们尽量判断其所属文书类别，并在"备注"一栏中予以标明。

关于文书的种类，我们基本沿用李均明先生的分类体系：①

李均明、刘军著《简牍文书学》，主要按简牍自身性质分为书檄、簿籍、律令、录课、符券、检楬六大类。李均明著《秦汉简牍文书分类辑解》遵循这一分类法，但对第二、三层分类作了修订，划分如下：②

书檄类

一、书

（一）皇室文书

命书、策书、制书、诫敕、诏书

---

① 李均明等著.当代中国简帛学研究（1949—2019）.北京：中国社会科学出版社，2019：344 - 351。

② 李均明、刘军.简牍文书学.南宁：广西教育出版社，1999。李均明著.秦汉简牍文书分类辑解.北京：文物出版社，2009。

（二）章奏文书

上奏书、变事书

（三）官府往来书

诸官府书、语书、除书、遣书、病书、视事书、予宁书、调书、债书、直符书、致书、传（公务）、传（私事）

（四）司法文书

举书、劾状、爰书、推辟验问书、奏谳书

二、檄

（一）府檄（二）警檄（三）行罚檄

三、记

（一）府记（二）官记（三）私记

律令类

一、律

（一）贼律（二）盗律（三）囚律（四）捕律（五）杂律（六）具律（七）户律（八）兴律（九）厩律、厩苑律（十）告律（十一）收律（十二）亡律（十三）钱律（十四）均输律（十五）传食律（十六）行书律（十七）置吏律、除吏律（十八）爵律、军爵律（十九）史律（二十）徭律（二十一）田律（二十二）关市、关市律（二十三）复律（二十四）赐律（二十五）效律（二十六）置后律（二十七）秩律（二十八）金布律（二十九）仓律（三〇）工律、工人程律（三一）均工律（三二）司空律（三三）内史杂律（三四）尉杂律（三五）属邦律（三六）游士律（三七）除弟子律（三八）中劳律（三九）藏律（四〇）公车司马猎律（四一）敦（屯）表律（四二）戍律（四三）秦律杂抄未见律名者（四四）禁苑涉律（四五）牛羊课律

二、令

（一）津关令（二）王杖诏书令（三）功令（四）北边絜令第四（五）击匈奴降者赏令（六）令乙第廿三（七）公令第十九（八）御史絜令第廿三（九）尉令第五十五（一〇）戍卒令（一一）赦令（一二）军令

三、科、品

（一）购赏科别（二）罪人入钱赎品（三）烽火品约（四）守御器品

四、封诊式

五、法律答问

簿籍类

一、簿

（一）集簿（二）月言簿、四时簿（三）校簿（四）计簿（五）谷簿（六）廪食粟出入簿（七）粟出入簿（八）麦出入簿（九）糜出入簿（一〇）芰出入簿（一一）盐出入簿（一二）钱出入簿（一三）吏赀直簿（一四）守御器簿（一五）兵、守御器负算簿（一六）兵完、折伤簿（一七）被兵簿（一八）什器出入簿（一九）随葬器物簿（遣册、遣策）（二〇）日作簿（二一）日迹簿（二二）传置道里簿

二、籍

（一）吏名籍（二）卒名籍（三）骑士名籍（四）候官鄣廪名籍（五）诸部廪名籍（六）隧别廪食名籍（七）吏廪食名籍（八）卒廪食名籍（九）卒家属廪名籍（一〇）从者廪名籍（一一）吏奉赋名籍（一二）吏未得俸及赋钱名籍（一三）债名籍（一四）贳卖名籍（一五）负债名籍（一六）赠钱名籍（一七）衣物名籍（一八）被兵名籍

（一九）折伤兵名籍（二〇）功劳墨将名籍（二一）吏射名籍（二二）以令赐爵名籍（二三）吏换调名籍（二四）吏缺除代名籍（二五）适名籍（二六）坐罪名籍（二七）休名籍（二八）病名籍（二九）佣名籍（三〇）出入名籍（三一）葆出入名籍（三二）车夫名籍（三三）卒日作籍（三四）卒更日迹名籍

录课类

一、录

二、案

三、刺

（一）名刺、谒（二）入官刺（三）廪食月别刺（四）出俸刺（五）表火出入界刺（六）邮书刺

四、课

（一）邮书课（二）表火课

五、其他

（一）奏封记录（二）启封记录

符券类

一、符

（一）出入符（二）吏及家属符（三）日迹符（四）警候符

二、券

（一）债券（二）先令券书

检楬类

一、检

（一）实物检（二）文书检（三）函封

二、楬

（一）实物楬（二）文书楬

《秦汉简牍文书分类辑解》中简牍文书共包括173种。相较于《简牍文书学》,《秦汉简牍文书分类辑解》中的文书分类变动如下：

1.书檄类：增加了"策书""制书""诫敕""劾状""推辟验问书"五种,删除了"请诏书""扁书""报书""偿债担保书"四种。

2.律令类：①"律"下增加了"杂律""具律""兴律""告律""收律""亡律""钱律""均输律""爵律""史律""复律""赐律""置后律""秩律""秦律杂抄未见律名者""禁苑涉律"十六种,删除了"奔命律""傅律""捕盗律"三种。②"令"下增加了"津关令"一种,删除了"卫尉絜令""大鸿胪絜令""祠社稷令"三种。

3.簿籍类：①"簿"下增加了"廪食粟出入簿""随葬器物簿（遣册、遣策）"两种,删除了"官种簿""葵积簿""俸禄簿""亭间道里簿""谷出入簿""入狗簿""入鸡簿""出布簿"八种。②"籍"下增加了"赠钱名籍"一种,删除了"从者、私属廪名籍""还食名籍""病名籍""赐劳名籍""不在署名籍""田租名籍""驿马名籍""食器籍""瓦器籍"九种。

4.录课类：删除了"志""记"两种。

5.符券类：删除了"日迹券"一种。

6.检楬类：增加了"函封"一种。

三、关于柿片所属文书种类的判别,李均明先生等人在《当代中国简帛学研究（1949—2019）》一书中谈到,可以根据特定的

文书用语来大致判断文书所属类别：①

……其二从文书用语看，各种文书有特定的用语，比较明显的有以下七种。

1. 诏书及行文：诏书开头语，必称"诏曰"，或"制曰"，或"制诏"，或"制曰可"之用语，其文尾写"某人下某人，承书从事"，"下当用者如诏书"等语。从中央，经郡县，下至候官乃至部隧都遵循这一格式。只不过各官府间收受、转发机关和人员、时间不同，其文书定式盖以此为模范。

2. 官府间上下行文之用语：常见的词组有行、兼行、告、谓、谒报、敢言之、叩头、死罪、谨移等，均表示不同级别不同文书的用语。行，代表某官员以某种身份承办某种事；兼行，即代理承办人承办某事；告，即命令，这些用语多见于上级官府对下属机关所发指令行文。行、兼行、告往往成句，如"××人行或兼行×事，告××官……"。谓，多用于同等级别的机关或同等级别的官员之间的文书称谓，如"××官谓××官，或××人谓××人"。叩头、死罪、敢言之、谒报、谨移等词组，均为下级向上级呈报文书时的专用语，如"××叩头死罪敢言之，谨移或谒报××书一编敢言之"，表示下级对上级的尊敬。

3. 信札用语：主要是私人信件，最多见的是"伏地再拜言、再拜白、伏地言、伏地请、幸甚、甚善、甚毋恙、叩头死罪"等，盖为谦称和祝福语。

4. 司法爰书用语：常见者有"诏所名捕、诏所逐验、搜索部界、

① 李均明等著.当代中国简帛学研究(1949—2019).北京：中国社会科学出版社,2019：328-329。

推辟、验问、罪当坐"等。皆为司法文书的专用语,遇见此类简牍必与司法爰书有关。

5. 官吏任免用语:常见者如调、迁、徙、补、换、斥免等,均为官府任免、调动官员的文书用语。

6. 邮书及邮书课用语:常见者如北书、南书、檄、版檄、合檄、中程、不中程、留迟、付、受、解何等,皆为邮书和邮书课文书的用语。

7. 各种簿籍:包括名籍、被服、月俸、月廪、兵器簿等,开头均写身份,然后注明籍贯、爵位、年龄等。根据上述常见的各种用语,即可断定简牍的性质,是缀合过程中的重要方法之一。

就占比最大的"簿籍类"文书而言,我们可根据其上简文内容,进一步概括、归纳出其各自特殊的格式与关键词,以便进行柿片的种类判别,如:①

一、簿

(一)集簿:综合统计账目。目前所见主要有东海郡集簿、东海郡吏员簿、武库永始四年兵车器集簿、诸乡河堤簿、县乡聚簿五类。

(二)月言簿、四时簿

月言簿,月度会计报告。基本格式为"某月余……,毋出入"。凡冠以月份之账簿,皆为月度报告,如《新简》EPS4T2·2:"第四隧建昭元年七月卒迹簿"、《新简》EPS4T2:"·第四隧建昭三年七月卒日迹簿"、《合校》81·3:"●卅井降虏隧始建[国]二年四月什

① 以下内容概括、归纳自李均明著.秦汉简牍文书分类辑解.北京:文物出版社,2009:247-391。

器簿"等。

四时簿,季度会计报告。基本格式为"某月尽某月……四时簿"。但也有未冠以"四时"者。如《合校》28·11:"甲渠候官阳朔二年正月尽三月钱出入簿。"《合校》37·18:"居延都尉元凤六年四月尽六月财物出入簿。"呈文见《新简》EPF22·54A:"建武四年五月辛巳朔戊子,甲渠塞尉放行候事敢言[之]。谨移四月尽六月赋钱簿一编,敢言之。"凡账簿名目前冠以说明某季度之"某月尽某月"(积三月)即季度会计报告。

(三)校簿,账实核对之盘点账。

基本格式包括三种:

"(故)……,(今)见……,(今)少……"

"……,见"

"某月余……,校见……应簿,毋出入"

(四)计簿,逐日、逐时、逐次、逐项记录的流水账。简牍所见常简称之为"计"。

(五)谷簿,"谷"为粮食之总称,含麦、粟、糜、稼程等。谷簿为有关粮食的出入簿或单出、单入簿。

(六)糜食粟出入簿,"廪食"指公家供给粮食。《韩非子·内储说上》:"南郭处士请为王吹竽,宣王说之,廪食以数百人。"《史记·淮南衡山列传》:"遣其子母从居,县为筑盖家室,皆廪食给薪菜盐豉炊食器席蓐。"

"廪"或写作"禀、稟、廩",为判断此类文书的关键词。

(七)粟出入簿为粟之出纳账。

(八)麦出入簿为麦之出纳账。

（九）**糜出入簿**为糜之出纳账。

（一〇）**茭出入簿**为茭草之出纳账。

（一一）**盐出入簿**为食盐之出纳账。

（一二）**钱出入簿**为现金之出纳账。

上述六类文书中之"粟、麦、糜、茭、盐、钱"即为判断各自所属种类的关键词。

（一三）**吏赀直簿**，关于官吏财产的登录簿。

"赀"通"资"，财货。赀直，资产价值。简文所见资产包括奴婢、车辆、牲畜、房屋、田地等。

"直"为判断此类文书的关键词。

（一四）**守御器簿**，有关城防器材的账簿。

（一五）**兵、守御器负算簿**，关于不合格兵器、守御器的统计账目。

"（不合格兵、守御器），负……算"为此类文书的基本格式。

（一六）**兵完、折伤簿**，有关兵器完好、破损情况的统计账。

基本格式包括三种：

"（兵器＋数目），伤。"

"（兵器＋数目），其……斥呼①：……"

"（兵器＋数目），完。"

其中，"伤、斥呼、完"为判断此类文书的关键词。

（一七）**被兵簿**，（隧别、部别、鄣吏）所配备的多种武器的登录簿。

---

① 斥呼，即破裂。坼壏之假借。《说文》曰："坼，裂也。壏，坼也。"见沈刚著.居延汉简语词汇释.北京：科学出版社，2008：66。

（一八）什器出入簿，有关杂器的出纳账簿，多为斤斧等工具、车辆构件、绸缎制品、丝绳之类。

简文 85.4、85.28＋85.23 所见，如车伏（简文或作"车休"）、车放安（车柱）、钩、钧、斤、斧、梢（简文或作"樀、鑐"）、缯段、[段]累、高果（简文或作"膏果"）等。①

什器，指各种生产用具或生活器物。《史记·五帝本纪》："舜耕历山，渔雷泽，陶河滨，作什器于寿丘，就时于负夏。"司马贞索隐："什器，什，数也。盖人家常用之器非一，故以十为数，犹今云'什物'也。"

（一九）随葬器物簿（遣册、遣策），随葬器具物品的清单，名目繁多。

此类簿书在简文中又名"耦人籍""食器籍""瓦器籍""五谷小橐蓝芥伤籍""从器志""衣物疏"。②

（二〇）日作簿，某日某时相关士卒劳作、勤务的记录统计。

据简文可分为三类：鄣卒日作簿、省卒日作簿、骑士日作簿。

（二一）日迹簿，吏卒每日例行巡逻之记录。

簿名见居延新简 EPT53.38：甲渠候史公乘徐惠倩日迹簿。

---

① 车伏，伏，通袱。车伏在前，人所伏也。或说车伏即轸、轴之伏兔，又名屐。车放安，车之部件，同车拄。见沈刚著.居延汉简语词汇释.北京：科学出版社，2008：29。
　钧，制作陶器所用的转轮。斤，古代砍物工具。一般用以砍木，与斧相似，比斧小而刃横。梢，通插，一种用作挑禾束的尖头担；或通"锸"，锹。缯段，或为缯缎，即丝织品。[段]累，或为缎累，即丝绳。累，绳索，也作"缧"，简文中另见"承累"。
　高果（膏果），意义不明。
② 耦人，土木等制成的人俑。此指随葬木俑。
　"以上随葬器物清单称'籍'，表明汉初之簿与籍尚未作严格的划分，但其实质仍是统计账，故归入'随葬器物簿'中。"见李均明著.秦汉简牍文书分类辑解.北京：文物出版社，2009：329。

基本格式包括下列几种：

"吏卒（人名）某月某日迹尽某日积……日。凡迹积……日，毋人马兰越塞天田出入迹。"

"某月某日卒（人名）省作（或省出、省治）……隧。凡迹积……日，毋人马兰越塞天田出入迹。"

"候长（人名）：某月某日尽某日积……日，日迹从（或起）……尽（或至）……，毋人马兰越塞天田出入迹。"

"候史（人名）某月某日（因为某事）尽某日积……日不迹。"此格式可省写作"候史（人名）某日（因为某事）不迹。"

"（数目）人迹某月某日尽某日……日，积……里……步。其（数目）人人行……里，迹还……"

其中，"迹"为判断此类文书的关键词。

（二二）传置道里簿，有关传置间距离的登记簿。

基本格式为："某地至某地……里。"

传置，驿站。《汉书·文帝纪》："太仆见马遗财足，余皆以给传置。"颜师古注："置者，置传驿之所，因名置也。"王先谦补注引宋祁云："传，传舍；置，厩置。"

道里，道路里程。晋陶潜《拟古》诗之六："不怨道里长，但畏人我欺。"

二、籍

（一）吏名籍，官吏的名单。简牍所见，主要包括"东海郡下辖长吏名籍"和"屯戍吏员名籍"两种。其中，

1. 东海郡下辖长吏名籍包含两类：

（1）"名籍所登录，包括每一位长吏的现任职务、原籍贯、调

入前职务及调任现职的理由。"①此类吏名籍的基本格式为："现
任职务＋原籍贯＋姓名,调入前职务,调任现职的理由。"

（2）东海郡下辖长吏不在署、未到官者名籍,其中,

长吏不在署名籍的基本格式为："现任职务＋姓名,某月某
日＋不在署的理由。"

长吏未到官名籍的基本格式为："现任职务＋姓名,未到官。"

2. 屯戍吏员名籍

此类吏名籍的基本格式为："现任职务＋籍贯＋爵级＋姓名,
年龄,任职时间,能力特征。"

（二）卒名籍,士卒名单。

基本格式为："戍卒（或田卒）＋籍贯＋爵级＋姓名,年龄。"

（三）骑士名籍,骑兵名单。

基本格式为："县名＋骑士＋乡里＋姓名。"

（四）候官部廩名籍,候官吏卒廩食名单。

基本格式为：

"鄣

令史（或尉史,或鄣卒）＋姓名＋粟三石三斗三升少,某月某
日自取。卩

令史（或尉史,或鄣卒）＋姓名＋粟三石三斗三升少,某月某
日自取。卩

……

右奉食＋供给粮食的仓库名。"

---

① 李均明著.秦汉简牍文书分类辑解.北京:文物出版社,2009:346。

（五）**诸部廪名籍**，候官下属各部卒廪食名单。

基本格式为：

"部名＋卒某月廪名，数目＋人。

隧名＋卒＋姓名。

隧名＋卒＋姓名。

……"

（六）**隧别廪食名籍**，以所在隧为单元供给口粮的名单。

基本格式包括：

"卒（或候史，或隧名＋隧长）＋姓名＋粟三石三斗三升少，自取。卩"

"卒＋姓名＋粟三石三斗三升少，某月某日自取。卩"

"卒＋姓名＋某月食粟三石三斗三升少，某月某日吏卒＋姓名＋取。卩"

（七）**吏廪食名籍**，给官吏个人发放粮食的名单。

基本格式包括：

"隧名＋官职（如候长、令史、隧长、助吏）＋姓名，某月食三石，某月某日自取。"

"隧名＋官职＋姓名，某月食三石三斗三升少，某月某日自取。卩"

"隧名＋官职＋姓名，某月食一斛五斗，某月某日＋身份姓名＋取。卩"

（八）**卒廪食名籍**，供给士卒口粮的名册。

基本格式为："鄣隧名＋卒＋姓名，某月食三石三斗三升少，某月某日自取。卩"

（九）卒家属廪名籍，供给士卒家属口粮的名册。

基本格式包括下面 5 种：

1.“隧名＋卒＋姓名。

● 妻大女＋名字，年＋岁数。

● 子未使女＋名字，年……岁。

● 子小男＋名字，年……岁。

皆居署……日，用谷……石少，某月某日＋身份姓名＋取。卩”

2.“隧名＋卒＋姓名。

妻大女＋名字，年＋岁数。

子大男＋名字，年＋岁数。

子大男＋名字，年＋岁数。

居署尽晦，用粟……石……斗……升大，身份姓名＋取。”

3.“隧名＋卒＋姓名。

父大男＋名字，年＋岁数。

母大女＋名字，年＋岁数。

弟大男＋名字，年＋岁数。

弟使男＋名字，年＋岁数。

妻大女＋名字，年＋岁数。

弟使女＋名字，年＋岁数。

子使女＋名字，年＋岁数。

子未使女＋名字，年＋岁数。

子未使男＋名字，年＋岁数。

见署用谷……石……斗……升大（或少）。”

4.“隧名＋卒＋姓名。

妻大女＋名字,年＋岁数,用谷二石一斗六升大。

子使女＋名字,年＋岁数,用谷一石六斗六升大。

子使男＋名字,年＋岁数,用谷二石一斗六升大。

凡用谷……石。”

5.“隧名＋卒＋姓名。

妻大女＋名字,年＋岁数,用谷二石一斗六升大。

弟大女＋名字,年＋岁数,用谷二石一斗六升大。

弟使女＋名字,年＋岁数,用谷一石六斗六升大。

子未使女＋名字,年＋岁数,用谷一石一斗六升大。

子使男＋名字,年＋岁数,用谷二石一斗六升大。

凡用谷……石……斗……升少。”

（一〇）从者廪名籍,给随从人员发放粮食的名单。

基本格式为:“从者(或私属)大男＋人名,某年某月食粟(或麦)……石……斗……升。某月某日自取。”

（一一）吏奉赋名籍,支付官吏俸禄的名单。

基本格式包括:

“隧名＋官职＋姓名,某月奉钱……,某月某日自取。”

“隧名＋官职＋姓名,某月禄帛(或布,或县絮)＋长度,某月某日自取。卩”

“隧名＋官职＋姓名,某月禄大黄布……枚,某年某月某日(候长＋名字)取。卩”

此类名籍简文中所见“官职”以“隧长”为常见,其他如候长、候史、尉史、啬夫、士吏等。

（一二）吏未得俸及赋钱名籍，官方拖欠及偿还官吏俸禄的名单。

基本格式包括：

1."官职＋姓名，年号＋某年某月某日除。

未得某月尽某月积……月奉用钱……。"

2."候官隧名＋官职＋籍贯＋姓名，年号＋某年某月某日除。

未得某月尽某月积……月奉用钱……。

已得赋钱……。"

3."候官隧名＋官职＋姓名，未得某月尽某月积……月奉用钱……，已赋毕。"

（一三）债名籍，债权人自述与债务人之间债务关系的名单。

基本格式为："债权人信息，自言责＋债务人信息＋债务内容"。据简文，"债务内容"包含皂练、缣、长襦、缇绩、布橐、铁斗、刀、曼索等物品，每样物品均需折算出具体钱数。

此类名籍的具体格式为："候官鄣隧名＋籍贯＋爵级＋姓名，年岁，自言责＋候官鄣隧名＋官职＋姓名＋债务内容。"

其中，"责"为判断此类文书的关键词。

（一四）贳卖名籍，赊贷关系中的债权人名单。

基本格式为："债权人信息，贳卖＋商品及价值，债务人信息，担保人信息。"

具体格式为："鄣隧名＋隧卒（或戍卒）＋籍贯＋姓名，贳卖＋商品数量，直钱……，债务人单位（或住所）＋官职＋姓名，担保人住所＋姓名。"

其中，"贳卖、直（钱）"为判断此类文书的关键词。

（一五）**负债名籍**，债务人名单。

基本格式为："鄣隧名＋官职＋姓名，负＋鄣隧名＋官职＋债权人名字＋钱数"。

其中，"负"为判断此类文书的关键词。

（一六）**赠钱名籍**，赠送钱款的名单。

此类名籍以《尹湾汉简》木牍 7A、B 和 8A、B 为代表。

基本格式为：

"姓名＋钱数。　　姓名＋钱数。　　姓名＋钱数。

姓名＋钱数。　　姓名＋钱数。　　姓名＋钱数。

……

● 右……人钱……。"

（一七）**衣物名籍**，衣物所有者名单。

基本格式包括两种：

1."田卒（或戍卒）＋籍贯＋爵级＋姓名，年龄。

衣物＋数量。　　衣物＋数量。

衣物＋<u>重量</u>。　　衣物＋<u>重量</u>。

……。"

2."田卒（或戍卒）＋籍贯＋爵级＋姓名，年龄。

衣物＋数量。卩　衣物＋数量。丨

衣物＋<u>重量</u>。∠　衣物＋<u>重量</u>。阁

衣物＋<u>重量</u>。衣　衣物＋<u>重量</u>。封

衣物＋<u>重量</u>。已　……。"

"此类名籍的文末所见'阁''衣''封''已'之类皆为后书字，核对实物时形成。阁，意为储存。衣，意为穿着。封，指封存。

已,或指已领取或已封存之类。"①

（一八）**被兵名籍**,配备兵器的吏卒名单。

基本格式包括两种：

1."隧亭名＋戍卒（或亭卒）＋籍贯＋爵级＋姓名。

兵器＋数目。　　　兵器＋数目。

兵器＋数目。　　　兵器＋数目。

……。"

2."候官隧名＋戍卒（或候长）＋籍贯＋爵级＋姓名。

兵器＋数目,完。　　兵器＋数目,完。

兵器＋数目,其＋数目＋斥呼,数目＋完。

……。"

（一九）**折伤兵名籍**,武器受损的人员名单。

基本格式为："候官隧名＋官职＋籍贯＋姓名。兵器＋数目,受损情况。"

据简文所见,兵器"受损情况"包括"破""敝""无""折""伤""折伤""毋里""斥呼""刃生""不事用"等,这些词语亦为判断此类文书的关键词。

（二〇）**功劳墨将名籍**,官吏个人才能与劳绩的名单。"功将"为其简称。

基本格式为："候官隧名＋现任官职＋爵级＋姓名。功劳情况,才能情况,年龄,身高,家庭住址及其与所在工作单位的距离"。

---

① 李均明著.秦汉简牍文书分类辑解.北京：文物出版社,2009：375－376。

其中,"……任职后的劳绩,称'功'与'劳'。功以序数一、二计,劳以自然日计,二者可换算,即'劳四岁'可递进为'功一'。"①

据简文,"才能情况"包括"能书会计治官民""颇知律令""文""武"等。这些词语连同"功""劳",为判断此类文书的关键词。

(二一)**吏射名籍**,参加射箭考核的官吏名单。

基本格式为:"候官隧名+官职+爵级+姓名。年号+某年+以令秋试射,发矢十二,中帘矢+数目,当。"

其中,"以令秋试射""发矢""中帘矢"为判断此类文书的关键词。

(二二)**以令赐爵名籍**,以诏令赐爵的名单。

基本格式为:"爵级+乡里+姓名。老(或卒,或大) 故小男,干支、干支、干支、……,令赐各一级;干支,令赐一级。"

其中,"令赐各一级""令赐一级"为判断此类文书的关键词。

(二三)**吏换调名籍**,被调换岗位的官吏名单。

基本格式包括两种:

1."官职+姓名。今调为+新的候官隧名+官职+代+人名。"

2."候官隧名+官职+乡里+爵级+姓名,年龄,能不宜其官,今换补(或换为)+新的候官隧名+官职+代+人名。"

其中,"调""换""能不宜其官"为判断此类文书的关键词。

(二四)**吏缺除代名籍**,官吏脱岗、任命、替换的名单。

基本格式包括四种:

1."候官隧名+官职+姓名。徙(或有劾),缺。"

① 李均明著.秦汉简牍文书分类辑解.北京:文物出版社,2009:380。

2.“乡里＋爵级＋姓名,年龄。今＋新的候官隧名＋官职＋代＋人名。”

3.“候官隧名＋官职＋乡里＋爵级＋姓名,年龄。年号＋某年某月某日＋除。”

4.“候官隧名＋官职＋乡里＋爵级＋姓名,年龄。今(或年号＋某年某月某日)除为(或除补)＋新的候官隧名＋官职＋代＋人名。”

其中,“徙,缺”“今……代……”“除”“除为(或除补)”为判断此类文书的关键词。

(二五)**适名籍**,受行政谪罚的人员名单。适,责罚。

基本格式为:“候官隧名＋官职＋姓名。坐＋所犯行政过失,适(或适为)＋处罚内容。”

其中,“坐……,适……”为判断此类文书的关键词。

(二六)**坐罪名籍**,犯罪人员名单。

基本格式为:“戍卒＋籍贯＋姓名。坐＋犯罪行为。● 年号＋某年某月某日＋械系(或诣治所)。”

其中,“坐”为判断此类文书的关键词。

(二七)**休名籍**,吏卒休假的名单。

基本格式包括:

1.“候官鄣隧名＋职务＋姓名。某月某日＋休。”

2.“候官鄣隧名＋职务＋姓名。休＋天数。”

其中,“休”为判断此类文书的关键词。

(二八)**病名籍**,伤病人员名单。

基本格式为:“隧名＋隧卒＋籍贯＋姓名,以＋某月某日＋病

（或病苦，或病伤）＋具体伤病情况。"

其中，"病（或病苦，或病伤）"为判断此类文书的关键词。

据简文所见，"具体伤病情况"包括"头痛""四节不举（四肢乏力）""心服丈满（心腹胀满）""伤寒""两胅箭急（腋下或两肋病情凶猛）""寒炅（中医术语，寒热往来）""汗""寒热""朕癁""少愈""未愈"，对伤病的处理措施包括"饮药""傅膏药"等。

（二九）佣名籍，雇佣代役人员的名单。

基本格式为："雇主信息。庸＋被雇佣人信息。"

具体格式为："雇主所在单位＋职务（戍卒，或库卒，或田卒）＋籍贯＋爵级＋姓名，年龄。庸＋被雇佣人籍贯＋爵级＋姓名，年龄。"

其中，"庸"为判断此类文书的关键词。

"雇主与被雇人皆为同郡同县人，可不同里，但爵级亦皆同，此当为代戍的条件。"①

（三〇）出入名籍，出入关卡河津渡口的人员名单。

基本格式为："职务＋籍贯＋爵级（或性别）＋姓名，年龄，身高，肤色，乘坐牛马车辆及携带物品情况，证件，出入缘由及时间。"

（三一）葆出入名籍，被担保出入关门的人员名单。

基本格式为："葆＋乡里＋爵级＋姓名，年龄，身高，肤色，面貌、佩戴饰品情况。"

其中，"葆（保）"为判断此类文书的关键词。

---

① 李均明著.秦汉简牍文书分类辑解.北京:文物出版社,2009:387。

（三二）车夫名籍，赶车人名单。

基本格式为：

"隧名＋车父＋乡里＋姓名。

携带工具、武器情况（种类、数量、完好或破损）。"

其中，"车父"为判断此类文书的关键词。

（三三）卒日作籍，戍卒逐日劳动内容的流水账。

基本格式为："隧名＋隧卒＋姓名。　　劳作内容1　劳作内容2　劳作内容3　……"

据简文，戍卒的劳作内容包括"治墼（制作土坯）""案墼（砌土坯）""除土""椎土""治簿（作簿席）""涂（给墙壁涂抹草泥或牲畜粪便以作维护）""伐茭""苇（伐苇或用芦苇编制席子、器具）""格（或为楅格，在城郭外围布置羊马墙之类的防御设施）"等。

（三四）卒更日迹名籍，戍卒轮换巡逻的人员名单。此类名籍得名自居延新简 EPT56.31："不侵隧卒更日迹名"。

基本格式包括：

1."姓名。干支　干支　干支　干支　干支　干支　……

姓名。干支　干支　干支　干支　干支　干支　……

姓名。干支　干支　干支　干支　干支　干支＋省不迹　……

……"

2."干支＋姓名＋迹。∠　干支＋姓名＋迹。∠

干支＋姓名＋迹。╛　干支＋姓名＋迹。

……

● 凡积……日。"

3."戍卒＋姓名。　干支＋姓名＋迹。╱　　干支＋姓名＋迹。

戍卒＋姓名＋省。　干支＋姓名＋迹。╵　干支＋姓名＋迹。╱

……"

其中,"迹"为判断此类文书的关键词。

1.《长沙尚德街东汉简牍》

整理号	尺寸(长×宽×厚)	文字情况	释　文	备　注
092	11.1×2.5×0.2	一面有字	☑☑☑遣☑言	╳
170	9.4×1.95×0.1	一面有字	力☑天(白?)修长烦☑	
171	5.7×2.2×0.05	一面有字	……细坯各十五☑	簿类文书的柿
173	4.7×1.9×0.05	一面有字 一面有字迹	☑完☑ ☑	据厚度判为柿,背面当无字迹
174	4.75×1.7×0.15	一面有字	☑云……	对大木简牍的重复利用
175	5.3×1.95×0.1	两面有字	☑第一庭☑ ☑四☑	╳
176	7×2.1×0.01	一面有字	☑史位	
184	8.9×3.1×0.1	一面有字	汉昌待史王淮再☑ 王☑王☑	谒类文书的柿
185		一面有字迹	☑	共有 4 枚残片,尺寸缺失,无法判断
214	7.5×2×0.1	一面有字	☑消息倾侧☑	
216	4×1.6×0.05	一面有字	知☑	
225	10.7×2.6×0.1	一面有字	☑☑小有☑☑	对大木简牍的重复利用
231	7.95×2.3×0.1	一面有字	鱼三头	簿或楬类文书的柿

续　表

整理号	尺寸(长×宽×厚)	文字情况	释　文	备　注
234	8.6×2.2×0.01	一面有字	☑□自别□☑	
237	9.7×2.2×0.1	一面有字迹	☑……	对大木简牍的重复利用
239	11.4×2.2×0.2	一面有字	泣涕写有忘□然□□☑	对大木简牍的重复利用
241	2.3×1.6×0.05	一面有字迹	☑……	
242	1.4×1.7×0.05	一面有字迹	☑……	
243	1.5×2.5×0.05	一面有字迹	☑……	
244	1.4×2.3×0.05	一面有字迹	☑……	
245	1×1.3×0.05	一面有字迹	☑……	
246	1.2×2×0.05	一面有字迹	☑……	
255	13.4×1.1×0.2	两面有字迹	☑……☑ ☑……☑	×
257	23.6×3.1×0.4	一面有字	☑□□□□□☑	×

[按]

1. 此批简牍中,整理者共收录柿 24 片。经判断,实有柿 19 片。

2. 柿的残宽大多在 2 cm 以上,则此批柿基本源自对大木简牍的重复利用。

3. 柿的残存厚度最薄者达到 0.01 cm,大多为 0.05 cm,少数为 0.1 cm,极薄。据此我们可以推定:

（1）整理号 173 当为柿,其背面当无字迹。

（2）整理号 184 虽上端平整,但其残宽达 3.1 cm,联系残存厚度及其上简文内容,此枚当是源自谒类文书的柿。同理,整理号 231 为柿,源自簿类或楬类文书。

4. 整理号 120 整理者认为是木牍，尺寸为 8.3×1.9×0.05 cm。① 整理者测量的厚度不确，当为 0.5 cm。

（1）如果厚度为 0.05 cm，其一定不是木牍而是柿片（参看上述第 3 点的分析）。今据图版可见其左侧和下端平整，②则不可能为柿片，而是木牍。

（2）本书所收 200 多枚木牍的厚度大多为 0.4 cm 左右，其中有 22 枚木牍厚度为 0.5 cm，③我们判断整理号 120 的厚度为 0.5 cm 是合理的，书中当是整理者疏忽所致。

2.《长沙五一广场东汉简牍（一）》

整理号	尺寸（长×宽）	释　　文	备　　注
二三六	9.5×2.7	故事□	
二三七	11×2	□头言 □支　发	
二三八	17.4×1.5	明旦来□	
二三九	6.9×1.7	若	上端平整
二四九	7.3×1.5	若	上端平整。整理者将此枚与二五五拼合
二五〇	2.3×1.7	□	上端平整 尺寸后更新为 1.9×2.5④
二五一	8.3×2	得释之□□ □	
二五二	5.9×1.1	□兆得	

---

① 第 94 页。
② 第 144 页。
③ 这 22 枚木牍的整理号分别是 014、020、030、047、049、069、072、082、087、088、093、097、103、105、116、135、150、194、220、233、261、262。
④ 见《长沙五一广场东汉简牍（三）》第二二七页"附录三：一、二辑简牍编号及尺寸更新表"。

续　表

整理号	尺寸(长×宽)	释　文	备　注
二五三	14.2×1.9	□□幸幸幸□ ……	习字柿
二五四	13.6×1.5		未见释文,红外图版可见一直竖的墨迹
二五五	13.6×1.3		未见释文,与二四九拼合后尺寸为13.6×2.8
二六二	10.6×1.4	十枚桶爹(?)十五枚薰□	簿类文书的柿
二六三	7×1.2	□□□□定当□	尺寸后更新为13.5×1.2① ×

《长沙五一广场东汉简牍(五)》

整理号	尺寸(长×宽)	释　文	备　注
一九二八	7.3×1.1	上溢驿佐逢霸叩(?)☑	上端平整

《长沙五一广场东汉简牍(六)》

整理号	尺寸(长×宽)	释　文	备　注
二一六九	8.9×1.5	☑□□□☑ ☑□□□☑	
二四八四	16.4×0.9		有墨迹 ×

《长沙五一广场东汉简牍(八)》

整理号	尺寸(长×宽)	释　文	备　注
三一一一	8.5×0.7	□坐传掩罪旦(?)送狱	右侧平整 坐罪名籍
三一一二	7.9×2.0	□子李李	
三一一三	6.8×1.3	不得出因	右侧平整

---

① 见《长沙五一广场东汉简牍(三)》第二二七页"附录三:一、二辑简牍编号及尺寸更新表"。

整理号	尺寸(长×宽)	释　文	备　注
三一一四	7.6×1.4	□□	上端及左侧平整
三四〇三	13.5×1.9		× 未见字迹①
三四九八	17.5×1.6		未见释文 右侧及下端平整 ×
三六三三	7.8×1.6	□物故像　□	左侧平整

［按］

1.《长沙五一广场东汉简牍（一）》中，整理者共收录柿 12 片（二四九和二五五拼合后）。

《长沙五一广场东汉简牍（五）》中，整理者共收录柿 1 片。

《长沙五一广场东汉简牍（六）》中，整理者共收录柿 2 片。

《长沙五一广场东汉简牍（八）》中，整理者共收录柿 7 片。

《长沙五一广场东汉简牍（二）（三）（四）（七）》中未收录柿。

2.《长沙五一广场东汉简牍（一）》中，由于缺少简牍背面的图版和残存厚度的信息，我们只能依据残长、残宽和其上简文来作大致推断：

（1）检视图版，这些残片所在的原简牍的完整宽度都应在 2 cm 以上。

（2）这批简牍中的柿基本源自对大木简牍的重复利用。

（3）二三九、二四九＋二五五、二五〇三枚残片上端均平整，为原简牍之首。其中前两枚残片上的简文整理者均释为"若"，二

---

① 见《长沙五一广场东汉简牍（八）》第二五一页"附录一：未见字迹简牍序号表"。

五四残片整理者未予释文,但红外图版上可见一直竖的墨迹。这几枚或均当源自对"君教诺"文牍的重复利用。

（4）《长沙五一广场东汉简牍（三）》对《（一）》中二五〇的尺寸更新为 1.9×2.5 cm,对二六三的尺寸更新为 13.5×1.2 cm,则二六三不应为楴。

3.《长沙五一广场东汉简牍（六）》中,检视二四八四的图版,木简残长为 16.4 cm,木简完整宽度为 0.9 cm,则二四八四不应为楴。

3.《地湾汉简》

简 号	尺寸 （长×宽×厚）	释 文	备 注
86EDT4:6	4.7×1.5×0.1	□弩□	
86EDT5:20	4.1×1.6×0.1	□得□	此枚残片源自多行简,简面大部分空白
86EDT5:21	2×1.5×0.1	告肩 □	似为单行简,左侧墨迹是"肩"字的笔画"丿"
86EDT5:22	4.2×0.9×0.1	肩水候官	
86EDT5:23	5.3×0.9×0.1	若和奸卖买	上端平整
86EDT5:24	2.7×1×0.1	□谨移吏	报书
86EDT8:58	3×2.3×0.1	赐用帛五十八匹 帛三匹 □九人用钱	簿类文书
86EDT9:9	4.2×1.7×0.1	䲢得县	此枚残片源自多行简,右下侧似有文字残笔
86EDT40:11	4.1×2.5×0.1	□ 随方□ 孤独延	
86EDT40:12	1.1×0.8×0.1	长卿 □	

简　号	尺寸 (长×宽×厚)	释　文	备　注
86EDT40：28＋13	4.2×1.2×0.1	觻得平昌里大夫□	
86EDT40：14	1.8×0.9×0.1	□□ 恙寒□	源自书信的柿
86EDT40：15	2.1×1.4×0.1	不 诣府	
86EDT40：16	2×1×0.1	□ □贾官	
86EDT40：17	2.5×1.2×0.1	□ 承君毋□ □□	
86EDT40：18	2.2×0.7×0.1	□叩头愿子	源自书信的柿
86EDT40：19	3.2×0.7×0.1	□年廿六,长七	籍类文书柿(功劳墨将名籍、出入名籍、葆出入名籍三者中之一)
86EDT40：20	3.5×1.7×0.1	□从官	
86EDT40：21	4.5×0.8×0.1	召□	
86EDT40：22	1.3×0.9×0.1	簿一	
86EDT40：30＋23	3.5×2×0.1	伏地请 君足下苦	源自书信的柿
86EDT40：24	3.2×1×0.1	□□	
86EDT40：25	1.3×0.6×0.1	二书	
86EDT40：26	1.5×0.6×0.1	□□□	
86EDT40：27	3.5×1.5×0.1	升赋	
86EDT40：29	1.1×1×0.1	□	
86EDT40：31	1.1×0.3×0.1	□□□	
86EDT40：32	1.3×0.8×0.1	言	
86EDT40：37＋33	2.4×0.9×0.1	敢言之□□ 九月丙申驿北	官府上行书

续　表

简　　号	尺寸 (长×宽×厚)	释　文	备　注
86EDT40:34	1.2×0.5×0.1	□□	
86EDT40:35	1.5×0.8×0.1	□	
86EDT40:36	1.5×1.1×0.1	史	
86EDT40:38	0.8×0.4×0.1	□	
86EDT42:7	3.2×0.9×0.1	□日鋪	疑为表火出入界刺
86EDT42:11	1.2×0.9×0.2	县	
86EDT43:14	3.3×1×0.1	毋毋	习字简上削下的柿
86EDHT:22	14×2×0.05	父幸幸　幸幸幸卫幸	习字简上削下的柿
86EDHT:23	3.1×3.2×0.05	安世隧	
86EDT5H:188	5×1.1×0.1	□安二千秦百秦十里 □日	下端平整 似为簿类文书

〔按〕

1.《地湾汉简》中,整理者共收录柿 39 片,除了 2 片习字柿外,其余 37 片都是文书柿,材质均为木质。

2. 此批柿的残存长度基本在 5 cm 以下,残存宽度多在 1—3 cm之间,残存厚度基本为 0.1 cm,可视为一批典型的文书柿,其中涉及报书、官府上行书、私记(书信)、簿类、籍类、表火出入界刺等文书。

4.《居延汉简(一)》

简号	尺寸(长×宽)	释　文	备　注
3.8	10×1.8	辞故卅井候官令史酒五凤三年中为候官□ □□□□甲渠候杜君掾□□☑□	对大木简牍的重复利用
7.1	3.6×1.3	□肩	

简号	尺寸(长×宽)	释　　　文	备　注
7.2	6.5×2.9	常广谷隧长 史□叩头	对大木简牍的 重复利用 官府上行书
7.3	3.1×1.8	□ □□	
7.4	3.6×1.2	□ 矢二完 □一完	源自兵完折伤 簿的柿
7.5	4.4×1.2	□□□等再	
11.6	5×1.2	章曰肩水都尉□	残片正面左侧 被削掉
17.11	7.4×1.2	几何岁爵公士以上当得臧	×
17.12	3.7×1	初元五	
17.13	4.9×1.1	□瑟	
17.14	2.4×1.1	□车	
17.15	3.7×1	赦之事已	
17.16	2.2×1.2	苦之□	
17.17	3.5×1.3	归车□	
17.18	3.2×0.8	□扣	
17.19	2.7×1	□	
17.20	2.5×1.7	□行事	
17.21	3.7×1.2	壬戌宿□	
17.22	2.3×1.7	□壬子 □士吏□ ☑	
17.23	2.2×1.2		未见图版和 释文
17.32	7.7×1.8	甲渠候官	原简宽度当大 于 2 cm

简号	尺寸(长×宽)	释　　　文	备　　注
17.33	3.8×1.7	怀□	
17.34	3.3×1.4	□□□ □敢言之	官府上行书
17.35	3×1.2	吏	
17.36	4.4×1.1	□□□□临桐卒吕□	似为籍类文书
17.37	3.6×1.1	□□□ 　之	
17.38	2.8×0.8	徐	
17.39	3.1×0.7	害	
17.40	2.8×1.2	□迫丞	
17.41	3.9×1	□□	
17.42	9.5×2.7	□四千已先得钱千 □与偃余钱敢言之	对大木简牍的 重复利用 官府上行书
17.43	2.8×1.2	□都里曹子□ 居富里召子高	
17.44	3.4×0.6	□□□既□	
17.45	3×1.3	蓂	
17.46	6.9×1	＝　＝　＝	× 上书非文字
17.X1+ 17.X5	1.7×0.9	具弩	
17.X2	1.9×0.8	行书	
17.X3	3.5×0.7	亭□	
17.X4	2×1.4		
17.X6	2.1×0.6	□□□ □□□	
17.X7	1.4×1.8	武	

简号	尺寸（长×宽）	释　　文	备　注
17.X8	1.8×0.9	□	
17.X9	2.3×0.6	□□	
22.11	3.8×2.1		未见图版和释文
23.3	3.2×0.8	石五斗　五月□	廩食名籍
26.32	13.6×2.1	何何　解何书到趣报如律 令	对大木简牍的重复利用
38.1	3×1	庚寅	
39.33	3.9×1.6	母 妻	卒家属廩名籍
39.47	6.1×1.7	☑	对大木简牍的重复利用
40.22	10.5×1.1	□邑奏罪人狱已鞫论非盗	残片正面左侧被削掉
44.4＋44.1	4.2×2.2	□亭	
44.2	3×1	居延□	
44.3	4.3×0.8	瘳视事	
44.5	1.5×0.9	甲渠	
44.17	7.4×1.4	□使第卅五隧长安世告□ 官不唯掾幸为通问官	对大木简牍的重复利用
45.12	14.2×1.2	劾状辞曰公乘居延临仁里年卅一岁 姓毌	劾状 ×
48.2＋48.4	10.1×1.2	甲沟推木候长仲恽　有劾	吏缺除代名籍 ×
48.3	6.4×1.2	□□	
50.3	5.1×0.9	□　有方一 　☑	被兵名籍
56.4	3.7×0.9	□□□□卅井关	

续　表

简号	尺寸(长×宽)	释　文	备　注
56.9	6×0.9	积廿七日除□	卒日作籍 ×
56.10	5.5×1.3	出☑	×
62.50	5.8×1	杊卿	× 上端平整,下端茬口非削所为
63.1	5.3×0.7	止北隧长徐□☑	× 当为小木简
63.2	2.6×1.1	□□	
63.3	4.4×2.3	□ 关缇一□ □□丈□	债名籍
63.4	2.2×0.6	之□	
63.5	4×0.6	□□□□	
63.6	4×1.4	□□	
63.7	1.4×1.9	□	
65.1	9.3×1.4	戍卒淮阳郡苦中都里公士薛宽年廿七	×
67.15	3.7×1.4	居延甲渠弟十五	× 上端平整
67.17	4×1	□不具	
67.18	4.4×1.2	昏时起官	
68.2	4.9×1.2	初元五年	× 上端平整,当为小木简
68.3	5.5×1.4	初元五	存疑
68.4+ 68.16	6.6×2.2	甲渠候官	× 上端平整,为宽 2.2 cm 的小木简

简号	尺寸(长×宽)	释　　文	备　注
68.5	9×1.1	□隧长则敢言之	官府上行书 ×
68.6	9.2×2.8	□元五年八月庚戌甲渠鄣 一编敢言之/令史	官府上行书
68.7	7.1×1.2	□□　头车牛 　□□	
68.8	7.7×1.9	□□	存疑
68.9＋ 68.21	6.2×1.3	牛姑臧　□	×
68.10	7.6×1.3	梓杜	存疑
68.11	9.5×1.5	月辛丑朔丁未甲渠第卅七隧 ☑	
68.12	5.3×1.1	·魏掾将卒卅□	簿籍类文书
68.13	6.5×1.3	已得七月尽九月积三月奉用	吏未得俸及 赋钱名籍 ×
68.14	8.1×1	□朔庚戌甲渠鄣候喜	×
68.15	6.4×1.8	□钱百一十	簿籍类文书
68.17	7.5×1	隧长公乘孙章自占书功劳钱九月☑ ☑	功劳墨将名籍
68.18	5.9×0.9	——　——	存疑
68.19	5.7×0.8	□之府对因请	×
68.20	3.7×1.2	□　　□ 子文足下	书信（私记） 参见159.27
68.22	1.4×0.5	□	
68.23	1.3×0.4	□□	
68.24	1.5×0.5		未见图版和 释文
68.25	6×1.2	□	

续　表

简号	尺寸(长×宽)	释　　文	备　　注
68.26	5×1	寅还毌	× 当为小木简
68.28	1×1.2	□ 塞	
68.29	2.4×0.4	□昜	
68.30	1.7×1.2	□	
68.31	2.3×0.7	□□□	
68.32	2.6×1	等趣作	
68.33	2.3×1.3	□□□　　□□□ 　　城□	
68.60＋ 68.34＋ 68.44＋ 68.51	7.5×2.2	里□鸿子君余钱三百六十 里宋长子余钱百廿 □宋长子余钱二百廿 □☑百廿	钱出入簿
68.35	2.7×1	□	
68.36	6×0.9	□隧　第卅四队　第卅	
68.42＋ 68.37	4.5×1.1	·吞远永光四年八月□	× 当为小木简
68.38	5.9×1	四	×
68.39	4.9×1.4	□布廿五匹	簿籍类文书
68.40	6.8×1	□寙　— —	× 当为小木简
68.41	4.6×2.1	□毌兰 □不致署　前 　少一　　候 　　□　□	对大木简牍的 重复利用 与68.65可拼合
68.43	5×1	□所言	×
68.45	3×0.9	辅承禄	
68.46	2.8×1.1	□己□	

简号	尺寸(长×宽)	释　　文	备　注
68.47	5.7×1.2	□新利	✕
68.48	5.2×1	属国都尉千秋丞充	存疑
68.49	3.1×1.4	□官掾魏	✕ 当为小木简
68.50	4.2×1	□□□	
68.52	3.9×1.1	□入	
68.53	3×1.4	居延	✕ 上端平整，当为小木简
68.54	10.5×2.4	□鄣候	
68.55	3.8×0.8	□	
68.56	3.4×0.9	蓬索	似为簿类文书
68.57	3.9×1	至壬子	
68.58	2.9×1.1	□	
68.59	4×0.9	戊申	
68.61	4×1.1	第九隧长猛	✕ 上端平整，当为小木简
68.62	5×1.4	令史延年	✕ 当为小木简
68.63	4.8×2.2	临木隧长王横　天田□毋 外坞户下□ 内坞户毋一戊 汲桐少一 蓬铜不调利	兵、守御器负算簿
68.64	4.8×1.2	□北候长□	
68.65	4.7×2.1	□□毋六楬 □□深目二不事用 □火尊一折不事用 毋席 不韦	兵、守御器负算簿，同 68.63 与 68.41 可拼合

续 表

简号	尺寸(长×宽)	释 文	备 注
68.66	6.5×1.2	子平足下因道前曰 □□□□□	书信
68.67	5.8×1.4	衣幣不可衣毋取 □□	似为书信
68.68	3.5×1.2	务以久次谨	存疑
68.69	4.4×1.1	士吏广宗	存疑
68.70	3×1.1	吏	存疑
68.71	7.4×1		未见图版和释文
68.72	4.4×1	还毋	
68.73	5.9×0.9	□ 候长龙辅千二百其九百卅小府 □	簿籍类文书
68.74	3×1.5	狱□	
68.75	6.8×1.1	□移卅井	×
68.76	6.6×2.1	□□	对大木简牍的重复利用
68.77	6×1.3	凡出谷百廿六石二斗六升大 □凡出谷百卅 凡出谷百卅	谷簿
68.78	5.2×1.1	留止如	传
68.79	4.4×1.5	□ □□□□	
68.80	5.7×2.4	□曰辅□ 边丞相御史到当 不见隧长不□□	对大木简牍的重复利用
68.81	7×1.9	□应□□□□三 甲渠第卅七队长李 □其亭甚善可为辟兵	对大木简牍的重复利用
68.82	2.3×1.4	初	

简号	尺寸(长×宽)	释　　文	备　注
68.83	2.2×1		未见图版和释文
68.84	3.1×1.7	☑ 趣作治☑	
68.85	4.1×0.8	前幸曰□	
68.86	3.7×1.2	都尉事丞□	
68.87	3.5×1.1	收虏士吏	
68.88	3.7×1.4	□使补□	
68.89	2.9×0.8	□□	
68.90	3.2×0.8	□	
68.91	3×1	□	
68.92	2.5×1.3	□□	
68.94	7×1.2	已郭士以受杨士吏　□	
68.95	10×1.6	坞上□□□□ 枱柱四枚其二小　弩长辟二不韦一不事用 蓬一幣一锏不利　狗一不入笼少一 坞上深目十二不事用 □□□□□□	兵、守御器负算簿
68.96	11.4×1.8	一人积茭亭北君教使亭卒茭毋□	茭积簿
68.97	2.4×1.1	□□□	
68.98	3.9×1	□谓居延	
68.99	2.5×0.7	☑ ☑	
68.100	3.4×0.8	□到惊	
68.101	4.7×2	谓鉼庭候长 □□	对大木简牍的重复利用
68.102	4.1×0.9	□□邘塞出不得	

简号	尺寸(长×宽)	释　　文	备　注
68.103	2.7×1.3	蓬再□	表火课
68.104	3.2×1.8	十八石四斗二	簿籍类文书
68.105	4.8×1.7	□署　□□□□ 斧五毋糜　狗少一 □上楥不蒙尘　两行少廿 书绳少十丈　连梃绳解	兵、守御器负算簿
68.106	7.3×1.6	□□□ 伏地伏	书信上削下的习字柿
68.107	3.6×1.4	上都吏 □□□行	
68.108	5.8×1.9	☑伏地 伏伏伏伏	书信上削下的习字柿
68.109	7.7×2	门关戊隨　地表幣 坞户穿　　地表染圠 □□□鉬　□□□□ 少一 ☑	兵、守御器负算簿
68.110	5×1.8	所入卅石七斗为□	簿类文书
68.111	5.8×1.4	鉼庭候长□	
68.112	4.4×1.6	第四候长□	
68.113	6.3×0.8	百七十子势取　伐胡隧长孙□□ □□　　　　　驷望隧长杜常□	簿籍类文书
68.114	5.5×0.9	□来敞日亭卒不候	存疑
68.115	5.6×1.4	渠候	
68.X	1.9×0.3	☑	
69.2	5.4×1.3	韩稚公	× 下端平整,当为小木简
69.3	4.3×1.1	□与都使徒□	× 当为小木简

简号	尺寸(长×宽)	释　　文	备　注
70.9	4.2×1.4	□鄣候	
70.18	6.7×1.5	赍诣府会月五日	对大木简牍的重复利用
71.71	3.4×0.9	□五隧长宋党	释文据第二卷"第一册勘误表"改
72.4	11.7×2.7	□临治迫职不得至前叩头因言将军欲 □卿谨道去年二月中音逆安都将军与主 　□将军从史当下之君所取马钱见主	对大木简牍的重复利用
72.11	8.8×1.7	☑ □辞所唯亟报毋留如律令	对大木简牍的重复利用
72.12	8.4×1.2	□　自取	存疑
72.25	5.2×1.2	建始三年七月乙未	存疑
72.26	7.4×1	□□□队卒侯禹酒	存疑
72.27	6.5×1.2	□软□不能任屡蒙□	司法文书
72.28	4.4×1	□九月奉钱五百	吏奉赋名籍
72.29	7.7×1.5	□事告尉谓士 　□□	对大木简牍的重复利用
72.30	6.8×0.7	□居延书曰肩水施刑郑 □□□□□□□□	残片下端平整，存疑
72.31	6.1×1.1	审寄主	存疑
72.32	4.9×1	三月	存疑
72.33			据第二卷"增补表"，此枚残片与72.47拼合
72.34	5.9×1.3	延令宣丞竟移甲□ □□□□□□□	

续 表

简号	尺寸(长×宽)	释　文	备　注
72.35	6.3×1.1	出钱二千七十给逆胡隧	钱出入簿
72.36	5.3×1.6	□昌守视善□□□ 伏地再拜	书信
72.37	6.2×1	直九十	(负)债名籍
72.38	7.4×0.9	入罚铁	簿籍文书
72.39	7.3×1	署问卒	× 当为小木简
72.40	4.7×0.9	出临木候史钱千二百	× 出俸刺
72.41	3.7×1.3	言之□	
72.43	6×0.9	□□□□□□□□	存疑
72.44	4.8×1.1	隧卒孔横　执胡隧	簿籍类文书
72.45	1.7×0.7	□□	
72.46	4.4×0.8	□	
72.47＋ 72.33	4.3×1.1	□八月庚□	见 72.33
72.50	10.3×0.9	□六年正月辛未朔壬午甲	× 有烧痕
72.51	5.8×1.3	升少丙申卒当取　卒忧 斗二升少丙申当取	卒廪名籍
72.52	5.9×0.9	□请□□□□□	存疑
72.53	5.8×0.9	轮一具桟柔福六辋 杙轴完	车夫名籍
72.54	5.8×1.1	□□移髅得	存疑
72.55	4.4×1.2	□部遣次一	×
72.56	2.3×1.7	殄北官	
72.57	5.6×0.8	粟二□	× 名籍类文书

简号	尺寸(长×宽)	释　　文	备　注
72.58	5.5×1.2	□迎庚申	存疑
72.59	5×1.3	君□君□	存疑
72.60	4.7×0.9	子□ □	
72.61	2.3×1.6	□甚□ □上大	
72.62	8.1×1.2	第廿二隧长史□	×
72.63	9.5×1.9	☑	对大木简牍的重复利用
73.22	6.4×1.6	☑ □□□□	据字迹,似为习字简牍
76.6+ 76.7	7.7×1.8	甲渠鄣候以邮	× 有烧痕。 检
76.8	3.6×1.1	弟八卒纪田	× 残片上端平整,为名籍类小木简
76.9	4.5×0.8	□臣方进臣光愚	
76.10	6×1.6	☑ □□□□□□上□□□	
76.11	5.4×2.7	□□ □□日□	
76.12+ 76.23	4×1.1	□七月癸	据第二卷"增补表",这两枚残片可拼合
76.31	9.5×1	□□□□布祒布絤巾布巾履万 ☑	簿籍类文书
78.26	4.3×1.7	□吞□ □	

简号	尺寸(长×宽)	释 文	备 注
78.27	1×0.9	□君	
78.28	1.6×1	□□	
78.29	1.5×0.2	□□	
78.49＋78.31	5.3×1.7	渠官以亭	据第二卷"增补表",这两枚残片可拼合文书检
78.32	1.6×0.7	□候□	
78.33	8.6×1.6	□顷周士为取弩臂 □□□□孙君□	对大木简牍的重复利用
78.34	6.1×0.7	□□□ □□□□	×
78.35	4.2×1.1	▨	
78.36	3.6×1.1	北隧驿马一匹驿牡	× 出入名籍
78.37	7×1.6	□□□	
78.38	4.9×1.3	▨ ▨	
78.39	3.9×1.7	▨ ▨	
78.40	4×1.5	□	
78.41	3×1.3	▨ ▨	
78.42	3.8×1	□不□□	
78.43	9.2×1.2	恽交钱二百五十愿已二月奉偿	× 债券
78.44	2.1×1.1	日失当曲卒□ 分卅井诚埶	簿籍类文书
78.45	3.8×0.9	□隧卒乐多用 □ □隧卒司马通	簿籍类文书

简号	尺寸(长×宽)	释　　文	备　注
78.46	6.5×1.2	□省茭第廿三隧卒徐万	× 卒日作籍
78.47	4.5×1.1	四月五日·谨案	× 报书
78.48	4.9×0.7	甲渠主官尉史王平□	×
78.49+ 78.31	5.3×1.7	渠官以亭	文书检
78.50	3×1.4	入三月□	
78.51	3.5×0.9	□彊隧卒	
78.52	3.7×0.8	□诣官会	官记
78.53	3.7×0.8	第廿五隧卒	
78.54	4.9×1.1	元寿二年八月己亥	× 当为小木简
78.55	2×0.7	□第□	
85.4	5.7×3.1	付什器　□ 　　　　膏 　　　　车□□ 　　　　具檠六枚 　　　　钩十枚 　　　　斤二枚　□ 　　　　斧二枚　□	什器出入簿
85.5	8.5×1.1	终古隧长幸　六石 　　　　　　　藁矢	× 被兵名籍
85.6	7.3×1.3	第十二隧长徐卿受遣居延	
85.7	10.5×1.7	尚韦二□ 犬纻二两 资钱五百	× 衣物名籍
85.8	6×1.3	□居延都尉德库丞	× 据第二、三两卷"增补表",85.8可 与 85.20、85.18拼合,尺寸为残长7.7、宽1.3 cm

简号	尺寸(长×宽)	释　　　文	备　注
85.9	6×1.2	相付受荽	╳
85.10	5.2×1.3	□□二人 并橐五☑	簿籍类文书
85.11	5.3×1.3	广对言□	
85.12	5.5×1.6	□□□	
85.13	4.8×2.1	□ 元年☑	
85.14	2.5×1.8	士吏□ □	
85.15	3.9×2.1	转□	
85.16	4.2×0.9	□卿士吏□	
85.17	3.6×2.1	庚子廿七日 辛丑日 壬寅廿九日	簿籍类文书 据第二卷"增补表",与 85.50 拼合
85.18	3.8×1.2	五月丁亥□	╳ 据第二、三两卷"增补表",可与 85.20、85.8 拼合
85.19	3.8×1	□□主独自□	
85.20			╳ 据第二、三两卷"增补表",可与 85.18、85.8 拼合
85.21	13.7×1.7	苍颉作书以苍	习字觚上削下的典籍柿
85.22	7.6×1.8	☑	

简号	尺寸(长×宽)	释　　文	备　注
85.28＋ 85.23	10.8×1.9	入什器　□札一枚　□□一枚　□□一枚 □钱一具　斤二枚　缯段一枚　扁□ 车休一枚　斧二枚　车柱一枚 膏果一枚　具六分镝一枚　段槃一枚 车□安一枚　具四分镝一枚　□ 什器出入簿	什器出入簿
85.24	6.4×2.1	甲渠候 任君	
85.25	7.5×1.3	卒表姓名	✕ 据第二卷"增补表"，与85.31拼合
85.26	9×1.1	黄昏时尽乙卯日食时匹五束	✕
85.27	5.9×1.2	□□□□	
85.29	4.6×1.1		未见图版和释文
85.30	3.4×1.2	身逐捕□	
85.31	10.5×1.3	□候长各明白书	✕ 据第二卷"增补表"，与85.25拼合
85.32	5.1×2.6	丿 □丿卅井 □渠仓丞甲渠 　□丿	簿籍类文书
85.33	7.8×1.8		未见图版和释文
85.34	2.8×1.4	□	据第三卷"增补表"，可与85.43拼合，拼合后的尺寸为残长3.6、宽1.4 cm

续　表

简号	尺寸(长×宽)	释　　文	备　注
85.35+ 85.45	5.9×1.6	二千四百 候史十人积九月廿六日用钱五□ 隧长七十七人四万六千二百	俸禄簿
85.36	8.6×1.5		未见图版和释文
85.37	5.9×1.2	□长毋害以私印行候 □/令史□　□	官府下行书
85.38	6.1×1.4	□朔己未　戍卒河东	
85.39	5.5×1.1	☑	
85.40	7.5×1.4	□人名刚(图形)	
85.41	6.5×1.7	□□□□及上都尉府 □掾幸衣收金其□ 　　　☑	
85.42	3.1×1.4	□	
85.43	2.2×1.2	□充	据第三卷"增补表",可与85.34拼合
85.44	5×1	□	
85.46	2.7×1.1	再拜	私记
85.47	5.2×1.5	□二枚 ☑枚 　　□□	簿籍类文书
85.48	3.5×0.8	□毕	
85.49	8.6×1.1	前自□府自言□所	×
85.50	2.7×1.3	丁亥 戊子十五日 　　□日丿	据第二卷"增补表",与85.17拼合
85.51	2.8×0.5	□□莫	
85.52	2.4×0.9	□□ □□□	

续　表

简号	尺寸(长×宽)	释　　文	备　注
85.53	3.2×0.8	□□	
87.17	7.1×1	北传作余一枚以	×
87.18	2.6×0.9	□牛车□	出入名籍
87.20	3.3×1.4	□□□ 　易食	
88.22	10.6×1.2	□　戊　庚　庚 □　申　辰　戊	× 似为卒更日迹名籍
97.5	6.5×1.9	丙午一日丿　戊辰廿三日丿 丁未二日丿　己巳廿四日丿 戊申三日丿　庚午廿五日丿功子来 己酉四日丿　辛未廿六日丿 　　　□　　　壬申廿七日 　　　　　　癸酉廿八日	对大木简的重复利用
97.6	5.7×2	☑ 亟言二千石 合旁近官	对大木简的重复利用
97.7	9.4×1.5	□四书到听书牒署	× 似为官府往来书
97.8	10.8×2.2	苍颉	习字木牍上削下的典籍柿
97.9	5.6×1.3	□奉葆姑臧西比夜里□ 河津金关毋苛留□	传 简文末可补为"留止" 右侧平整

[按]

《居延汉简(一)》中,整理者共收录柿314片(经拼合后)。

1.据该书"简牍文物形制与出土地资料表"中所附的"说明":

"一、……表中注明是否收入本册图版,未收入图版者如未注明为器物、非汉代文物或有书迹残片,则为无书迹之简、帛或木器。"我们将这些无字迹的残片在表中"备注"一栏以"未见图版和释文"予以标明,下同。

《居延汉简(一)》中有 8 处"未见图版和释文",则此 8 枚无字残片不属于柿:17.23;22.11;68.24;68.71;68.83;85.29;85.33;85.36。

2. 由于缺少残存厚度、彩色及背面图版等信息,我们依据红外正面图版、残长、残宽、残存形制和简文初步判断,其中有 58 枚不是柿,而是残断简,涉及的文书种类包括:

(1)书檄类文书

官府上行书:68.5;

官府往来书:97.7;

报书:78.47;

劾状:45.12。

(2)籍类文书

吏缺除代名籍:48.2+48.4;

卒日作籍:56.9;78.46;

吏未得俸及赋钱名籍:68.13;

被兵名籍:85.5;

衣物名籍:85.7;

出入名籍:78.36;

卒更日迹名籍:88.22。

(3)录课类

出俸刺:72.40。

（4）检：76.6＋76.7。

（5）券类文书

债券：78.43。

3.表中所列的柿涉及的具体文书种类包括：

（1）书檄类文书

官府上行书：7.2；17.34；68.6；

官府下行书：85.37；

司法文书：72.27；

官记：78.52；

私记：68.20；68.66；68.67；68.106；68.108；72.36；85.46；

传：68.78；97.9。

（2）簿类文书

俸禄簿：85.35＋85.45；

什器出入簿：85.4；85.28＋85.23；

钱出入簿：68.60＋68.34＋68.44＋68.51；72.35；

兵、守御器负算簿：68.41；68.63；68.65；68.95；68.105；68.109；

茭积簿：68.96；

谷簿：68.77；

兵完折伤簿：7.4。

（3）籍类文书

债名籍：63.3；72.37；

功劳墨将名籍：68.17；

车夫名籍：72.53；

廪食名籍：23.3；

卒廪名籍：72.51；

卒家属廪名籍：39.33；

吏奉赋名籍：72.28；

被兵名籍：50.3；

出入名籍：87.18。

（4）录课类文书

表火课：68.103。

（5）文书检：78.49＋78.31。

4. 据《居延汉简（二）》"增补表"，68.101 与 68.80 可拼合，拼合后的尺寸为残长 6.1、残宽 3 cm；但检视图版，两枚残片上的文字形体书写风格并不一致，68.101 的文字笔画明显较 68.80 粗，同一个"长"字，书写的形体完全不同。故两枚残片不可拼合。（见下图）

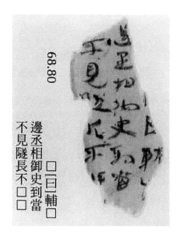

5.据《居延汉简(二)》"增补表",85.31 与 85.25 可拼合,拼合后的尺寸为残长 17.4 cm、宽 1.4 cm。今检视图版,两枚残简完整的宽度均为 1.3 cm,简上的文字书风、字间距均一致,当源自同一枚单行木简;但两枚残简残断的岔口完全不能吻合,85.31 与 85.25 不可直接拼合,作为两枚残断简比较妥当。(见下图)

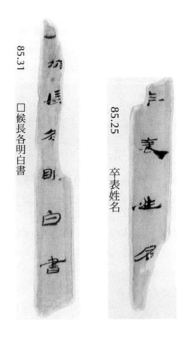

6.据《居延汉简(三)》"增补表",68.41 与 68.65 可拼合,拼合后的尺寸为残长 8.9 cm、残宽 2.1 cm。今检视图版,两枚残片上书内容似均源自兵、守御器负算簿,且文字书风较一致,当源自同一枚木牍;但两残片残断的岔口完全不能吻合,68.41 与 68.65 不可直接拼合,作为两片柿比较妥当。(见下图)

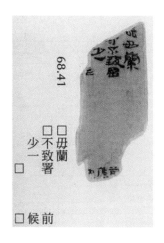

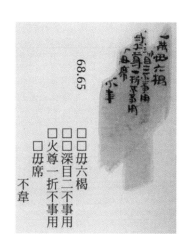

　　7. 据《居延汉简（二）（三）》"增补表",85.20、85.18 可与 85.8 拼合,拼合后的尺寸为残长 7.7 cm、宽 1.3 cm。今检视图版,三枚残简上的文字书风、字间距均一致,当源自同一枚单行木简;85.20、85.18 两片可左右拼合成一枚完整宽 1.3 cm 的断简,但再与 85.8 上下拼合时,残断的岔口却完全不能吻合,所以 85.20＋85.18、85.8 不可直接拼合,作为两枚残断简比较妥当。（见下图）

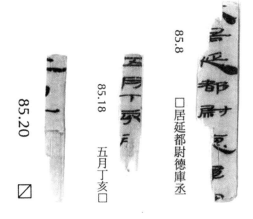

《居延汉简(二)》

简号	尺寸(长×宽)	释　文	备　注
101.33	12.2×2.1	居延甲渠第十二 隧长公乘程宣　　五凤二年□ 　　　　　　居延都尉	×
104.7	2×1.5	戍卒	
104.30	6.2×0.8	☑ □第一伍百□□□	
108.1	4.2×1.3	八月奉 给始元六年九月□	俸禄簿
108.2	9.3×2.3	□□□□	对大木简牍的 重复利用
108.3	7.8×2.1	□ □长□	对大木简牍的 重复利用,习 字柿
108.4	9.1×1.5	□ □□□□	对大木简牍的 重复利用,习 字柿
108.5	8.5×2.1	□君桑	对大木简牍的 重复利用,习 字柿
108.6	5×2	殄北候官	对大木简牍的 重复利用
108.7	9.5×2.6	□秦长卿 □	对大木简牍的 重复利用,习 字柿
108.8	7.7×1.6	□秦□	对大木简牍的 重复利用,习 字柿
108.9	8.5×1	□日积六十人=六升	× 糜出入簿
108.10	10.8×1.3	·宜禾第八即举火诸亭□□	× 似为表火出入 界刺

续 表

简号	尺寸(长×宽)	释　文	备　注
108.11	9.4×1.3	·宜禾第八独和金城·都	×
108.16	15.5×1.2	□□□□□□ ☑	对大木简牍的重复利用,习字
108.17	9.7×1.8	亲□□	对大木简牍的重复利用
108.18	9.3×1.2	□燔一积薪　列隧	× 似为表火出入界刺
108.19	9.5×1.6	候史包在所	×
108.20	7.1×1.1	虏有大众不去欲并入为寇	× 似为变事书
108.21	4.5×1	之谨	
108.22	5.6×0.6	□日入时□	
108.23	5.4×0.4	□□□□	
108.24	3.4×1.3	□	
108.25	5.7×0.8	□殄北守候塞尉□	×
108.26A	8.5×1.1	108.26A 望 108.26B ☑ 108.26C ☑	似源自残断觚存疑
108.27	6.4×1.1	□□□	存疑
108.28	8×1	□寅□	×
108.29	3.2×1.1	六升	
108.30	2.5×1.5	□	
108.31	6×1.2	☑	
108.32	7.3×1	□□□□	
108.33	6.8×2	□□	对大木简牍的重复利用
108.34	6×1.3		未见图版和释文

简号	尺寸(长×宽)	释　　　文	备　注
108.35	10×1.3		未见图版和释文
108.36	5×1	☑	
108.37	12.8×1.1		未见图版和释文
109.6	7.8×1.6	定陶令印 ☑	对大木简牍的重复利用
109.7	9.5×1.1	神爵元年四月壬午朔己酉佐解事 敢言 ☑	对大木简牍的重复利用 官府上行书
109.8	8.6×1.8	元康元年七月甲戌朔辛卯昭武长□□	对大木简牍的重复利用
109.9	11.8×1.9	印曰爨得令印 元康元年九月乙亥士吏平以来	对大木简牍的重复利用 函封
109.10(1)	9×1.1	□□□□　稾矢铜鏃千 　　　宝矢千二百其千七□ ☑	兵完折伤簿
109.10(2)	4.8×0.4	☑	与上枚重号
109.11	7.7×1	尉谊兼行都尉事□□	官府下行书
109.12	8.4×0.6	□一人□贤等二人八月食　𠂤	存疑 似为谷出入簿
109.13	10.7×1.9	☑ □毕	×
109.14	9.3×1.6	佐敞 佐建　□	对大木简牍的重复利用
109.15	7×1.3	到罢复传木郭辟□□	右侧有墨迹，为多行大木简
109.16	9.6×1.7	□守卒史贤爨得人 ☑	对大木简牍的重复利用

简号	尺寸(长×宽)	释　文	备　注
109.17	7.1×1.5	再拜	对大木简牍的重复利用
109.18	8.8×1.8	如律令 □贤狱史幸光	对大木简牍的重复利用 劾状
109.19	9.6×1.6	爵二级为	对大木简牍的重复利用 以令赐爵名籍
109.20	7.1×1.4	□□□□	存疑
115.7	5×1.1 1.9×1.4 4.7×2 4×1.5 5.2×0.7	☑　□□　□尺竟卒	存疑 后两枚残片未附图版
117.40	4.4×0.9	□□□□□□□ 　共得千七百四 　　　□	簿籍类文书
118.2	4.4×0.9	出麦二石	× 上端平整 麦出入簿 与119.54类同
120.54	3.2×0.9	□□□	
120.55	2.8×0.9	里朱世年廿五	簿籍类文书
120.56	3×1.1	阜布复袍一领 练复前袭一领	衣物名籍
120.57	4.9×1.4	□须曳□ 　□	
120.58	2.6×0.4	石二斗二升	簿籍类文书
120.59	3×1.4	□ □喜	
120.60	3.3×1.9	本始五年	

简号	尺寸(长×宽)	释　　文	备　注
120.61	6.3×1.2	再拜言 □马足下□	书信(私记)
120.62	4.5×1.6	寸	
120.63	2.5×0.8		未见图版和释文
120.64	2.4×1	下	
120.65	3.2×1.3	史遂□	
120.66	3.8×0.7	□□	
120.67	3.2×1.5	□	
120.68	3.3×1.3	□五十二石□	簿籍类文书
120.69	4×1.8	□□□	
120.70	3.9×1.4	□谒言史	官府上行书
120.71	4.3×1.5	☑ □守乘蓬	
120.72	3.3×1.4	满五日	
120.73	3.3×1.3	再拜请	私记
120.74	2.8×1	河内□ □□	
120.75	3.1×1.2	□有方一	簿籍类文书
120.76	4.1×0.9	牛꞊六升　牛□和 　　　十四石四斗	簿籍类文书
120.77	2.4×1.2	再拜	似为书信(私记)
120.78	3×1.4	□□	
120.79	3.6×0.9	□□	
120.80	4×0.9	炎□□□	
120.81	2.5×1.3	□□□ □□□	

续　表

简号	尺寸(长×宽)	释　　文	备　注
120.82	2.4×1	八十七人病	病名籍
120.83	2.2×1.1	□□ ☒	
120.84	3.5×1.1	□ 乙酉	
120.85	2.7×1.2	□釦 □□☒	
120.86	2.5×1	□□	
120.87	3.7×1.2	☒ 绛少六	
120.88	2.7×0.7	吏曰□	
120.89	1.5×1.1	百人 □	
120.90	1.6×0.8	日谨	
120.91	2.4×0.9	□□	
120.92	2.9×0.8	□出入	
120.93	4.3×1.1	□ □□□□□	
120.95	3.7×1.2	驿马	
120.96	2.3×1.2	百	
120.97	3×0.7	☒	
120.98	2×0.9	□□	
120.99	3.2×0.9	□广官见	
120.100	2×0.8	□丞□	
120.101	1.7×1.1	掖肩	
120.102	2.6×0.9	□□□	
120.103	3×0.8	四寸　□□	
120.104	2.9×0.9	相属以故	

简号	尺寸(长×宽)	释　文	备　注
120.105	2.4×1	□ □	
120.106	1.7×0.9	矢三百	簿籍类文书
120.107	2.7×1.3	蓬火出塞 □□□□□	
120.108	2.2×0.7	披肩水	
120.109	3.2×0.6	□□□□	
120.110	2.2×1.1	☑ □背畔不□ □□□□	
120.111	2.5×0.6	十二石□	
120.112	1.8×0.7	□□	
120.113	2.1×0.5	□□□	
120.114	1.7×0.6	□领	
120.115	3.7×0.4	□　□□ 　　□□	
120.116	2.7×0.4	第五□	
120.117	2.4×0.6	□	
120.118	1.7×0.8	□□□	
120.119	2.1×1	□	
120.120	3×0.5	☑	
120.121	0.5×0.3	□	
120.122	1.2×0.9	□	
120.123	1.8×0.8	□□	
120.124	1.6×0.5	□	
120.125	2.9×0.7	□ □　□□	

简号	尺寸(长×宽)	释　文	备　注
120.126	1.5×0.8	□ □	此为单行简，残存墨迹为一个字
120.127	1.1×0.4	□□	
120.128	1.9×0.6	□	
120.129	1.6×0.7	吏	
120.130	3.7×0.6	□□□	
120.X1	1.2×0.8	课	
120.X2	2.1×0.5	□	
122.2	8.2×1.2	甲渠官　张宗印	对大木简牍的重复利用
122.3	6.5×1.4	□□□为隧载□	对大木简牍的重复利用
122.34	7×2	□毌　□	对大木简牍的重复利用
122.35	2.4×1.6	☑ ☑	
122.36	2×1	□□	
124.6	5×0.8	□□□□□□□	存疑
124.7	7.9×1.3	□一　　木臼一 □一　　椽一在徐庄所 　□　　☑	似为什器出入簿
124.13	5.4×1.5	再拜	似为书信(私记)
124.16	5.3×1	刂□肃□	存疑
306.22+ 124.17	14.6×1.3	千户一人复身毋有所与身不当事者复其家一□	×
124.18	3.3×1.4	幸甚来者 　□□	私记

简号	尺寸(长×宽)	释　　文	备　注
124.19	5.1×1.3	□□二百再行	存疑
124.20	4.1×1.9	□ □□从史=言 □遣福将□□	对大木简牍的重复利用
124.21	4.7×1.4	□ 　今省佰使	对大木简牍的重复利用
124.22(1)	1.9×0.5	□元□	
124.22(2)	2.9×0.7	□□□	与上枚重号
124.23	4×1.5	益寿伏地再 　　□□	书信(私记)
124.24	2.9×1.9	□闻□	
124.26	1.7×1.1	爰	似为爰书
124.27	4.9×0.7	·右责	似为债名籍
125.2	2.7×1.4	□九月海日	
125.3	4.6×0.8	再拜	私记
125.4	3.9×0.8	东南五十九里	或为邮书课
125.5	4×2	☑	
125.6	2.5×1.2	□□	
125.7	2.5×1.6	□□□	
125.8	2.5×0.8	地节	
125.9	1.3×1.1	陇西大	
125.10	1.3×1.3	□□	
125.15	1.6×1.5		未见图版和释文
125.16	1.6×1.8		未见图版和释文
125.17	2.1×1.4		未见图版和释文

简号	尺寸(长×宽)	释　　文	备　注
131.68	5.4×1.5	虏隧卒庄同□ ☑	
131.69	2.7×0.9	□□ 故爨	
131.70	4.2×0.9	肩水□	
131.71	1.9×0.7	召之	
131.72	3.5×0.7	☑ 亶矢百五十 ☑	簿籍类文书
131.73	2.3×1.2	☑ ☑	
131.74	2.2×0.5	肩水候官	
131.75	2.5×0.6	正月乙卯□	
131.76	2.3×0.6	□朔壬辰□	
132.21	5×1.1	□还诣官	入官刺
140.13	14.3×1.1	☑	×
140.23	11.6×0.9	☑	×
146.66	2.7×0.7	☑	
147.11	4×1.1	七岁六月廿一日	功劳墨将名籍
147.12	5.1×1	□□	
147.13	5.9×1	☑□□吏	
147.14	4.3×1.5	获	*存疑*
147.15	5.2×0.7	□□	*存疑*
147.16	4.3×1.1	□延□	
147.18	3.7×1	□□	
147.19	3.7×0.9	□	
147.20	5.6×1	☑	

简号	尺寸(长×宽)	释　　文	备　注
147.21	2.7×1	☑	
147.22	5.5×1.3	☑	
147.23	4.3×1.3	□三年	
147.24	2.4×1.4	☑	
147.25	5×1.4	布□	
149.60	3×1	戍卒昌邑国□	× 卒名籍
150.3	4.4×1	□□□□□□	存疑
150.4	5.8×1.1	□年卅三	
154.31	2.4×0.9	始建国天凤	×
156.4	4.5×1.7	辅平居成甲沟候官塞庶士候 为辅平属居成三十井候官塞庶士□ □□□成□□候官塞庶士候	对大木简牍的 重复利用
156.11	2.3×1.1	□史史	
159.25	9×2.2	□刀二	对大木简牍的 重复利用
159.26	5.3×1.6	斗三升少	簿籍类文书
159.27	3×1.2	☑ 子文足	书信(私记) 参见 68.20
159.28	5.8×2.4	伏地再拜言君□	书信(私记)
159.29	5.1×1.1	甲渠塞尉	存疑
159.30	7×2.7	·尉丞男付□ ☑	对大木简牍的 重复利用
159.31	3×1.2	□言	
159.32	1.8×0.7	□□	
162.1	5.8×1	豆六十六　公乘	竹质 上端及左右侧 均平整 × 以令赐爵名籍

续 表

简号	尺寸(长×宽)	释　文	备　注
162.2+ 162.19+ 162.7	27.3×1	豆五十四　公乘鄣池阳里陈穂　老 　　故小男丁未丁未丙辰戊寅乙亥癸 巳癸酉令赐各一级丁巳令赐一级	竹质 中段左右侧基 本平整 × 以令赐爵名籍
162.3	12×0.2	☑	竹质 仅存弯曲的 一缕 × 以令赐爵名籍
162.4	11.4×2.3	甲渠候官	对大木简牍的 重复利用 上端及上半段 右侧平整,下 半段空白
162.5	7.3×1.3	□宜春里□伣□□　　白韦 　　　　　　　白布□ 　　　　　　　□□	衣物名籍
162.6	11.7×1	令赐一级　元康四年令 ㇏ 女□	竹质 左右侧平整 × 以令赐爵名籍
162.16+ 162.8+ 162.11	23.5×1.1	□□　公乘鄣左都里崔黄　卒　故 小男丁未丁未丙辰戊寅乙亥癸巳癸 酉令赐各一级丁巳令赐一级	竹质 左右侧平整 × 以令赐爵名籍
162.9	12.7×0.9	豆卅四　公乘鄣原里孟幸　卒　故 小□	竹质 右侧平整 × 以令赐爵名籍
162.10	26.2×0.8	豆□□□　　公乘鄣池阳里解清　老 　　故小男丁未丁未丙辰戊寅乙亥癸 巳癸酉令赐各一级丁巳令赐一级	竹质 上端及右侧 平整 × 以令赐爵名籍

简号	尺寸（长×宽）	释　　文	备　注
162.17＋ 162.12	26.9×1.1	豆五十九　公乘鄡赐里史充　卒 故小男丁未丁未丙辰戊寅乙亥癸巳 癸酉令赐各一级丁巳令赐一级	竹质 上端及右侧平 整，下半段左 侧平整 × 以令赐爵名籍
162.13	18.5×1	□脱毋绁　卒　故小男丁未丁未丙 辰戊寅乙亥癸巳癸酉令赐各一级丁 巳令赐一级	竹质 右侧及下段左 侧平整 × 以令赐爵名籍
162.14	25.5×1.1	豆卅七　公乘鄡宋里戴通　卒　故 小男丁未丁未丙辰戊寅乙亥癸巳癸 酉令赐各一级丁巳令赐一级	竹质 上端及左右侧 平整 × 以令赐爵名籍
162.15	16.6×1.1	豆卅三　公乘鄡原里马丙　大　故 小男丁未丁未丙辰□	竹质 上端及左右侧 基本平整 × 以令赐爵名籍
162.18	20.5×0.9	□赐里陈义　☑	竹质 右侧及中段左 侧平整 × 以令赐爵名籍
162.20	7.2×0.6	豆卅五　公乘鄡□□□□	竹质 上端及左侧 平整 × 以令赐爵名籍
169.11	1.8×0.9	少史	
169.12	3.7×1.3	□皆置中郎将	

续 表

简号	尺寸(长×宽)	释 文	备 注
171.13	8.1×2.3	□乙亥张掖肩水都尉 传舍从者如律令	对大木简牍的重复利用
171.14	4×1.6	☑	
171.15	6.1×1.2	一□四	
171.25	3.1×1.7		未见图版和释文
176.2	3.6×0.7	□□一□亡时衣□	存疑
176.19	4.1×0.7	□□山尊付甲渠候	邮书刺
177.5＋177.6	5/3.2×1.2	禹谨请□卅子山　□归书 　　　　　　　□	似为书信(私记) 拼合后尺寸为8.2×1.2 cm
184.13	6×1	壬　蚤	存疑,有烧痕
190.17	11.6×1.2	□君□□　□ □□□　子光	似为书信(私记) 对大木简牍的重复利用
191.6	4.4×1.3×0.1	□延益部吏趣逐	据残存厚度判断为柿
191.7	5.6×1.1	□今故书记相闻□	似为书信(私记)
195.1	7.6×1.7	□言□ 修书	对大木简牍的重复利用
195.2	6.8×1.2	六月乙巳令史宣受 □□□□□□	对大木简牍的重复利用
195.3	5.8×1.3	问甲渠候汉彊言	× 上端平直,下端为残断痕迹
195.4	7×1	私印行事谓	× 官府下行书

简号	尺寸(长×宽)	释　　文	备　注
195.5	14.2×1.5	卯甲渠鄣候喜谓第四候长	×
195.6	4×1.2	步复入塞	
195.7	8.8×0.8	☑北行五十□	同125.4 或为邮书课
195.8	4×0.6	□□□吏□	
195.9	4.4×1.1	□□□□□	
196.1	2.9×1.2	□见□	
196.3	3.8×1.2×0.2	□	
200.1	6.2×1	□邛秘大经	×
202.9	4.5×1.6	神爵元年正月卅日 二月卅日	存疑 疑与202.17 有关
202.10	6×1.7	□□□□ □知之当以父先令户律从	疑与202.11＋ 202.15＋202.22、 202.23 有关； 为先令券书
202.11＋ 202.15＋ 202.22	15.3×2	□□□□父病甚之县南乡见啬夫□ 以为先令券书家财物一钱以上□ 　　辨券中辨在破胡父□□啬夫 □□□二年三月癸丑□ 　　　　　□□	疑与202.10、 202.23 有关； 为先令券书
202.12＋ 202.20	13.4×3.4	□□□胜不□□□□□ □谨之慎候望□□ □强奉酒食察事 ☑	书信(私记)
202.13	4.9×1.3	□□ 　□	存疑
202.14	6.7×2.2	☑	对大木简牍的 重复利用

续　表

简号	尺寸(长×宽)	释　　文	备　注
202.16	4.4×1.3	□徼迹簿一编□	"迹"下有右边一行的残存笔迹,故为多行简; 日迹簿
202.17	10.8×1.2	月卅日　　　三 月廿九日　　□	存疑; 疑与202.9有关
202.18	7.8×1.1	爵二年秋以令射发十二矢中帚六当	× 吏射名籍
202.19	5.6×1.3	□□　　□□ 　　校	存疑
202.21	3.6×1.1	□光适男孙□	存疑
202.23	3.7×1	□□ □曰破胡男□	疑与 202.10、202.11+202.15+202.22有关; 为先令券书
202.24+ 202.28	3.9×0.8	候官	
202.25	3.2×1	神爵三年□□	存疑
202.26	6.3×1.1	□责　□　交钱千□□ □	似为债名籍
202.27	3.2×0.8	□言	
203.50	10.9×1.1	之令入	× 完整简宽即为1.1厘米
203.57	3.3×1.6	☑	

［按］

《居延汉简(二)》中,整理者共收录柿264片(经拼合后)。

1. 该书中有 8 处"未见图版和释文",则此 8 枚无字残片不属于柿:108.34;108.35;108.37;120.63;125.15;125.16;125.17;171.25。

2. 由于缺少残存厚度、彩色及背面图版等信息,我们依据红外正面图版、残长、残宽、残存形制和简文初步判断,其中有 35 枚不是柿,而是残断简,涉及的具体文书种类包括:

(1)书檄类文书

官府下行书:195.4。

(2)簿类文书

麦出入簿:118.2;

糜出入簿:108.9。

(3)籍类文书

吏射名籍:202.18;

卒名籍:149.60。

(4)变事书:108.20。

(5)表火录

表火出入界刺:108.10;108.18。

3.《居延汉简(二)》中,整理者收录了 13 枚竹质柿:162.1;162.2+162.19+162.7;162.3;162.6;162.16+162.8+162.11;162.9;162.10;162.17+162.12;162.13;162.14;162.15;162.18;162.20。据简文,这 13 枚竹质柿来源于同一"以令赐爵名籍"简册。经我们判断,均为残断竹简,而不是柿。

4. 表中所列的柿涉及的具体文书种类包括:

(1)书檄类文书

官府上行书:109.7;120.70;

官府下行书:109.11;

劾状:109.18;

爰书:124.26;

私记:120.61;120.73;120.77;124.13;124.18;124.23;125.3;159.27;159.28;177.5＋177.6;190.17;191.7;202.12＋202.20。

（2）簿类文书

兵完折伤簿:109.10(1);

俸禄簿:108.1;

日迹簿:202.16;

谷出入簿:109.12;

什器出入簿:124.7。

（3）籍类文书

衣物名籍:120.56;162.5;

功劳墨将名籍:147.11;

病名籍:120.82;

债名籍:124.27;202.26;

以令赐爵名籍:109.19。

（4）符券类文书

先令券书:202.10;202.11＋202.15＋202.22;202.23。

（5）录课类文书

入官刺:132.21;

邮书刺:176.19;

邮书课:125.4;195.7。

（6）检楬类文书

函封：109.9。

此外，下列残片据其简文内容，大致可判断出其为簿籍类文书：159.26；131.72；120.106；120.76；120.75；120.68；120.58；120.55；117.40；104.30。

《居延汉简(三)》

简号	尺寸(长×宽)	释　　　文	备　注
212.24	4.5×1	河平三年十一月	上端及右侧平整
212.25	6.8×1	□□癸亥出　□	右侧平整
212.26	8.1×1.3	□候□谓左前候长	× 下端"候"字两侧平整，原为单行简
212.27	5×1	□□□□	右侧似平整
212.28	2.8×0.8	河平三年□	右侧似平整
212.29	2.2×3 6.1×2.1	□□　　□□建阳里男子□□自言 年十六　□当得取传正□□证□ □□谒移	传(私事用传)
212.30	6.6×1.4	□ □□外黄☑	烧痕
212.31	4.5×1.3	□□□□ 　□□□	
212.49＋ 212.80＋ 212.53＋ 212.32＋ 212.79＋ 212.77	9.9×3 6.7×2.6	年十月己丑朔乙酉肩水　广地塞尉 □各如牒书到出毋出令　□留如律令	似为传 第一片柿左右两侧平整，第二片柿右侧平整 烧痕；原为两行简
212.33	3.3×1.7	起居毋 □□	私记

续　表

简号	尺寸(长×宽)	释　　文	备　注
212.34	2.8×0.6	河□□	
212.35	6×1.5	☑	
212.36	2.9×1.1	☑	
212.37	3.4×1	石门洛女子李□	左侧平整
212.38	7.3×1.5	□□□ □□□□居延□	
212.39	3.3×1.2	出赋钱千八百	两侧平整 似为吏未得俸 及赋钱名籍
212.40	4.9×1.6	高□□□□	
212.41	3.4×1.3	□□□□	
212.42	3.1×1	甲寅朔	右侧平整
212.43	2.4×2	□ 令史敞	左侧平整
212.44	3.5×0.9	☑	下端平整
212.45	4.6×1.2	□ □县召褒□	
212.46	2.8×0.8	□□	
212.47	5.7×1.8	□ □到实出内毋	左侧平整
212.48	3.5×0.7	十一月□□	左侧平整
212.50	3.8×1	□ □丈人家室	
212.51	4.6×1.9	□令史出入	
212.52	7×1.9	□□一 　□己卯□□□候长	
212.54	7.7×1.3	白薜一　□	
212.55	5.3×1.8	有秩护佐　敢言之□ 案况更赋给乡里	"更赋"另见 505.37A 官府上行书

简号	尺寸(长×宽)	释　　文	备　注
212.56	5.8×1.1	与彭□谨案 律令敢言之	□改为俱① 官府上行书
212.57	4.6×1.3	☑□□史	下端平整
212.58	5×1.1	□自言取传□ □□	传(私事用传) 右侧平整
212.59	9.9×1	出钱二万三千九百□□	钱出入簿
212.60	6.5×2	□乐公乘 □□□	
212.61	5.3×0.8	□马□□□	
212.62	5.4×0.8	十一月丙戌入	
212.63	7.7×1.4	□ /掾宣令史□	上部左侧平整
212.64	7.3×1.2	□　　　仁	
212.65	8.2×1.4	□阑厩啬夫千秋里马敞年卅七□	存疑 单行简,左右 两侧平整
212.66	5.8×1.9	☑□□□□ /掾威令史	左侧平整
212.67	4×2.2	尚□	右侧平整
212.68	4×3.2	水候官	右侧平整
212.69	4.2×1.3	传马十二匹 传车二乘	参见 203.39 上书"传马名 籍"
212.70	4.5×1.1	书到出入	或为致 右侧平整
212.71	9.5×0.7	☑□□年廿七　庸同县和□	存疑; 佣名籍 左侧平整
212.72	2.2×0.8	□□ □车□	

---

① 见《居延汉简(四)》第 353 页"第一、二、三册勘误表"。

续　表

简号	尺寸(长×宽)	释　　文	备　注
212.73	5.1×0.8	糺中已遣□□日	左侧似平整
212.74	3.8×0.8	都尉府	
212.75	3.5×1.2	叩头=	
212.76	4.5×2.2	守候□□ □	右侧似平整
212.78	4.1×1.3	□□	上端及右侧平整
212.82＋ 212.81	10.5×2	□□□ □四时肩水□当舍传 /掾严尉史谭	存疑； 公务用传 左侧及下端平整
212.83	5.8×1.2	/掾□	右侧平整
212.84	4.3×1.4	/尉□	
212.85	3×1.2	所□□	
212.86	6.3×2.2	十一月庚辰 □□如律令	左下侧平整
212.87	7×1.7	☑	
212.88	8.1×1.2	☑	存疑
212.89	7.6×1.7	☑	存疑 上部左右两侧似平整
212.90	4.8×1.8	□	
212.91	4.7×1	□	
212.92	2.3×0.7	□	
212.93	2.3×1	□□	
212.94	4.1×1.4	罪不 □□	
212.95	3.1×1.7	□	下端似平整
212.96	4.2×0.9	□□□	右侧平整
212.97	2.8×1.1	里公乘□	

简号	尺寸(长×宽)	释　　文	备　注
212.98	3.1×1.2	□□	
212.99	2.1×0.9	□□	
212.100	2×0.8	□□□	
212.101	3.6×1.1	□谨=之=弟毋	
212.102	2×0.6	□□□□	
212.103	1.6×1.2	☑	
212.104	4.6×0.4	戍卒汝南郡召陵阳里公乘□□	或为卒名籍
212.105	1.5×0.6	如即	
214.124	7.5×1.3	或覆问毋有云何得盗械	存疑 左侧平整
214.126	11.1×1.2	诚北隧戍卒鱳得益昌里盖奴　有方一	× 被兵名籍 左右两侧平整， 原为单行简
214.127	8.4×1.3	□县爵里年姓官秩它	存疑 爰书 左侧及下端 平整
214.129	5.5×1.1	殄北□十五	右侧平整
214.130	5.8×1.2	☑ □□□□□□□□□□□	右侧平整
214.132	8.9×0.5	元延三年六月乙酉朔壬子□□	存疑 右侧平整
214.133	7.9×1.2	□之有反问未闲元不得见未闲□ □怒力谨之强饭自爱出入辟火当	私记 "怒力"词另见 505.43B＋ 505.38B＋ 502.14B、 EPT65.53B、 八八 DYTGC： 四 B 辟火改为辟 小人①

① 见《居延汉简(四)》第 353 页"第一、二、三册勘误表"。

简号	尺寸(长×宽)	释　　　文	备　　注
214.134	4.5×2.1	甲渠鄣守	上端及右侧平整
214.135	4.8×1.5	□百石属即日署计廿	存疑 左右侧平整，原为单行简
214.138	4.7×1.2	之酒七月	存疑 右侧平整
214.140	3.5×1.5	谨移戍卒	右侧平整 报书
214.141	3.2×1.6	使门□	左侧平整
214.142	4.5×0.8	充贵敢言	右侧平整 官府上行书
214.143	4.2×1	渠鄣候	
214.144	4.4×1	胡落如品式	或为品(守御器品) 右侧平整 "胡落"另见73EJT10：357
214.145	3.4×1.2	庚申	左侧平整
214.146	11.7×2.2	□□毋留 张君卿欲为 □卿＝所□□□	私记 疑与214.157、214.158、214.159有关
214.147	3.4×1.1	□午朔己未	
214.148	2.6×1.1	□五年秋以令 □都尉赏□	右侧平整
214.149	12.7×1.2	得七月尽九月奉故常遣尉□	× 疑为吏未得俸及赋钱名籍 上端及左中侧、右侧平整，原为单行简

简号	尺寸(长×宽)	释　　文	备　注
214.150	12.9×1.8	□□□□ □□当遂里	× 左右两侧基本平整，原为两行简 简面大部空白
214.151	12.4×1.4	尉史常　出钱八十	存疑 钱出入簿 上端及右侧平整
214.152	12.6×1.2	诣官会今毋忽如律令	× 疑为官记 左侧及右下侧平整，原为单行简
214.153	5.8×0.9	俱南隧长周尊粟三石三斗三升少□	× (隧别)廪名籍 左右两侧平整，原为单行简
214.154	7.8×1.2	□□史驰逐捕□	存疑 左右两侧平整，原为单行简
214.155	2.5×1	□□ 五月辛巳	左侧平整
214.156	2.8×0.9	□甚毋状	左侧平整
214.157	16.2×1.7	□卿坐前善毋恙顷者久不相见得毋 隧长王卿行塞具吏卒良部卒三人☑ □□	私记 疑与214.146、214.158、214.159有关
214.158	12.2×2	☑□□哀怜 □命叩头及□	私记 左上侧平整 疑与214.146、214.157、214.159有关

简号	尺寸(长×宽)	释 文	备 注
214.159	9.1×1.9	□□ □史言器物鞍马皆□ □□候□□□□	疑与 214.146、214.157、214.158 有关
214.160	2.2×1.1	甲渠第廿一□ □五年九	
214.161	3×1.2	□丙申加短□	
214.X1	2.8×0.5 1.7×0.5	□□□　□	
214.X2	1.3×0.9		未 见 图 版 及释文
214.X3	1.4×0.8		未 见 图 版 及释文
214.X4	1.9×0.9		未 见 图 版 及释文
214.X5	3.3×0.7		未 见 图 版 及释文
215.34	3.1×0.9	□□	两侧似平整
215.35	3.1×0.9	□□	下端平整
215.36	1.6×0.6	□肩□ □□□	
215.37	2.9×0.8	□之□	左侧平整
215.38	2.8×0.6	□不敢留□ ☑	
215.39	2×0.5	☑ □□□	
215.40	1.5×0.4	百□	
215.41	1.3×0.7	□□	
216.1	5.9×1.4	□史告居延属国部 □以文理遇士卒	府檄

简号	尺寸(长×宽)	释　　文	备　注
216.14	3.1×1.1	卒人 □□安乐卒	
216.15	3.2×1	善毋恙甚	私记
216.16	2.3×0.9	☑	
216.17	2.3×0.4	足下□	似为私记
218.1	8.8×1.3	□月丁酉居延令弘丞江移过所县	存疑 传 上端及左侧平整,似为单行简
218.2	15.2×2.1	□　　　☑里韩弟自言□ □充光谨案户籍在官者弟年五十九毋官狱征事愿以令取传乘所占用马八月癸酉居延丞奉光移过所河津金关毋苛留止如律令/掾承□	× 传(私事用传) 简文内容与218.78相关 左侧平整
218.3	9.1×1	□令史光敢言之遣中部坞长始昌送诏狱所遝□ □□□□□☑	右侧平整 官府上行书
218.50＋ 218.4	10.7×1.1	年十一月壬申朔丁丑陶乡啬夫定佐博敢言之益利里公士程相自言与 □□长七尺四寸黑色☑	右侧平整 官府上行书 ×
218.5	8.6×1.3	牛车如牒实出入敢言	存疑 官府上行书 左侧平整,似为单行简 另参见37.51"牛车各如"
218.6	3×1.4	五凤三年二月戊申	上端及右侧平整
218.7	9.3×1.6	皆皆皆皆皆皆皆	× 习字杮 右侧平整

续　表

简号	尺寸(长×宽)	释　文	备　注
218.8	14.2×3.2	□	存疑 下端及右侧平整,简面大部分空白
218.9	13.9×1.9	□□史□　安来□	存疑 上端及右侧平整
218.10	4.7×1.8	□　□ 二千□□文留	下端平整
218.11	9.3×0.9	都尉府传□	存疑
218.12	7.5×2.2	博伏地再拜記 中前与苦过府□□□幸厚□□	私记 上端平整
218.13	8.9×0.5	田卒河南郡菀陵邑□□里□□□□□	× 卒名籍 上端及右侧平整
218.14	2.9×0.9	五凤三年六月 ☑	存疑 上端及右侧平整
218.15	5.3×1	□意弓信年廿八字□	吏卒名籍 右侧平整
218.16	5.6×1.2	宣伏地再拜	疑为私记 左侧平整
218.17	6×1.8	□	存疑 左侧似平整
218.18	13×1.6	□□□ 胡子池　薛游 侯幼君　庄寅 　□	存疑
218.19	5.9×1.4	复教督□□	
218.20	9.3×1.8	□□□地节	存疑 上端及右上侧平整

简号	尺寸(长×宽)	释　　文	备　注
218.21	7.2×1.7	□伏地再	存疑 私记 上端及右侧平整
218.22	9.2×1.9	伏地再其其	私记 右侧平整
218.23	6.4×1.8	☑ 其二人养　　　　　　　□ 四人□□茭　　　　　　□ 　☑·定作廿五人　十□	日作簿 右侧平整
218.24	4.8×2.5	□案	
218.25	7.4×1.6	禹伏地再拜	似为私记
218.26	4.7×1.5	□	上端及右侧平整
218.27	6.1×2.8	言为家私市张掖居延 　四月癸巳尉史宗敢言之 　　□	官府上行书
218.28	4.3×1.5	子 　□	存疑
218.49＋ 218.29	7×1.5	□督足下善毋恙苦临事 前使隗子元持记予子文言	私记 左侧平整
218.30	4.2×1.6	□敢言之 所县道毋苛留	官府上行书 前接218.34 左侧平整
218.31	5.7×1	□□蓬里公乘苏解自言	× 似为债名籍 两侧平整
218.32	6.2×1.1	□市居延县谒移过	传疑与218.48有关 右侧平整
218.33	9.4×3	□再拜 □	似为记

续　表

简号	尺寸(长×宽)	释　　文	备　注
218.34	9.9×1	☑ 十一月壬子长安令　守左丞起移过□	传 后接 218.30 上端及左侧平整
218.35	8.3×1.2	己酉士吏治	存疑 右侧平整
218.36	5×1.7	□官狱征事当得□ 广移过所肩水金	传 左侧平整
218.37	3.1×1.7	居延甲候	上端及右侧平整
218.38	3.2×0.7	付候长傅万	右侧平整 似为邮书刺
218.39	6.1×1.1	□见□□	右侧平整
218.40+ 218.46	4.2×1.1	奸隧	
218.41	3×1.2	候官百廿九里 □□里	似为传置道里簿
218.42	3.2×1.8	元康三 私市张 □□□	似为传 上端及右侧平整
218.43	2.9×1.9	告尉史 当为传谒□	传
218.44	4.4×2.4	□ □	
218.45+ 218.62+ 218.54	7.1×1.7	□　□□□ 汜中叔奉书伏地再₌拜	私记 疑与 218.47 有关
218.47	3.7×1.2	□□□□□ 节宪伏地再	私记 疑与 218.45+ 218.62+218.54 有关

简号	尺寸(长×宽)	释　文	备　注
218.48	6.2×1.4	里男子郑安自言持牛车一两	传 疑与 218.32 有关 右侧平整
218.51	4.8×1.4	□者足	
218.53＋ 218.58＋ 218.52	7.7×1.8	□□□□□□□□ □书囚遝事谒移过县邑侯国 丞贤士移过所县邑侯国	传 左侧平整
218.55	3.5×1.8	□亦尝□ □弗□	
218.56	3.4×1.1	□肩水候官	左侧平整
218.57	2.6×0.6	百廿里 □□	
218.59	3.5×1.1	十二月□	左右两侧平整
218.60	1.9×0.9	书记 □□	
218.61	1.9×1.4	子文容 取车君	
218.63	2.3×1.1	钱曹	
218.64	3.9×1.1	□府如律令	下端似平整
218.65	3×1.6	持牛车一	传 "牛车"右侧可 见残笔，当 补□
218.66	2.8×1.3	□奉亲敢言之 言之	"亲"字右侧可 见残笔，当 补□ 官府上行书
218.67	4.6×0.4	□月	
218.68	8.6×2.2	□□□□□	

续　表

简号	尺寸(长×宽)	释　　文	备　　注
218.69	3.5×0.7	□	
218.70	4.2×0.9	□犯	存疑 上端及左侧 平整
218.71	3.9×1.2	张	下端及右侧 平整
218.72	4.3×1.8	□□	左侧平整
218.73	1.7×1.3	□ □	左侧平整
218.74	4.2×1.5	□敢	左侧平整
218.75	5×0.9	□□	左侧平整
218.76	8.2×1.3	□□□□□□ ☑五年十二月☑	× 上端及右侧平 整,左下侧平整
218.77	7×1.4	☑	存疑 左侧平整
218.78	4.6×1.7	戊辰朔癸酉□ 乘□□过所县河津 延丞奉光移过所□	存疑 传(私事用传) 简文内容与 218.2相关 右侧平整
218.79	3.1×1	□□	左侧似平整
218.80	3.8×1.4	□□	
218.81	2.5×1.3	□□ 　　□□	
218.82	1.6×1.1	□	
218.83	3.3×1.3	□□□ 　　□□	左侧平整
218.84	3.6×0.8	□□□□	

简号	尺寸(长×宽)	释　文	备　注
218.85	3.9×0.5		未见释文和图版
218.86	2.2×0.7	□矢万	疑为校簿(据箭矢数目推断)
219.61	2.6×1	□奉	左右侧平整
219.62	4.3×0.8	□□□□□	右侧似平整
219.63	2.7×1.3	□	
219.64	1.9×13	□□	
219.65	3×0.8	□□□□□	右侧平整
219.66	2.2×1.3	□□	
219.67	2.2×0.9	□申	右侧平整
227.2+227.52	14.2×0.9	枪　五十　五十　五十　五十	× 簿类文书 上端及右侧平整
227.3	13.8×1.6	初元五年八月辛丑朔辛亥甲渠鄣候喜□ 　　　　　　　　　　　　　　　□	× 上端及右侧平整
227.4	15.5×0.9	——　—　—　—	× 左侧及下端平整
227.5	4.8×1.2	候者言有虏兵气其惊敬 始元五年四月辛亥下 ☑	× 右侧及下端平整 内容可参见悬泉汉简ⅠT0116②:54
227.6	8.4×2.8	甲渠□	上端及右上平整

简号	尺寸(长×宽)	释　　文	备　注
227.7	11.9×1.3	自占书功劳墨将□□□上	× 功劳墨将名籍 左侧平整
227.8	15.9×2.1	髡钳城旦孙敞坐贼伤人初元五年七月庚寅论初元五年八月戊申以诏书施刑故骑士居延广郡里 完城旦□万年坐兰渡塞初元四年十一月丙申论初元五年八月戊申以诏书施刑故戍卒居延广 甲渠候官初元五年谨延袤□隧簿 　□延袤二百十里九十三步	× 坐罪名籍 上端及右侧平整
227.9	13.6×2.3	敢言之令	官府上行书
227.12	8.2×1.9	居延甲渠弟六隧长公乘王常利　□	× 籍类文书 上端及右侧平整 "公乘王常利"文例见485.17＋485.18
227.14	4.9×1	甲渠候官河平二年三月邮书南□	× 邮书刺 上端及右侧平整
227.15	10×1.8	□长安世自言常以令秋射署功劳即中帑矢数于牒它如爱　　□	× 爱书
227.16	7.6×1.1	年□ 长□	×
227.17	5.2×1	□	
227.18	6.5×1	布蓬　六	存疑 上端及左侧平整
227.19	3.7×1.2	□□候长胡霸	

简号	尺寸(长×宽)	释　　文	备　注
227.20	5.4×1.1	□候史定	
227.21	13.6×2.1	□	×
227.22	8.5×0.9	五　五	右侧平整 疑与 227.65 有关
227.23	5.1×1	□官	
227.24	6.1×0.9	木枓　二	× 上 端 及 右 侧 平整 "木枓"文例见 89.21、438.1
227.25	12.5×1.3	□□□再拜	× 右 侧 及 下 端 平整
227.26	8.6×1.2	官初元五年八月病卒名籍　□　　出	× 病名籍
227.27	6.8×0.8	□□	
227.28	7.3×0.3		未 见 图 版 和 释文
227.29	11.4×1.3	□买奴□□□	存疑
227.30	6.3×0.6		未 见 图 版 和 释文
227.31	10.6×0.9	累举蓬鹿庐　二　二　二	×
227.32	5.8×1.8	□□□□ 凡用谷三	上端似平整
227.33	10.5×1.5	□服弩□□　□史	存疑
227.34	11.3×1	【赐】一札记教以事	×
227.35	4.5×0.7	□□	
227.36	5.2×1.5	甲渠候	

简号	尺寸(长×宽)	释　文	备　注
227.37	5.3×1	亡人数出当	
227.38	3×0.5	请　□□	
227.39	1.7×1.8	坞户穿 诸水婴 □　毋狗二 长斧五□	守御器簿 参见 227.93
227.40	3.2×0.7	□□□□	
227.41	6.9×1.7	□□□□ 十五日日□ 一月十五日初□　□射发矢十二中帚 年卅岁长七尺二寸	功劳墨将名籍 上端平整
227.42	4.1×1.1	□□□	
227.43	9.1×1	□郎下将屯张掖大守莫府卒	×
227.44	6.7×1.4	十月□　□属国都尉千秋	×
227.45	3.4×1	□□窠肩水	
227.46	3.4×0.9	茹矢	简面下部空白
227.47	2.9×0.6	□　□	
227.48	2×1	□□	
227.49	1.2×1.2	及	下端似平整
227.50	5.1×0.8	☑/令史延年尉史□	存疑； 简面上部空白
227.51	1.3×0.8	将屯	
227.53	2.1×1.1	□□ 　上□ 长□ □	
227.54	8.2×1.4	延延延延	× 习字牍
227.55	3.6×1.3	省卒王□	省卒名籍

简号	尺寸(长×宽)	释　　文	备　注
227.56	2.4×1.6	第八隧长宗	上端平整
227.57	3.5×2.4	诏书	诏书 上端平整
227.58	3.6×1	□□	
227.59	2.9×1.5	名	上端平整
227.60	5.2×0.7	四千三百□	
227.61	5.1×1	本不受檄	参见 233.53
227.62	3.7×1	袭一领□	衣物名籍
227.63	7.5×0.6	二旁蓬再通南界隧	或为表火课
227.64	2.6×0.8	二	
227.65	8.7×0.8	五　五　五	疑 与 227.22 有关
227.66	2.6×1.4	□昌	
227.67	2.2×1.2	柱算	算改为真①
227.68	6.4×0.4	其	存疑
227.69	5.6×1.1	一辟取	
227.70	2.6×0.7	二百	
227.71	2.4×0.6	皇间疾死□	予宁书 参见 EPT59.53、 54"杨合众病 死"
227.72	4.6×2.2	□	
227.73	12.5×1.1	□紉□十丈　　☑　　□□ □ 茹矢□□　檠弩绳少十一　☑ □广卒□□　毋胶	或为行罚檄 另参见 68.105
227.74	3.5×0.9	□□□	

---

① 见《居延汉简(四)》第 353 页"第一、二、三册勘误表"。

续　表

简号	尺寸(长×宽)	释　　文	备　　注
227.75	5.6×0.9	□□□尊居官敞□	
227.76	4.4×0.7	□□□□□	
227.77	4.2×1.2	二月甲戌居延□□	
227.78	2.6×0.8	□言	
227.79	3.4×1	初元五年	
227.80	3×1.9	石其□ 用谷二百一十六 ☑	谷簿 或为卒家属廪名籍 释文作"用谷二石一斗六"
227.81	1.7×1.1	□入菱	或为菱出入簿
227.82	13.1×1.2	毋储水罂少一 □　　　　□少□□	行罚檄
227.83	2.2×0.7	不□	
227.84	3.5×0.9	□□	
227.85	3.9×0.7	□□□□□	
227.86	3.5×1.5	问君阿	上端似平整
227.87	8.2×1.2	梁及廿三所治	×
227.88	4.2×1.2	亡有失言□	存疑
227.89	4.5×1.1	官即留广校	
227.90	1.8×1	农官	
227.91	10.4×0.8	□□□吏卒解随不以候望为意□行边丞相御史□	存疑 疑与 227.109 有关
227.92	1.8×0.5	□ □	
227.93	3.2×1.7	诸水罂 ☑□ ☑□	守御器簿

简号	尺寸(长×宽)	释　　文	备　注
227.94	2.3×0.8	□□□	
227.95	2.6×1	□檄到	檄书
227.96	2.8×2.6	□ 莫府	
227.97	9.1×1.1	☑为卅九小	存疑
227.98	10.5×1.5	□足足足足	× 习字柿
227.99	8.6×1.3	□□□ 月食一石八斗	或为从者、私属廪名籍
227.100+ 485.50	13.3×1.2	☑初元三年以令秋射发十二帋中矢	× 吏射名籍 上端平整
227.101	9.2×1.4	七月己丑将屯居☑	× 上端平整
227.102	4.9×1	□卿因辞□	存疑
227.103	4.9×1	习　引弩伤要	× 病名籍
227.104	4×1.3	府邮	×
227.105	3.8×1.5	府毋留如律令	
227.106	2.8×0.8	三石四斗六升少	
227.107	5.9×1.2	□受曰□	×
227.108	3.6×1.9	敢叩头再□ 长□王	上端似平整
227.109	5.1×0.8	□毋忽它如府檄书律令	疑与 227.91 有关 似为警檄
227.110	4.3×1.1	□□	
227.111	3.6×0.9	□□ 报候君□ □	或为报书

简号	尺寸(长×宽)	释 文	备 注
227.112—126			未见尺寸、图版和释文
227.127—130	2.2×0.8		未见图版和释文
227.131	2.4×1.2	□ 六月凡 七月凡 八月	
227.132	4.6×1.5	□ □不韦　狗不入 □□　　□□	似为行罚橄 另参见 227.142
227.133	2.5×0.7	☑大奴最凡	
227.134	1.7×0.8	□	
227.135	1.8×0.7	□□	
227.136	3.7×0.8	□言之出	
227.137	2.3×0.3	□□	
227.138	1.9×0.9	□卒史	
227.139	1.9×0.9	□□□□□	
227.140	2.5×0.8	□□	
227.141	1.4×1	□候	
227.142	3.8×0.7	☑ □木面衣一不鲜明 ☑	似为行罚橄 另可参见227.132
227.143	1.9×0.9	史且□	
227.144	5.5×0.5	□□	
227.145	1.7×0.9	□	
227.146	1.8×0.9	□奉六千其	
227.147	2.4×0.7	□□	
227.148	1.7×0.9	□□	

简号	尺寸(长×宽)	释　　文	备　注
227.149	2.7×0.6	□□□	
227.150	2.1×0.3	□□	
227.151	3.2×0.5	□□隧长公乘□□	
227.152	3.7×0.4	□□□□□ □□　□	
227.153	1.6×0.8	□霸□	
227.154	0.8×0.4	□	
227.155	0.8×0.3	□	
227.156	0.8×0.9	□	
227.167		□□　□□　□　□	× 未见尺寸 织品
227.159—166			× 未见尺寸、释文和图版
227.168	2.6×0.7	丞相御史□	
227.169	1×0.5	毋	未见尺寸,据出版物上图版测量
227.170—181			未见尺寸、释文和图版
227.182	3.6×0.9 0.9×0.7	与□□　□	未见尺寸,据出版物上图版测量
228.9	7.7×1.6	颉作书以教后□	× 习字典籍柹
228.10	7.1×1.3	水候官□	
228.11	3.7×1.5	欁得博厚里公	× 上端平整

续　表

简号	尺寸(长×宽)	释　　文	备　注
228.12	6.8×1.3	□□□□☑ 卖百茹十五田长功□	
228.13	5.7×1.4	□□再拜	
228.14	4.7×0.8	□律令	烧痕
228.15	9×2	□□□□□□□	
228.16＋ 228.17	8.4×1.8	印行事领候骑	下端似平整 官府下行书
228.18	8.6×0.8	□杨广　剑一刀一	或为被兵名籍
228.19	10.4×3.3	多辞谨伏地道	私记
228.20	10.2×2	□□□□	烧痕
228.21	5.4×1.8	氏池尉	上端平整
228.23＋ 228.22	12.8×3.3	□赵孟孙次翁幸赐酒少=席 =□=幸受若欲复使□ 　□=□=	私记
228.24	4×2.5	□子氾之 □一只	
228.25	10.5×1.4	☑	存疑
228.26	5×1.3	□服少君□□	
228.27	4×1.4	胜伏地再拜□	私记 上端平整
228.28	3.7×1.2	渠候长尚	
228.29	7.2×1.2	入十二月食	×
228.30	6.3×1.7	候长□	上端似平整
228.31	4×1.5	年功案	或为功劳案
228.32	4.7×1.5	□□□□ □毋忧□	
228.33	3.6×2.4	□ 二升半丿 □丿 □	

简号	尺寸(长×宽)	释　　文	备　注
228.34	3.5×0.9	□	
229.48	10.9×1.7	□□□□临桐 高沙队治炭王卿 □□□	疑与 229.49 有关
229.49	8.5×1.8	□□缣二匹今 □□□□	疑与 229.48 有关
229.50	8×1.1	二月禄帛　□	吏奉赋名籍
229.51	3.7×1.5	□□	
229.52	3.6×1	□曷葱四石	参见 243.50 似为钱出入簿
229.53	5.7×2.5	以传子孙	
229.55	2.5×0.4	十月奉九	
229.57	4.9×0.3	□□□	
229.58	2.5×1	□□市	
230.1(1)	3.5×1	□□里公乘张禽年	
230.1(2)	6.1×1.4	阳郡冠军邑中都里公乘邓茍年	×
230.2	7.6×2	和□　□　□□ □作仓凶　□□ 　　　　□	上端平整
230.3	4×3.3	□ 檠羽□	
230.6	6×1.5	始　□	
230.7	6.7×1.3	亭行	检(文书检)
230.8	6.6×1.2	□□□□里公乘娄伟年廿四　□	×
230.16＋ 230.9	5.7×1.2	与妻大女□	右侧及左下侧 平整 ×
230.10	4.8×1.2	·右弟六车卒廿人	车夫名籍 上端平整

续　表

简号	尺寸(长×宽)	释　　文	备　注
230.11	4.7×1.4	□ □君紃□	
230.12	3.2×1.5	□ 当□ □□□	
230.13	3.7×1.1	□亶式年廿七	
230.14	5×1.1	□冠军邑市阴里公乘	存疑
230.15	3.4×1.4	马矢一　盾□ 　　□	守御器簿
230.17	4×2		未见图版和释文
231.29	11.8×1.1	☑ 贫急软弱不任职请斥免可补者名如牒唯	吏换调名籍 上端平整
231.30	3.1×0.8	□□	
233.19	8.5×1.8	□□叩头再拜	私记
233.20	4.9×1.8	子高□	存疑 上端平整
233.33＋230.35	3.2×1.3	居延卅井候官塞 　　□	
233.34	2.1×1.3	元□ 　□	上端平整
233.36	2.5×0.5	阳	
233.37	3.4×0.8	□紃	
233.38	3.5×1.4	款□	
233.39	2.9×0.9	□	
233.40	2.7×1.4	□□□	
233.41	1.4×0.6	☑	
233.42	7.2×1.1	☑	

简号	尺寸(长×宽)	释　　文	备　注
233.43	5.1×1	☑	
233.44	5.6×1.2	□□毋有☑	
233.45	6.2×1.4	☑ 昌严丰　□	
233.46	4.5×1.1	☑ •一事	
233.47	3.7×0.8	承诏谨	报书
233.48	3.1×1.8	□□□□ 　　□釜	× 下端平整
233.49	3.7×1.1	元元□	
233.50	9.7×0.8	敢书与丈人相见平□□□	×
233.51	2.7×1.2	□訽 到令□	
233.52	6.3×1.5	□□□□	
234.5	10.6×2.9	居 王卿足下足月延以来叩 　叩　头　叩　延居□	× 私记,后重复利用为习字牍上端及两侧平整
234.20	5×1.1	□四卷	×
234.21	2.9×1.2	☑ 安	下端平整
234.22	2.4×0.9	☑	下端似平整
234.23	2.7×0.6	□衣釦 ☑	
234.24	1.8×0.8	第卅隧	
234.25	1.9×0.6	第廿□隧 第廿□隧卒	
234.26	11.6×1.7	初元五年	上端平整;简头有重复书写墨迹

简号	尺寸(长×宽)	释　文	备　注
234.28	11.6×1.7	□ 延寿敢	
234.31	4.4×1	□□□□	
234.32	3.3×1.7	□	
234.33	2.2×1	署北边大	上端平整
234.34	5.8×0.7	□弟黍年十八	存疑 上端平整
234.35	7×0.9	两行二百札三百	×
234.36	7×2	□五十丸十	
234.37	4.6×1.8	钱□十	
234.38	3×1.4	候官	
234.39	4.7×1	□百束	
234.40	5.3×1.1	渠第廿隧长何贤 年十月癸亥除	吏缺除代名籍
234.42	4.3×0.8	延	
234.44	3.6×1.8	□□□ □□	
234.45	4.2×1	□□	
234.46	4.2×0.8	☑	
234.47	4.5×1.1	□常居□	
234.48	4.3×1.2	☑ □赋钱三千	似为吏未得俸 及赋钱名籍
234.49	2.6×1.1	隧长□	
235.14	3.6×1.4	□行三□	
235.15	2.3×1.7	□ □	

简号	尺寸(长×宽)	释　　文	备　注
235.16	4×2	□ 二人千石 □人六百石□	上端平整
236.29	3.9×0.8	□□籍	
238.38	3×1.2	神爵四年五	上端平整
238.39	4.8×1.9	居延廷	
238.40	5.5×1.1	☑	存疑
238.41	1.6×1.1	□ □输	
238.42	3×0.9	□□□□□	
238.43	9.5×1.7	一月旦永□	存疑
238.44	4.4×1.5	□　愿少□□ □	上端似平整
239.14+ 239.141+ 239.61	9.5×2.2	元康元年八月癸卯朔癸亥治诏狱 □□□☑	爰书； 上端似平整
239.15	6.7×2	□里邘种已　　已得河南□□ □月壬戌除　已得都内第 凡并直千	□里改为 金里①
239.16	7.1×1.2	□食　𝓟𝓟	× 烧痕
239.17	2.9×2.4	□□□ □安得	
239.18	6.7×1.4	元康三年六月壬戌	
239.19	4.8×1.2	书□□	烧痕
239.20	5.1×1.2	出麦二石	× 麦出入簿； 上端平整

———————

① 见《居延汉简(四)》第353页"第一、二、三册勘误表"。

续　表

简号	尺寸(长×宽)	释　　文	备　注
239.21	7.2×1.6	康元年八月癸卯	
239.22	6.9×1.5	来南渡临莫隧彊落天田 □	
239.23	5.2×0.8	□□　　□	
239.24	5.7×1.2	☑	
239.25	4.5×1.8	县廷乡　数 □治所天水□	
239.26	6.3×2.3	□岁二月十五日 ☑	
239.27	5.1×1.8	有狱事已	上端平整
239.28	5×1.6	□□以来	
239.29	6.3×1.1	今余二千四百廿	╳ 烧痕
239.30	5.4×1.2	□　·右卒兵	下端平整
239.31	4.8×0.8	□□刂毋蓬火	
239.32	3.6×2.3	□钱□十 □□□	
239.33	10.9×0.9	广宗去署三宿	存疑
239.34	5.5×1	□ □□□	
239.35	7.1×1.2	☑　行五十里	
239.36	4×2.4	塞尉	
239.37	3.9×1.3	□ □□□都尉	下端平整
239.38	5×1.5	□□□□□□ □	
239.39	9.2×3	☑ 缘绀胡二　十五石□ □六　壬戌　□ 幡九	上端平整

简号	尺寸(长×宽)	释　文	备　注
239.40	4.5×1.8	☐地言 ☑	
239.41	6.2×1.3	☐有物故言如律	
239.42	4.5×1.8	☑ ☑	上端平整
239.43	6×1.4	☑	下端平整
239.45	3.4×0.9	尽四月十五日积	
239.46	7.5×1.7	☑ 鞠系书到定名县爵里年	爰书 上端平整
239.47	3.5×1.5	☐☐☐☐ 昭武狱☐	
239.48	3.9×1.7	☐☐	上端平整
239.49	4.9×1.9	丞尊 ☐　☐☐	下端平整
239.50	3.5×1	☐伺机邪辟	
239.51	7.1×1.6	☐☐　☐	上端平整
239.52	4.3×1.5	本始四年	上端平整
239.53＋ 239.98	5.7×1.9	稾矢二百丿　三石具弩三丿 蚩矢六十丿　三石承弩一丿 ☐　　　　三石承弩一丿子 　　　　弩幅四丿 ☑	被兵簿 疑与239.81 有关
239.54	4×1.2	☐	上端平整
239.55	8.4×1.3	☑	存疑
239.56	6.5×1.1	以来	存疑
239.60＋ 239.57	16.5×3.5	甚善辱幸临乐 ☐伏地谨请☐☐☐　☐=拜=	私记 上端平整
239.58	4×1.4	氏	
239.59	4.1×0.7	腹四节不举	病名籍

简号	尺寸(长×宽)	释　文	备　注
239.62	2.6×1.3	□官□	下端平整
239.63	4.2×1	□□	
239.64	4×1	掾贤	
239.80＋239.65	7.9×1.9	地节五年尽元	下端及右侧平整；左侧残存第二行墨迹
239.66	5.1×1.3	候官写重/掾□	
239.67	4.2×0.8	肩水	上端平整
239.68	3.1×1.5	□	
239.69	2.3×1.6	赋□ □	
239.70	3.4×1	千直钱	烧痕
239.71	3.9×1.9	□乙卯□ □□	
239.72	4.7×1.4	封印曰张□□ 爵元年九月□	函封
239.120＋239.73	3×1.9	拜再	似应为"再拜"239.73＋239.120
239.74	4.9×1.2	候房以私	官府下行书
239.75	2.6×2	房化□□ □	上端平整
239.76	3.5×1	□□□	
239.77	3.2×1	郡定陶吴里□	
239.78	5.9×2.1	水候官如意隧长公大□ 肩水候官如意隧□□ □岁	
239.79	3.3×0.9	□绔二两	衣物名籍
239.81	3.5×0.9	革鞮瞀四刂 有方一乙	被兵簿 疑与239.53＋239.98 有关

简号	尺寸(长×宽)	释　　文	备　注
239.82	5.3×0.5	肩水候官塞有秩士吏□□□□	
239.83＋239.85	6.2×1.3	二月甲子驿北卒圣以	×
239.84	2.1×0.8	☑	
239.86	2.8×0.8	□长□	
239.87	4.6×0.5	□□□	
239.88	4.2×0.8	赐劳名籍	赐劳名籍
239.89	1.9×0.7	□□	
239.90	3.6×1.5	康四年十月 □□	
239.91	2.6×1	☑ ☑	
239.92	3.6×0.6	十射殿一□	
239.93	4×1	□印曰朱宣印	函封
239.94	7.8×2.3	□居爢得富里□□□	
239.95	2.2×0.9	□□	
239.96	2.4×0.9	□盐	
239.97	3.5×0.8	□□□	
239.99	2.5×0.7	□□□	
239.100	3.9×0.9	□朔大史□	
239.101	2.7×0.8	□	
239.102	4.3×2	水临田隧长□ □	
239.103	3.8×1.8	关　印□	
239.104	3.4×0.8	□□□	
239.105	4.1×1.1	出麦一石九斗三升	× 麦出入簿，烧痕

续　表

简号	尺寸(长×宽)	释　　文	备　注
239.106	5.3×1.7	□一徒补	吏缺除代名籍
239.107	5.3×0.8	□	
239.108	3.2×1.6	□□ □□劾	
239.109	4.5×1.1	☑ ☑	
239.110	2.5×1.3	□候长□	
239.111	3.2×1.1	□ □ 甲午□□ ☑	
239.112	2×1.6	月壬午□ 时起斥竟 □	
239.113	2.1×1.1	□	
239.114	2.3×1.4		未见图版和释文
239.115	5.9×1.5	□□□□□ □行禁吏民毋赍买	
239.116	5.3×1.3	移书到如	
239.117	2×1.5	治死 □	
239.118	9.6×2.3	乐伏地再拜进书 □	私记
239.119	3.4×1.4	□□□ □胜还□	
239.121	2.4×1.3	陷坚橐矢 橐矢二百其百	兵完折伤簿
239.122	2×0.8	□□	
239.123	2.9×1	□愿长卿	

简号	尺寸(长×宽)	释　　文	备　注
239.124	4.4×0.9	卒平东□ □□	
239.125	2.6×0.7	靰官仴	
239.126	4.2×2.5	兰冠十四 □ □	
239.127	4.8×1.6	□月己卯□□ □	
239.128	4.4×1.3	月食	存疑 下端平整
239.129	3×2.3	何也□	上端平整
239.130	4.3×1.9		×　图形 上端平整
239.131	6.8×1.1	⼛〇	存疑
239.132	3.1×1	□ □	
239.133	2.4×0.8	▨	
239.134	3.3×1.5	▨	
239.135	3.4×1	候官 　三月□□	
239.136	2×1.2	□□	
239.137	1.7×1	地节□	上端平整
239.138	1.7×0.9	□□	
239.139	1.9×1.6	足下 □□	
239.140	1.6×0.7	□□	
239.142	2×0.6	▨	
239.143	3.4×0.9		未见图版和 释文

续　表

简号	尺寸(长×宽)	释　文	备　注
239.144	2×0.7	□	
239.145	1.6×0.9	□□	
239.146	4.9×0.9	□令	×
239.147	3.1×1.1	邑侯国元	烧痕
239.148	1.5×0.7	☑	
239.149	2×1.2	□事□	
240.1	4.9×0.8	□ 宗日失八分□	
241.9	6.1×1.6	肩水候	
241.40	6.7×2.6	□ □□岁□ 再拜伏	私记
241.41	5.6×1.2	☑	
241.42	5.1×0.9	长缺·丞顺□□遂大	× 上端平整
241.43	3.7×0.8	并山隧□□ 当□隧卒□	
241.44	2.7×0.9	□□昔亭长	
241.45	2.8×2.4	□定邑里 移过所□ □□□	传
241.46	3.4×1.6	再拜	私记
241.47	3.1×1	留止如律	传
241.48	3.5×1	□ □□□	
241.49	3.2×0.2	/掾□□□□	
241.50	2.5×0.6	□□	
242.2	5.3×1.9	水候官受降隧长二岁一月二□	

简号	尺寸(长×宽)	释　　文	备　注
242.6	4×1.9	□□□□□ 　□	
242.7	3.5×1.8	☑	
242.8	5.2×1.9	□	
242.9	6.2×1.2	□	
242.10	3.2×0.9	☑	
242.11	3.6×0.8	□已毕为	
242.12+ 242.16	6/5.1×1.6/1	会　□日□　　月日	上端平整
242.13	6.3×1.4	胡隧四月札二百	
242.14	7×3	□ 中 □中 □□	
242.18+ 242.15	5.8/3×1.5/1.1	年十月庚寅朔　　□日视	
242.19	6.2×2.6	岁 □ 　□	
242.20	6.7×1.8	□伏地再拜请	私记
242.22	5.5×1	□□ □候史侯	
242.23	7.2×1.5	□□紀解□	
242.24	2.9×2.4	□□	
242.25	4.2×2.3	肩水□	
242.26	6.6×0.8	☑	
242.27	6.8×1.5	廿五岁	
242.28	5×1.2	□名年	
242.29	2.6×0.1	□时□	残宽当为1 cm

简号	尺寸(长×宽)	释　文	备　注
242.30	3.3×1.1	元康二年十一月癸丑 赋钱☑	
242.31	5.9×0.5	□□□□　□□二百八十□	
242.32	4.8×1.9	□□人	
242.33	4.8×2.1	□	
242.34	3.5×0.9	请次公足□	
242.35＋ 242.41	4.2×1.2	戍卒济阴郡定陶	× 上端平整
242.36	5.7×1.3	诣□都尉	存疑
242.37	2.6×1.1	□	
242.38	4.7×1.1	□□□候□	存疑 上端平整
242.39	2.4×1.2	当作	
242.40	5.1×1.3	□□□□□ □□幸甚君	似为私记
242.42	4.6×2.4		未见图版和 释文
242.43	2.5×1.3	□ 之往	
242.44	1.2×0.4	而不	
242.45	1.2×0.4	☑	
242.46	4.4×1.1		未见图版和 释文
242.47	4×0.7	□□□	
242.48	2.1×1.3		未见图版和 释文
242.49	1.9×1.3	☑	
242.50	1.7×0.9	察□	
242.51	3.1×0.5		未见图版和 释文

简号	尺寸(长×宽)	释　　文	备　注
242.52	2.4×1.1		未见图版和释文
243.2	5.3×1.7	如律令 守令史凤	存疑 下端平整
243.19	2.7×1	□□	
243.20＋243.37	6.2×1	□为家私市居延愿以令取传谨□ 敢言之	官府上行书
243.21	3.2×1.1	长安□ □	
243.22	2.3×1.2	二月三月□	
243.23	4.9×1.4	五月癸巳□	存疑 上端平整
243.24	4.3×1.3	天水金成武威张 九月辛巳荥阳□	存疑 上端平整
243.25	5.7×1.2	为妻子葆庸居 为劳四日彊乐	佣名籍
243.26	4.4×1.1	居延居延部佐五事	存疑 上端平整
243.27	4.3×0.6	□□□	
243.28	6.5×1.3	□□□口言□ ☑	
243.29	3.3×3.4	今年 □□□ □□	
243.30	5.3×1.7	三斗已□	
243.31	6.8×0.7	毋以它为解须	存疑
243.33	6×3.4	□ 　□ 　□□□ □　□	

简号	尺寸(长×宽)	释　　文	备　注
243.34	8×1.5	私市居延愿以令取致谨 ☑	官府上行书
243.36	2.6×1	□□□□	
243.38	4.9×0.6	□□□如	
243.39	4×0.8	☑	
243.40	5.5×0.8	■☑	
243.41	2.8×1	尊和□	
243.42	1.9×0.7	卑□	
243.43	3.4×0.8	□郭卿四□	
243.44	3.6×0.7	出名籍	
243.45	3.8×1.4	□□ □	
243.46	2.2×1.9	□	
243.47	2.9×0.8	少平□	
243.48	4.8×0.7	□□□	
243.49	4.2×0.6	□□□□	
243.50	3.2×1	钱六十葱廿束 ☑	似为钱出入簿
243.51	2.5×0.9	☑	
243.52	2.4×0.8	遣□□	
243.53	3.6×0.5	□□	
243.54	3.9×1.4	☑ 十一斤＝九钱 □	
243.55	4×0.7	□□ □	
243.56	2.3×0.5	□□□□	

简号	尺寸(长×宽)	释　　文	备　注
243.60—61(2)	2.1×0.9	□□	
243.60—61(3)	2×0.7	☑	
244.1	7.3×1.1	□□长更诣部	
244.10	11.8×2.6	第六	上端平整
245.1	4.9×2.8	☑ □不耐独居	私记 "独居"另见居延汉简 495.4A "分离独居"、新简 EPT44.35 "常独居亭"
245.2(1)	4.4×2.1	私印 辛卯尉史呈以来 □　　☑	官府下行书
245.2(2)	3.1×1.1	□□	
245.3	3.9×2.2		未见释文
245.4	5.7×1	氐池长乐里	存疑
245.5	4.3×1	长□□年卅□	
245.6	3×1.1	元凤五年十二	
245.9	1.8×1.3	房伏地 □□□	上端平整
245.15	2.8×2	□□ 得休	
245.16	3.5×2.6	☑	
245.17	4.6×1.7	□世敢言	
245.18	2.7×1.9	□□	
245.19	5.1×1.4	□□□　□	
245.20	4.2×1.8	以雒阳左尉取□	

简号	尺寸(长×宽)	释　　文	备　注
245.22	3.9×1.1	□□	
245.23	3.8×1.1	□中营令史庄 □请诏作功□	× 烧痕
245.24	1.5×0.5	□□□	
245.25	1.7×1.2	□ □己丑	
247.31	4×1.8	□□亥 　居延	
247.32	3.6×0.6	治所	
247.33	4.6×1.1	田五顷六十亩□	似为吏赀直簿
247.34	2.7×1	氐池骑士□	骑士名籍； 上端平整
247.35	1.9×1.1	□田辟□ ☑	
247.36	3.8×1.6	□□□嘉从史广国□ □传	
247.39	3.8×0.8	□□	
247.40	4.4×1.2	☑ □□	
247.41	2.1×1.1	六	
247.42	1.6×0.7	□□	
247.43	1.1×0.5	□□	
247.44	1.2×0.5	☑	
247.45	1.2×0.7	☑	
247.46	1.2×0.5	☑	
247.47	1.9×0.4	☑	
247.48	1.5×0.8	谨移	报书
247.49	3.7×0.5	其六千一百□十三石六斗	

简号	尺寸(长×宽)	释　文	备　注
247.50	1.7×0.5	□东□里	
247.51	1×0.4	□□□	
247.52	2×0.8	己巳□	
247.53	1.5×1.1	☑	
247.56	3.1×0.6	□訵詢给□	
247.57	1.8×0.8	廿四步得□	
247.58	2.1×0.8	小石不	
247.59＋247.60	2.7×1.2	府毋	
248.3	6.8×0.8	□封□□□□ 日=入时受官四月一日入时	
248.20	2.7×0.7	□□	
248.21	2.9×0.7	□□□	
248.22	1.9×1.3	□日 □	
248.23	3.2×1.7	□来□□ 受命	
248.24	3.2×1	□□孝长	
248.25	3.5×2	□君兄	下端平整
248.26	5.5×1.9	☑ 毋恙致久=不相 居平□□	私记
248.27	4.1×1.5	夫人不犹□	
248.28	5.4×1.5	☑ □以房故□	
248.29	4×1.2	肩水候长□	
248.30	5.7×2.2	□卒	
248.31	5.6×1.9	史史	

续　表

简号	尺寸(长×宽)	释　　文	备　注
248.32	1.6×1	人□	
248.33	3.5×0.7	□□□	
248.34	4.4×1.2		未见图版和释文
248.35	2.4×1.7		未见图版和释文
248.36	2.2×1.1		未见图版和释文
248.37	2.3×1.3		未见图版和释文
248.38	2.8×1.5		未见图版和释文
248.39	1.6×1.2	☑	
248.40	1.7×0.9	有□	
250.30	4×0.8	五凤二年十一月庚子御史延□ □□□□□肩水候长□□□□	× 上端平整
248—250.X1	2.4×0.5×0	□ 　　□□	整理者标注残厚为0,当误
248—250.X2	1.6×0.4×0	□候	整理者标注残厚为0,当误
248—250.X3	2.2×0.9×0	□□	整理者标注残厚为0,当误
248—250.X4	3.1×1×0	□ ☑	整理者标注残厚为0,当误
261.35	5.1×0.9	候长殷候史光	
261.38+261.36	12.5×2.7	□□　□□□□ 褒令今是皆候奏□	
261.37	5.3×1.2	□夫万年下	

简号	尺寸(长×宽)	释　文	备　注
262.2	5.2×1.1	甲渠望虏隧长符阳已 神爵三年三月庚子除	× 吏缺除代名籍 此残片上端及 两侧平整
263.7	2×2.1	□□兴□	
263.9＋ 263.8	5.9×1.8	□□□□□□☑ □□□何于居	
263.10	1.3×1.7	□□ □□	
263.11	1.7×1.2	事□	
263.12	1.2×1.7	□□	
263.13	1.2×0.9	□尽	
265.31	3.7×1.2	□行二分半	
266.25	4×0.8	□原□	
266.30	8.5×1.6	□昌当曲 苏赏代施□	
270.1	5.1×1.8	□ 甲渠官	
270.2	6×1.2	八月庚戌夜少半临木卒午受卅井 禺中五分当曲卒同付居延收降卒意 十五里定行九时□分中程	邮书课
270.3	3.8×1.9	□候长许辅	
270.4	1.8×1	掾□	
270.5	2.4×0.8	徐步	
270.6	3.9×1.1	□竟报并	
270.7	7×2	□王长当归	
270.8	4.4×1	奏史公	
270.23	12.3×1.2	隧长常以令秋射发矢十二以六为程 过六赐劳矢十五日	× 律令(功令)

简号	尺寸(长×宽)	释　文	备　注
270.29	6.4×1.6	□奈何忧何同□四□	×
272.2	2.8×1.4	以亭	检(文书检)
272.22	2.4×0.7	己酉□	
273.3	13.2×1.5	禁止往来行者便兵战斗具毋为☑ ☑	存疑
273.18+ 308.32	17.1×1.4	守候塞尉寿王写移疑庲有大众欲並 入为寇檄到	× 警檄
277.13	9.1×1	出钱万九百廿付男子朱武	钱出入簿
277.14	2.8×1.6	□ □□	
277.15	7.9×1.4	大夫常　□☑	
277.18	3.6×1	☑ 头死罪	
277.19	4.6×1.5	史　□	
288.9	6.8×1	□□□	
288.10	5.4×1.1	□月癸丑朔庚申兼□ □□□□□□	
288.11	5.2×1.3	□岑	
288.12	9.7×1.2	□ □□□　　☑	下端平整,释 文当去掉☑
288.13	2.7×1	□左□	
288.14	3×1.8	☑	
288.15	4.4/3.8/ 10.1×2.6	□□□　□□□　　挂意□□	
288.34	8×1	车二两 成　所乘用黄犗牛二头丿 □　☑剑一☑	葆出入名籍; 疑与 288.31 有关
299.1	3.9×4.1	自　　　　　·	

简号	尺寸(长×宽)	释　　文	备　注
299.2	5×1.5	□	
299.3	8×1.7	九月癸巳关佐从□	× 上端似平整
299.4	2.8×1.3 3.4×0.9 2.4×0.7 4.5×1.7 7.6×1.5	伏地再拜　不訒　□□□ □　　　　　□	私记
299.5	2.9×2.2	伏伏 　伏地	似为习字柿
299.6	7.6×0.7	以私印行事移觻得	官府下行书
300.12	3.3×1.8	子真足	私记
300.15＋ 300.13	4.6×3.3	者已　□□ 　骊駣马一□ □父=伯=伯□ 使父伯就告我亭中 　　☑	疑与 300.14 有关
300.14	2.6×1.9	□不复与证 □手记鄣□ 　□　□	疑与300.15＋ 300.13有关
300.16	2.8×1.1	□终没	
300.17	2.2×1.3	□ □府	
300.18	3.2×1.2	□□ □	
300.19	2.2×1.4	皆□ □□□	
300.20	2.2×1.3	自爱善	私记
300.21	2×1.7	□□ □殷□ 　□	

简号	尺寸(长×宽)	释 文	备 注
300.22	2×0.8	□□中	
300.23	2.4×1	□□□□ □	
300.24	2.1×1.4	□□	
300.25＋ 300.33	4×1.8	□召叩头叩	
300.26	2×1.3	张□	
300.27＋ 300.49	2.7×1.5	□为 来者□	
300.28	3.5×1.7	□□ □□□	
300.29	1.8×1.2	□	
300.30＋ 300.34	4.2×0.9	殊不□万	
300.31	1.8×1.5	□	
300.32	2×1.8	啬	
300.35	1.5×1.2	□□□ 朱付世 □	
300.36	3.5×1.3	□□ □	
300.41＋ 300.37	4.4×1.5	□□□□□ □关忽□　□□□ □幸	
300.38	1.8×1.7	□□ □起□	
300.39	2.2×1.1	□□ ☑	
300.40	3.7×0.7	□□	

简号	尺寸(长×宽)	释　　文	备　注
300.42	1.4×1.5	字公孙 □前 ☑	
300.43	1.4×0.7	□□□	
300.45	1.5×1.3	□ □	
300.46	2.3×0.7	□□□	
300.47	1×1.1	印□	
300.48	0.9×1	□	
300.50	1.6×0.7	□庞=之	疑与 300.53 有关
300.51	1.9×0.5	□则已矣	
300.52	1.3×0.7	先	
300.53	0.8×0.8	□来 □	疑与 300.50 有关
300.54	1.4×0.4	刑伏矣	

［按］

《居延汉简(三)》中,整理者共收录柿938片(经拼合后)。

1. 由于缺少残存厚度、彩色及背面图版等信息,我们依据红外正面图版、残长、残宽、残存形制和简文初步判断,其中有66枚不是文书柿:

(1) 书中有26处"未见图版和释文",则此26枚无字残片当归属为空白简,不属于柿:214.X2;214.X3;214.X4;214.X5;218.85;227.28;227.30;227.112—126;227.127—130;227.167;227.159—166;227.170—181;230.17;239.114;239.143;242.42;242.46;242.48;242.51;242.52;245.3;248.34;

248.35；248.36；248.37；248.38。

（2）239.130 上残存墨迹为图形，不属于文书柿。

（3）227.54 为习字牍，218.7、227.98、228.9 为习字柿。

2. 误归入柿的 35 枚残断简中，涉及的具体文书种类包括：

（1）书檄类文书

官府上行书：218.50＋218.4；

爰书：227.15；

警檄：273.18＋308.32；

私记：234.5；

官记：214.152；

传（私事用传）：218.2；

（2）簿类文书

簿类文书：227.2＋227.52；

麦出入簿：239.20；239.105；

（3）籍类文书

籍类文书：227.12；

卒名籍：218.13；242.35＋242.41；

（隧别）廪名籍：214.153；

吏未得俸及赋钱名籍：214.149；

被兵名籍：214.126；

债名籍：218.31；

病名籍：227.26；227.103；

吏射名籍：227.100＋485.50；

吏缺除代名籍：262.2；

功劳墨将名籍:227.7;

坐罪名籍:227.8;

(4)律令类文书

律令(功令):270.23;

(5)录课类文书

邮书刺:227.14。

3.表中所列的楠涉及的具体文书种类包括:

(1)书檄类文书

诏书:227.57;

官府上行书:212.55;212.56;214.142;218.3;218.5;218.27;218.30;218.66;243.20+243.37;243.34;

官府下行书:228.16+228.17;239.74;245.2(1);299.6;

报书:214.140;227.111;233.47;247.48;

予宁书:227.71;

爰书:214.127;239.14+239.141+239.61;239.46;

檄书:227.95;

行罚檄:227.73;227.82;227.132;227.142;

府檄:216.1;

警檄:227.109;

私记:212.33;212.82+212.81;214.133;214.146;214.157;214.158;214.159;216.15;216.17;218.12;218.16;218.21;218.22;218.25;218.33;218.49+218.29;218.45+218.62+218.54;218.47;228.19;228.23+228.22;228.27;233.19;239.60+239.57;239.118;241.40;241.46;242.20;242.40;

245.1；248.26；299.4；300.12；300.20；

传：212.29；212.49＋212.80＋212.53＋212.32＋212.79＋212.77；212.58；218.1；218.32；218.34；218.36；218.42；218.43；218.48；218.53＋218.58＋218.52；218.65；218.78；241.45；241.47；

致：212.70；

（2）簿类文书

校簿：218.86；

守御器簿：227.39；227.93；230.15；

被兵簿：239.53＋239.98；239.81；

兵完折伤簿：239.121；

茭出入簿：227.81；

谷簿：227.80；

吏赍直簿：247.33；

钱出入簿：212.59；214.151；229.52；243.50；277.13；

传置道里簿：218.41；

日作簿：218.23；

（3）籍类文书

名籍类文书：227.131；239.15；

吏卒名籍：212.104；218.15；

骑士名籍：247.34；

从者、私属廪名籍：227.99；

吏奉赋名籍：229.50；

吏未得俸及赋钱名籍：212.39；234.48；

衣物名籍:227.62;239.79;

病名籍:239.59;

被兵名籍:228.18;

车夫名籍:230.10;

传马名籍:212.69;

佣名籍:212.71;243.25;

吏换调名籍:231.29;

吏缺除代名籍:234.40;239.106;

赐劳名籍:239.88;

功劳墨将名籍:227.41;

葆出入名籍:288.34;

省卒名籍:227.55;

（4）律令类文书

品（守御器品）:214.144;

（5）录课类文书

功劳案:228.31;

邮书刺:218.38;

邮书课:270.2;

表火课:227.63;

（6）检楬类文书

检（文书检）:230.7;272.2;

函封:239.72;239.93。

4.补注:

（1）212.55 上所书"更赋"另见 505.37A。

214.133 上所书"怒力"除见于 505.43B＋505.38B＋502.14B 外,另见于居延新简 EPT65.53B、敦煌市人头疙瘩采集简牍八八 DYTGC:四 B。

218.5 上所书"牛车如牒"可参见 37.51"牛车各如【牒】"。

227.12 上所书"公乘王常利"另见 485.17＋485.18。

(2) 212.69 的简文"传马十二匹　传车二乘"疑为 203.39 所书"传马名籍"。

(3) 218.2 与 218.78 简文内容相关(下划线部分),书体近似,疑源于同一枚传。

　　　　　□　☑里韩弟自言□

□充光谨案户籍在官者弟年五十九毋官狱征事愿以令取传乘所占用马

八月癸酉居延丞奉光移过所河津金关毋苛留止如律令/掾承□

　　　　　　　　　　　　　　　　　218.2

戊辰朔癸酉□

乘□□过所县河津

延丞奉光移过所□　　　　　　　　　218.78

(4) 218.30 和 218.34 可缀合"守左丞起移过所县道毋苛留"。

☑

十一月壬子长安令　守左丞起移过□　　218.34

□敢言之

所县道毋苛留　　　　　　　　　　　218.30

(5) 227.169 未见尺寸,据出版物上图版测量尺寸为 1×0.5 cm。

227.182 未见尺寸,据出版物上图版测量尺寸为 3.6×0.9 cm

和 0.9×0.7 cm。

（6）234.5 原为私记，后重复利用为习字觚（画线部分）。

　　　居

王卿足下足月延以来叩

叩头叩延居□　　　　　　　　　　　　　　234.5

（7）242.29 整理者标注尺寸为 2.6×0.1 cm，误，残宽当为 1 cm。

（8）248—250.X1、248—250.X2、248—250.X3、248—250.X4
四枚残片整理者标注残厚均为 0，当误。

（9）288.12 下端平整，释文中当去掉残断符□。

（10）216.1 中"文理"词条另见 10.40、EPT54.5、EPF22.245、
EPF22.246，均用作"谨以文理遇士卒／百姓"，可据此补 216.1 释
文为"【谨】以文理遇士卒"。

《居延汉简（四）》

简号	尺寸（长×宽）	释　　　文	备　注
312.16	13.4×1.3	初元五年四月壬子居延库啬夫贺以小官印行丞事敢言	侧边有墨迹 上端平整 官府上行文书
314.1	2.5×0.8	居延［都］	右侧平整
314.2	4.9×0.9	掖大守寿下属	右侧平整
314.3	4.4×1.2	□	
314.4	3.2×1.5	□□	上端平整
314.7	4.8×0.9		未见图版和释文
314.16	2.8×1.1	水候印□	启封记录
314.17	3.8×1.4	□	
314.18	2.7×0.9	□	

续　表

简号	尺寸(长×宽)	释　　文	备　注
314.19	2.6×1.4	□□	
314.20	2.0×0.7	□	
314.21	3.3×0.5		未见图版和释文
317.9	12.0×1.3	铁钱二百七十四见百六十七少百卅二	右侧平整 校簿 ×
321.6＋ 321.2＋ 321.1＋ 321.4	8.3×3.1	□□父张年见不侯 □亡父沙上里费□□	右侧平整
321.3	4.2×1.0	□ 　五月	
321.5	2.5×0.8	[范长]	
323.1	3.3×1.1	卒昌邑国东邾	左、右两侧平整
323.2	8.2×1.3	兄履一两五十	右侧、下端皆平整,简面下半部分空白 衣物名籍 ×
323.9	3.8×2.6	□ 　□	
323.10	4.3×1.9	伏地再拜	私记
323.11	3.8×1.6	进 次公诸史①	上端平整 "次公"另见242.34"请次公足□" 谒文书

---

① 汉盖宽饶字次公,黄霸亦字次公,为官皆廉正不阿,刺举无所回避。后世因以"次公"称刚直高节之士或廉明有声的官吏。

简号	尺寸(长×宽)	释 文	备 注
323.12	2.6×0.8	言证□	
323.13	3.2×1.4	朔	右侧平整
323.14	3.7×1.0	听高□	右侧平整
323.15	3.4×0.8	行檄	
324.22	4.5×2.1	外阁[户]	
324.23	5.2×2.1	□	
324.24	5.3×0.9	印曰郑贺	上端平整 函封
324.25	4.8×1.7	石具弩一 □一　　　兰一 　□　　冠一	被兵簿
324.26	3.9×0.7	吏□	
324.27+ 324.28	5.5×1.1	□	
324.29	3.8×0.8	城父万年里□	
324.30	2.9×1.6	絪絪毕 □	
325.11	6.8×1.9	毋尊布一匹至四百 □　帛四尺□ 　□[赍买]	赍卖名籍
325.12	9.2×1.8	□ 甲渠候长齐劾写	左侧平整
327.1	3.5×0.9	十二月余八石具弩	简上有朱笔 上端、左侧平整 参见居延新简 EPF22.305 至 317 月言簿
327.2	2.9×0.9	□林	
327.3	3.0×0.5	□[廿]五隧	

续　表

简号	尺寸(长×宽)	释　　文	备　注
327.6	5.8×1.0	小钱十一□五□[缺]卩 大钱十一□□□□□	钱出入簿
327.7	5.5×1.2	阳国圈安阳里公乘宋意年卅七	左右两侧平整
327.8	2.5×1.1	卒戴	
327.9	4.9×1.1	□券言	
327.10	3.3×0.9	尹子□二[百]	上端、左右两侧平整
327.11	5.7×1.1	禽房隧戍卒南阳郡冠军县聚众里□	左右两侧平整
327.12	4.5×1.0	□□	
327.14	3.3×0.6	□□邟卒□□	右侧平整
333.8	2.0×0.8	□	右侧平整
333.13	5.3×1.4	□乃得□□	
333.14	3.5×1.2	□□取之未[谒]	
337.12	5.3×1.0	案尤殿者	
339.20	4.7×1.4	戍卒二人　　　□ 凡吏卒三人	上端、左右两侧皆平整 隧别被兵簿
341.1	3.5×1.6	□仲侯子丽所　□ 　□　　　□□□	
341.2	1.8×0.6	肩候	
341.3	3.0×0.7	☑ 具弩一今力四石射二百 　☑	簿类文书 似为月言簿
341.4	3.8×1.0	□ 闰月十□	
341.5	4.2×1.5	·右官兵□ □　　具弩 　　　□	
341.6	4.0×0.9	肩水候官□	右侧平整

续　表

简号	尺寸(长×宽)	释　　文	备　注
341.7	5.0×1.9	甚苦忧□□□	上端、右侧平整 私记
341.26	3.5×1.7	□□	
351.1	4.5×1.0	功□史工	上端、左右两 侧皆平整
351.2	3.8×1.4	〔失〕亡毋燔薪	左右两侧平整 疑与 351.8＋ 351.6 有关 行罚檄
351.3	3.7×1.2	六九五十四 五九卅五 □	上端、右侧平整 似为习字简 ×
351.4	2.7×0.8	□田庆	
351.5	3.4×0.9	夜见匈奴人	右侧平整 烽火品约文书
351.8＋ 351.6	7.9×1.5	燔三积薪□	左右两侧平整 疑与 351.2 有关 烽火品约文书
351.7	4.9×1.0	□弗紃紃	
351.9	5.4×1.3	☑ □韩章	上端、右侧平整
351.10	3.8×1.7	□□	
351.11	6.9×2.8	□□□□ □数闻起居	私记
351.12(1)	3.9×1.0	□□□	
351.12(2)	3.2×1.2	□□	
351.13	7.5×2.3		未见图版和 释文
352.1	4.1×1.9	□□ □□□	右侧平整 简上文字墨迹 浓淡不一,似 为旧简牍的再 利用

续　表

简号	尺寸(长×宽)	释　文	备　注
352.2	3.1×1.2		未见图版和释文
352.3	4.5×1.9		未见图版和释文
352.4	3.4×0.8		未见图版和释文
352.5	4.4×0.6	☑	上端、左右两侧皆平整
371.6	4.0×1.1	[始]建国[地]	
371.7	2.7×0.9	[甚]厚不 　　☑☑	
371.8	4.1×1.1	卅井官 　☑[隧长]	
371.9	5.9×0.9	☐☐☐☐☐	
375.1	5.1×1.7		未见图版和释文
375.2	2.3×1.7	☐☐ ☐☐会☐	
375.3	2.7×1.0	☐	
394.1	19.2×1.2	[长]赵就　正月禄帛一匹　二月辛巳自取	下端平整 × 吏奉赋名籍
395.12	7.8×1.2	长李匡召诣官	吏对会入官刺
408.1	6.2×1.3	南界隧长孙长年卅七	上端、左右两侧皆平整
410.1	2.4×2.3	[次]行	检(文书检)
410.2	3.1×0.7	☐[正月]	
412.4	4.7×1.2	广持木长臂木 ☑	右侧平整

简号	尺寸（长×宽）	释　　文	备　　注
412.5	3.6×1.0	□隧长孙良	
412.6	3.6×1.1	□[筐]	下端、左右两侧皆平整，上端简面有削痕 ×
412.7	3.5×1.2	□具书□	左右两侧平整
412.8	1.9×0.9	□长赵□	
414.5	8.3×1.2	建平三年[八]月己	上端、右侧平整
414.6	3.8×0.7	·遮要[部]元始二[年]	上端、右侧平整
414.7	5.8×1.2	[钱]五百 ☑□百卅	
420.3	3.7×0.8	[敢]言[之]	官府上行书
420.4	2.5×1.0	吕政主	左右两侧平整
420.5	3.9×1.0	□□□	右侧平整
420.6	2.2×1.0	辛酉[壬]	
421.6	8.4×1.3	□　　□死钱万二千四	
421.17	1.7×1.0	[庚辰] 辛巳[五] 壬午六	似为卒更日迹名籍
421.18	2.0×0.7		图形 ×
421.19	2.8×0.7	☑	
421.20	1.0×1.0		有图版，简面有清晰墨迹，未见释文，或可隶定为421.20：·
421.21	4.4×0.7	□□	
421.22	1.8×1.0	☑	
430.6	2.8×1.2	□氏	左右两侧平整

简号	尺寸(长×宽)	释　文	备　注
430.9(1)	7.5×1.2	□□官告诚南候长	左右两侧平整 官府下行书
430.9(2)	3.8×1.1	☑ □[传]二□	
433.21	4.0×0.6	月庚戌朔丙寅□	左侧平整
433.27	3.8×1.0	十二月余荄万六千	左侧平整 荄出入簿
435.10	2.1×0.6		未 见 图 版 和释 文
435.12	6.6×1.7		未 见 图 版 和释 文
435.14	3.8×0.9	□有责直五千	右侧平整 债书
435.15	4.3×2.7	闵夫子门下□	私记 "夫 子 门 下" 另见新简 EPT40.73、 59.525、 59.655A
435.16	3.5×1.2	井东候长□	
435.17	5.0×1.2	□□□□□ 　　□也□	
435.18	3.0×1.5	士卒	左右两侧平整
435.19	3.8×0.8	□□□□□	左侧平整
435.20	2.0×0.8	八月	
435.21	1.9×1.1	□□须□	
435.22	2.2×0.8		有图版,未见释 文 简面墨迹模糊不可辨识

简号	尺寸(长×宽)	释　　文	备　注
435.23	3.8×0.7		未见图版和释文
435.24	8.5×1.1	秦日□□东□	上端、左侧、右上侧皆平整;下端简面有削痕,此枚为废弃简×
435.25	4.7×1.4	二五十□	
435.26	5.8×0.5	□□□九□	左侧平整
435.27	2.8×2.1	叩头□ □	官府上行书
436.1	2.0×1.3	□卒放夜食 □界中卅九里	下端平整 邮书课
436.2	3.2×0.4	□□□□□	
436.3	2.0/1.5/1.4×1.8/1.8/0.7	□官□　　□　　　☑ □　　　　□	
437.1(2)	1.2/1.4×0.5/0.3	□□　　　☑	
437.2	2.2×1.2	大女𨝂□ □[明]年六	卒家属廪名籍
437.3	5.0×1.8	具弩一抚□□ 具弩一左抚□ 具弩一柎□□□①	行罚檄

---

① 刘熙《释名·释兵》:"弓,……中央曰抚,抚也,人所抚持也。"抚,又称柎,弓把中部。《释名·释兵器》:"(弓)中央曰柎。柎,抚也,人所抚持也。"毕沅注:"中央,人手所握处也。"《仪礼·大射》:"见镞于柎。"郑玄注:"柎,弓把也。"则此枚柿片的释文中,"柎"当隶定为"柎"。

"抚"字另参见 170.5A:元延二年八月乙卯累虏候长敢言之官檄曰累虏六石弩一伤右樵(案:此字当隶定为"抚",下"抚"字皆同)受降隧六石弩二其一伤两抚一伤右抚遣吏持诣官会月廿八日谨遣雕喜隧长冯音持诣官敢言之。

简号	尺寸(长×宽)	释　　文	备　注
437.4	4.4×1.3	耴转□□ ☑	上端平整
437.17＋ 437.5	3.8×1.6	律令 　月壬子张掖长□	劾状
437.6	3.9×2.5	☑ 常恐为□ 　□记	
437.7	5.3×1.6	［卅井候官］□	
437.8	4.3×1.4	□六石具弩	
437.9	5.8×2.0	□□□□	
437.10	3.2×1.6	卅井□□	
437.11	3.5×1.2	□□ □□	
437.12	4.5×1.7	□□ 百石□	
437.13	2.9×1.1	□□□	右侧平整
437.14	2.5×1.3	□□ □□□ □□□□	
437.16＋ 437.15	6.8×1.1	□破其　日餔时卒孙则□	右侧平整 表火课
437.18	5.0×1.3	孙□叩头□ 彭季君□□	上端平整 疑为私记
437.19	2.9×1.0	簿及长吏 ☑	
437.20	3.0×1.2	写移檄到□ □□□□	警檄
437.21	2.9×1.1	杨子□	上端平整
437.22	2.6×1.3	五隧卒王□	右侧平整

简号	尺寸(长×宽)	释　　文	备　注
437.23	2.1×1.0	伤寒□	病名籍
437.24	2.5×1.2	□	左侧平整
437.25	1.5×0.6	□	
437.26	1.5×0.7	□□	
437.27	1.4×0.9	□□	
437.28	2.0×0.6	□	右侧平整
437.29	1.6×1.2	☑	
437.30	3.7×1.1	□□	
437.31	2.4×1.1	□	
437.32	3.8×2.4	□	
437.43—51	2.4/1.1×1.1/0.2	□　　　　□□ □	
437.52	1.2×0.7	□帅	
437.53	1.7×0.7	元始〔元〕 邝夫子	
437.54	2.9×0.7	□□□	
437.55	4.4×1.5	□ □	
437.56	2.1×0.6	□之□	
437.57	1.9×1.0	□	
437.58	1.9×1.8	□ □	
437.59	2.8×1.3	□□	
437.71	2.3×1.1	□□□	
437.72	2.8×0.8	□	
437.73	2.3×0.9	□□□	
437.74	2.5×0.4	☑	

续　表

简号	尺寸(长×宽)	释　　文	备　注
437.75	2.6×0.8		未见图版和释文
437.76	3.3×1.1	□	
437.77	2.2×1.2	□	
437.78	2.0×1.4	□	
437.79	5.4×0.5	□□□	
437.85	1.9×0.7	[具对]□	
437.86	1.6×0.5	书	
437.87	1.7×0.9	问隧[卒]	
437.88	2.5×0.8	□□□□	
437.89	2.2×1.0	坚橐矢铜	兵完折伤簿
437.90	2.3×0.9	百五十	
437.91	2.8×1.0	□□ 郭□	
437.92	2.4×0.6	□□	
437.93	1.8×0.4	□□	
437.94	1.4×0.6	□劾	
437.95	2.8×0.6	□	
437.96	1.7×0.4	□六千□	
437.97	2.2×0.6	□	
437.98	1.1×0.3	□□	
437.99	1.3×0.5	误□	
437.100	1.1×1.0	□□ □武□	
437.101	2.8×0.9	夫子	
437.102	3.7×0.4	居延鞮汗里上造吴	

简号	尺寸(长×宽)	释　　文	备　注
437.103	2.4×0.7	□□	
437.104	1.1×0.8	□外	
437.105	2.3×1.9	□ □	
437.106	3.2×0.7	河西隧西□	
437.107	2.1×1.1	□□	
437.108	2.3×0.8	□□	右侧平整
437.110	4.3×0.7	□□□	
437.111	4.5×1.5	□□	
437.113	1.5×0.8	□	
437.114	3.0×0.8	☑ ☑	
437.115	2.0×0.9	□	
437.116	2.0×1.3		未见图版和释文
437.117	2.9×0.7	□	
437.118	1.5×0.6	☑ ☑	
437.119	1.4×1.0	□	
437.120	2.4×0.6	□□	右侧平整
437.127		□吏□　/掾□　掾□　□令□ □书□ □	此简号下包含62枚杮片，尺寸信息缺失
443.6	1.8×1.1		未见图版和释文
443.7	1.7×0.9	□	
443.8	1.1×0.6	□□	
443.9	2.0×0.8	□	

续　表

简号	尺寸(长×宽)	释　　文	备　注
443.10	2.7×1.1	◩	
443.11	2.8×1.1		未见图版和释文
443.30	5.2×1.1	□ 木	
443.31	3.0×1.1	□□ □□	
443.32	4.3×1.3	地再拜	左右两侧平整 私记
443.33	2.5×1.0	□君宾□	右侧平整
443.34	2.1×1.0	息子□	上端平整
443.35	1.5×0.7	日校	下端平整
443.36	1.2×0.8	卒	
443.38	2.2×0.7	诏□□	上端、左右两侧平整
446.1	4.4×1.3	□□□ □□□	
446.2	5.1×1.4	□□□□　□ □亡叩头=□	
446.3	3.0×1.8	□□ □［哀怜］	左侧平整 私记
446.4	4.6×1.6	□秦河 ◪	右侧平整
446.5	4.9×0.9	□　　白□	左右两侧平整
446.6	2.0×0.9	◪	
446.7	2.2×0.8	□□	下端平整
446.12	2.0×0.7		未见图版和释文
446.13	2.6×0.8	◪	

简号	尺寸(长×宽)	释　　文	备　注
449.1	3.5×1.0	降虏隧□	右侧平整
449.2	0.9×0.4	□南	
451.3	3.7×1.0	□尺柱□□	
454.3	7.1×1.0	谿东隧到令虏☑	"谿东隧",见73EJT37:460和283.29。侧边有墨迹
454.4	6.7×1.1	诣官	左上侧、右侧平整,5/6简面空白
454.5	7.1×1.2	如此草谨令尉史□[候]□	上端、左侧平整报书
454.6	5.6×0.9	破虏三月癸未□□	右侧平整
454.7	1.8×1.0	城□	
454.8	3.1×1.1	[出入]	左右两侧平整
454.9	4.3×0.8	次东守候长	上端、右侧平整
454.10	3.2×0.9	☑	右侧平整
454.11+454.32	7.2×1.0	□[召]诣官	左右两侧平整,简面下半部空白入官刺
454.12+454.13	5.2×1.9	甘草五□□□	下端、左侧、右上侧平整病书
454.14	4.3×1.2	□取　□	右侧平整
454.15	2.4×1.3	邛吕□	右侧平整
454.16	4.2×1.1	□下愚□	左右两侧平整
454.17	1.9×1.0		未见图版和释文

简号	尺寸(长×宽)	释　文	备　注
454.18	1.8×1.2	□ □□	
454.21	3.3×1.4	□	
454.22	4.6×0.8	府[卿]□□□	上端、左侧平整
454.23	5.0×1.0	□持案未敢内	右侧平整
454.24	9.0×0.9	子卅井守候骑千	右侧平整
454.25	2.4×0.8	□传诣□	左右两侧平整
454.26	3.3×1.0	如律令	劾状
454.27	3.5×0.8	□大二小　笥	右侧平整
454.28	5.4×1.0	□昏时入	下端、左右两侧平整
454.29	2.8×1.2	掾武	上端、左侧平整
454.30＋ 454.31	8.2×1.5	署	下端、右侧平整 4/5 简面空白
454.33	7.0×1.4	□　　[马]五十[匹]　□	左侧平整 传马名籍
455.3	4.4×1.0	阑越塞天田出入迹	下端、左右两侧平整；上端简面有削痕，此枚为废弃简 × 日迹簿
455.4	5.9×1.2	□公乘张斋自□ ☑	右侧平整
455.5	5.6×1.3	□旁[再]蓬一烟□ ☑	右侧平整 "蓬"应作"燧" 表火课
455.6	3.5×1.0	□如□	左侧平整

简号	尺寸（长×宽）	释　　文	备　注
455.21	4.3×0.5	日	左右两侧平整；5/6简面空白
457.6	6.0×1.6	□□且毋 [马]齿三岁高六尺驾	左侧、下端平整 出入名籍
457.7	5.3×1.0	井诚劈北隧□ ☑	"隧"应作"䃼" 简文另参见居延新简EPT59.156、EPF16.7、EPF22.142、22.324
457.8	6.3×1.2	□王恭在☑	左侧平整 "王恭"人名可参见居延新简EPT43.3、43.70（吞远候长王恭）、EPT65.267、EPF22.331、22.457B、22.521、22.852
457.9	2.1×0.4	□□[卅井官]	右侧平整
457.10	3.2×0.7	通二日令	左侧平整
457.11	3.0×2.0	☑	
458.3	7.8×1.2	元始二年正月受吏奉名籍	左下侧、右侧平整 吏奉赋名籍
459.2	11.1×1.0	井东隧长孙宫召诣官　斥免已遣□	上端平整 "隧"应作"䃼" "斥"应作"序" 吏换调名籍
459.3	9.9×1.0	大□□明　转官尽徼迹第	右侧平整 日迹簿

简号	尺寸(长×宽)	释　文	备　注
459.4	4.7×1.3	□□ 到听书从□	左侧平整 似为除书
459.5	7.1×1.1	□□不可且候	左右两侧平整
459.6	3.1×1.3	又〔肉〕	左右两侧平整
459.7	1.7×0.9	□举某□	左右两侧平整
459.8	2.8×1.0	舍□	左右两侧平整
461.2	3.0×0.6	闵下冯□	
464.6	2.4×0.7	□□	左侧平整
464.8	1.7×0.6	□食□	
464.9	1.7×0.5	□□	
464.10	1.8×0.3	☑	
465.7	5.5×2.6	□　梁党□□□	
465.8	6.8×0.9	☑钱□	右侧平整
465.9	3.8×1.5	毋它因□	
465.10	3.1×1.7	□□	
465.11	2.6×1.2	□□	
465.12	5.8×1.5		未见图版和释文
465.13— 465.20		□党□□　　□　息子□　叩头 □起居□　〔自处〕□	包含七枚残片,尺寸信息缺失 "息子"另参见443.34,两枚残片上端接平整,则应为简首 私记
472.1	2.8×1.1	□ □为□	左右两侧似平整

简号	尺寸(长×宽)	释　文	备　注
472.2	5.3×1.1	□□上贼杀□	左侧平整
472.3	4.8×1.1	●累房部元始二年	上端、左侧平整
472.4	11.0×2.2	□　　　　　□ □毋君死☑当毚弛	
472.5	4.0×0.9	吏张始□	右侧平整 人名"张始"另 参见居延新简 EPT50.187
472.6	3.3×1.1	□言□	
472.7	3.4×0.8	☑	右侧平整
472.8	3.1×0.6	☑	右侧平整
473.11	3.2×1.0	□　□	
478.1	5.5×1.3	[申]孝君=夫子文为吏	左侧、右下侧 平整
478.2	9.7×1.5	穷房隧　　　　六□□	上端、左上侧、 右侧平整 "隧"应作"隊"
478.3	4.3×1.0	□檄告士吏□	左右两侧平整 官府下行书
478.4	6.2×1.5	第廿一隧	上端、左右两 侧平整 "隧"应作"隊"
478.5	26.3×1.3	方秋天寒卒多毋私衣	左侧、右中侧 平整；简面下 半部分空白 ×
478.6	4.8×2.1	□以亭次行	左右两侧平整 检(文书检)
478.7	4.9×0.8	□□□鯆食肩相代社	左右两侧平整 似为表火课

续　表

简号	尺寸(长×宽)	释　　文	备　注
478.8	6.5×1.0	□卅井候辅檄言酒丁未	左侧、右下侧平整 檄书
478.9	9.5×2.1	尉史辅✓常	左侧、下端平整；2/3 简面空白
478.10	9.3×0.9	第六隧　　　第七隧　　　第八隧 第	右侧平整 "隧"皆应作"隊"
478.11	4.9×1.0	□利以功次迁	右侧、下端平整 吏名籍
478.12	6.5×1.0	谓博望贾少孙	左侧平整
478.13	4.2×2.0	永光元年十月 二百五十五［日］□□	右侧平整
478.14	6.0×1.0	甘露二年七月	左右两侧平整
478.15	6.6×1.8	任君	上端、右侧平整；6/7 简面空白
478.16	9.8×2.2	□□都尉德 　　延延丞	左侧平整
478.17	6.8×0.8	□□候长候史数出塞郭迹□	右侧平整
478.18	6.3×0.8	临之隧	右侧平整；4/5 简面空白 "隧"应作"隊"
478.19	6.3×0.9	诊治敢言之	左右两侧平整 官府上行书
478.20	3.7×1.5	□　　产居延□ 　　居延县人	右侧平整
478.21	3.6×1.2	如律令	左侧平整 劾状
478.22	2.9×1.3	渠郭	

简号	尺寸(长×宽)	释　　文	备　注
478.23	3.5×1.7	轑	
478.24	2.3×1.1	□钱□ 　钱六百	
478.25	2.4×1.8	十月奉 一月奉□	吏奉赋名籍
478.26	1.8×1.2	迺	上端、右侧平整
478.27	3.8×0.8	六百	简面下半部分空白
478.28	2.8×0.7	候	右侧平整
478.29	1.8×0.7	甲渠候	
478.30	5.5×1.6	孝妇苦田禾□ ☑	右侧平整
478.31	10.0×1.1	永光二年三月居延	上端、右侧平整右上有删削未尽之笔迹
478.32	8.3×2.8	足下善毋恙屯□甚善□□ 丞相御史过独为府让和如□ □罪不责未有以复过□ 　　☑	私记
478.33	4.9×0.9	□□亲□	
478.34	9.2×1.7	赏伏地再	上端、左侧平整私记
478.35	9.2×1.6	☑ 　□□	左右两侧平整；6/7简面空白
478.36	6.5×1.4	□犍耕桥	
478.37	10.8×1.0	□卩	2/3简面空白
478.38	6.5×1.1	☑五凡直□	左侧平整
478.39	6.2×1.2	☑ □戚□	

简号	尺寸(长×宽)	释　　文	备　注
478.40	5.1×1.2	□□至舍问丈	上端、右侧平整
478.41	3.1×1.4	官	右侧平整
478.42	3.2×2.0	□月	右侧、下端平整
478.43	5.5×1.1	□□李□治	左侧、下端平整
478.44	3.8×1.0	试　□	右侧平整
478.45	3.7×1.1	□隧戍卒傳言	右侧平整
478.61＋ 478.46	4.3×1.0	具对 □	左右两侧平整
478.47	2.2×0.9	移居	左侧平整
478.48	2.1×1.1	逐捕□	
478.49	2.0×1.3	戍第□	左侧平整
478.50	2.2×0.9	□[渠]	左侧平整
478.51	5.8×2.2	☑	右侧平整
478.52	5.0×0.9	□以□□□案	上端、右侧平整
478.53	4.8×1.0	☑	右侧、下端平整
478.54	4.5×1.1	☑	右侧平整
478.55	2.7×1.1	☑	右侧平整
478.56	2.7×1.2		下端、左右两侧似平整 整理者备注"图形"，似应为：百丿 百丿
478.57	4.1×0.6	□□□	左侧平整
478.58	7.7×1.5	□	上端、左侧平整
478.59	5.4×1.9		未见图版和释文
478.60	4.6×0.6	□□□□	

简号	尺寸(长×宽)	释　　文	备　注
478.62	2.6×0.1	□□□□□	
478.63	0.9×0.5	□	
478.64	1.6×0.7	□	
478.65	1.9×0.2	□	
478.66	1.3×0.4	□	
478.67	6.3×0.5	□	
478.68	4.2×1.8		未见图版和释文
478.69	2.1×0.8	□□	
478.70	5.5×1.0	☑	
478.71	1.0×0.2	□	
479.17	3.9×1.1	□二人治 □二人治橄□	日作簿
480.4	8.3×1.4	官为宜之隧长徐严[封]□	左侧平整 "隧"应作"㸒"
480.7	3.2×1.0	二月丁卯食坐	左下侧、右侧平整
481.2	3.7×1.5	甲渠	
481.3	5.3×1.2	[橄止]须后橄书未敢	左侧、右下侧平整
481.4	4.8×1.4	付	左侧、右上侧平整
481.5	4.0×0.8	[严]精彊力	似为功劳墨将名籍
481.6	5.0×0.9	□[秦]隧长庄建	左侧平整
481.7	5.8×2.6	□张掖郡	
481.8	4.2×1.0	□召戎	
481.9	2.9×1.0	□□	

简号	尺寸(长×宽)	释　　文	备　注
481.10	3.5×1.3	□掾张□	
482.42	8.1×1.5	国五千五百五十五年□	左侧平整
482.43	8.3×2.0	□□□□ □教宁可使与〔钦来〕	左侧平整
482.44	7.9×1.7	吏召召	右侧有棱,当为从觚上刮削下来的习字柿
482.45	5.0×0.8	□□□□□	右侧平整
482.46	3.7×1.2	府□	
482.47	8.1×2.0	☑	
482.48	3.8×0.8	□十八以五	左右两侧似平整
483.1	6.1×2.2	夏侯掾治所	
483.2	4.4×1.6	掾	
483.3	4.6×1.1	〔自〕言责第十候长	左右两侧平整债名籍
483.47	2.0×0.5	等	
484.16＋ 484.56＋ 484.50	9.8×1.3	永光五年九月壬寅朔壬寅居延□□ 鄣候□ 　移都尉府谨移候□□	由三枚柿片拼合而成,拼合后上端、右侧平整 官府上行书
484.17	5.2×0.8	永光二年正月癸亥	上端、右侧平整
484.18	8.3×2.0	央移甲渠候官假佐 □	右侧、下端平整
484.19	10.1×1.3	□□为部吏市绛履绔带□	左右两侧平整 ×
484.20	9.1×1.2	□□以戊午宿酒泉北部	左右两侧平整 ×

简号	尺寸(长×宽)	释　　文	备　注
484.21	6.4×1.1	□告吏治绛单□	左右两侧平整 官府下行书
484.22	8.8×0.9	□士吏候长等皆封臧□	左侧平整
484.23	6.7×0.7	居延丞竟告尉谓东西乡移	左右两侧平整 官府下行书
484.24	4.9×1.1	币尽或少	左右两侧平整
484.25	7.2×1.6	□隧长建敢言之	右侧平整 "隧"应作"𤔌" 官府上行书
484.26	6.6×2.2	复绮百一两刀	左侧平整 似为衣物名籍
484.27	9.5×1.1	□□卒张岁取　卒丁利亲麦二石九斗卒张岁取 　　　　　　　卒张岁麦二石九斗 自取	左右两侧平整 × 隧别廪食名籍
484.28	9.2×1.0	[诣]官会甲寅平旦第四第十第十□	左侧、右下侧平整 官记
484.29＋484.45	10.2×1.5	□乙丑朔癸巳吞远候长 [编]敢言之	由两枚柿片拼合而成，拼合后右侧平整 官府上行书
484.30	7.3×1.4	丙寅丞相定国告中=二=千=石郡大守诸侯 　　　☑	右侧平整 官府下行书
484.31	5.6×1.8	兼 令赐充贵劳谨□	左侧平整
484.32	8.2×1.3	甲渠 　八月壬子□□□□	上端、左侧平整
484.33	8.8×1.2	[吏]奉谨遣士吏	左右两侧平整 报书

简号	尺寸(长×宽)	释　　文	备　注
484.34	7.0×1.5	□[武]贤隧卒□受城北隧卒捐之临木隧 　　□□时付卅井诚埶北隧卒尊界中十七里□□	右侧、下端平整 邮书课
484.35	5.8×1.1	六日奉用钱	左右两侧平整 释文当为"六月" 吏未得俸及赋钱名籍
484.36	4.1×2.1	其乡官听书牒[署] 　　□□	右侧平整 "听书牒署"， 参见 97.7、 97.10＋213.1、 136.41、 271.20A、 484.80＋ 484.61、 EPT51.236、 EPF22.247A 似为官府往来书
484.37	5.3×1.3	□□代□□	左右两侧平整
484.38	5.4×0.7	其假候官船□	左侧平整
484.39＋ 484.71	7.2×1.7	☑ 奏闻趣报至上计赍副且察	左上侧平整
484.40	4.6×1.5	□[余钱]	
484.41	3.3×1.0	□□持候□	左右两侧平整
484.42	3.0×1.6	言之谨	右侧平整
484.43	4.1×1.1	言之	左侧平整
484.44	5.0×1.1	部塞	
484.51	4.4×1.0	居延甲渠临木隧长王横 　　□月丙午除	右侧平整 吏缺除代名籍

简号	尺寸(长×宽)	释　　文	备　注
484.52	3.3×1.6	□中帚矢六当□ 不赐夺□	右侧平整 吏射名籍
484.53	2.8×1.5	□□ 　□敢言	左侧平整
484.54	4.1×1.1	之酒□□	右侧平整
484.55	4.3×1.1	[秋]试射发矢十二中帚	右侧平整 吏射名籍
484.60	3.0×0.5	☑ 移甲渠候□□	
484.80＋ 484.61	3.6×0.9	□候官听书牒[署]	左侧平整 "听书牒署"， 参见 97.7、 97.10＋213.1、 136.41、 271.20A、 484.36、 EPT51.236、 EPF22.247A 似为官府往 来书
484.62	9.7×1.5	即□飤□□	左侧平整
484.63	5.1×1.3	毋忽如律令	左侧平整
484.64	4.2×1.2	三人伤人	左侧平整
484.65	7.8×0.7	官如律令	右侧、下端平整
484.66	5.4×0.8	□将不	右侧平整
484.67	6.8×1.0	□ □□□[等]身将　车父卒□ □□□	右侧平整 似为车夫名籍
484.68	3.9×1.0	戍卒物故	上端、左右两 侧平整
484.69	7.9×1.5	□当赐劳□□☑	右侧、下端平整 律令(功令)

续　表

简号	尺寸(长×宽)	释　　文	备　注
484.70＋ 484.78	4.6×2.3		未见释文 所附图版分 A、B两面，似 皆有墨迹 ×
484.72	10.2×2.5	□月己未朔癸未□□	
484.73	2.6×1.3	甲	上端、左侧平整
484.74	2.8×0.9	□召宗□	右侧平整
484.75	3.8×1.1	和□□　　□☑	
484.76	3.0×1.3	有秩候长公乘王［宪］	左侧平整
484.77	6.1×1.3		未见图版和 释文
485.1＋ 485.20＋ 485.14	7.0×1.8	初元四年以令秋射发矢十二中 　　　　□□都尉事	右侧平整 吏射名籍
485.2	4.9×1.9	元年	右侧平整
485.3＋ 485.27	8.2×1.2	□四年六月中马一［匹］	左右两侧平整
485.4	8.9×2.2	□□□□□毋□之延 □年欲急用之	
485.5	11.0×0.9	［安世］　　初元三年以令秋射发矢 十二中帑矢六	右侧平整 吏射名籍
485.6	5.1×1.3	□□尽五日率第八	
485.7	5.3×1.1	☑二日 大凡中劳二岁十月十二日	上端平整 功劳墨将名籍
485.8	5.1×1.8	［行］边丞相御史	右侧、下端平整
485.9	5.6×1.7	甲渠	上端、右侧平整
485.10	2.7×1.1	言之爰书	右侧平整
485.11	4.0×1.6	尉府书曰士吏候长 □如牒谒以令赐奉	

简号	尺寸(长×宽)	释　　文	备　注
485.12	4.1×1.5	□□□□□□□	右侧、下端平整
485.13	3.4×1.6	隧长常　射	
485.15	4.9×1.7	〔甲〕午朔癸亥甲渠 居延阳里昌□	右侧平整
485.16	2.7×1.1	敢言之	左侧、右上侧平整 官府上行书
485.17＋ 485.18	8.3×1.4	居延甲渠第六隧长公乘王常利功将 □ 中功二劳一月〔廿〕 ☑	右侧平整 功劳墨将名籍
485.19	4.8×1.2	訋到皇卿	左侧平整 "皇卿"另参见 311.17B
485.21	4.8×1.0	熹即北□	右侧平整
485.22	6.6×1.7	敞伏地再拜言 □□	右侧平整 私记
485.23	3.5×1.8	□吏□□ 不敢忽	左侧平整 "不敢忽"另参 见 EPT51.98A 私记
485.24	5.0×1.8	张掖	
485.25	5.7×1.3	写移檄到谨候	警檄
485.26	3.8×1.9	□恩□□ □上功大□ □□□□	似为功劳墨将 名籍
485.28	6.0×1.3	月丙子朔丙子甲渠鄣 □	右上侧平整
485.29	4.0×1.8	叩头幸	私记
485.30	4.9×1.2	候喜敢言之	左右两侧平整 官府上行书

续 表

简号	尺寸(长×宽)	释 文	备 注
485.31	2.5×1.4	尉史	左侧平整
485.32	4.0×1.3	严教[吏]	
485.33	4.7×1.1	□甘露四年十	左下侧、右侧平整
485.34	2.3×1.1	□季偃	左右两侧平整
485.68+ 485.35	7.7×1.7	甲午肩水都尉万年丞　　博	右下侧平整
485.36	3.7×1.2	以令秋射二千	左右两侧平整 吏射名籍
485.37	3.9×1.1	候官	左侧平整
485.38	3.7×1.6	□[如] 遣如律	左侧平整
485.39	5.0×1.1	□□毋候□	右侧似平整
485.40	10.2×1.9	□□□□□□　元行候事敢言 之[都尉] □光劳谨移射爱书　名籍一编[敢言 之]	左上侧平整 官府上行书
485.41+ 485.60	7.0×1.6	张掖居延城司马安□	
485.42	4.1×1.3	越塞出不得	左侧平整
485.43	2.8×1.8	□□□□ □以脩行除	左侧平整 吏缺除代名籍
485.44	6.0×1.0	□□□□赍诣府□	右侧平整
485.45	3.3×1.4	奴	
485.46	3.1×1.6	尉史卿	右侧平整
485.47	4.4×1.0	赍和弦糸□	
485.48	3.0×1.6	与事不纪	
485.49	4.8×1.4	表 □　　鼓 　　□□	

简号	尺寸(长×宽)	释　　文	备　注
485.51	3.5×1.3	毋令有举 □□□□	
485.52	2.3×2.3	延年[颇] 钱[愿]	右侧平整
485.53	4.6×1.3	尉史卿再拜[言]	上端、左上侧、右下侧平整 私记
485.54	2.8×1.1	□寿取	
485.56	2.0×1.1	[长]蓬隧	右侧平整 "蓬隧"应作 "薰隊"
485.57	1.7×1.1	射即杂	右侧平整
485.58	3.5×1.0	□石力奉亲	右侧、下端平整
485.59	3.9×0.9	[元]年二年以令秋射□	吏射名籍
485.61	5.9×1.3	□　　　□□ 瓦枓　　□	
485.62	4.5×0.8	令/令	
485.64	3.2×0.6	·居延甲渠□□	上端、右侧平整
485.65	3.5×1.1	□□	
485.66	3.9×1.1	□ 　施刑一	左侧平整
485.69	1.9×0.8	年以[令秋]	吏射名籍
485.70	4.2×0.4	□以令[赐喜劳]	律令(功令)
485.71	6.0×2.5	忽幸哀[怜] 谁行者唯 章一□	私记
485.72	4.8×1.2	隧长	右侧平整 "隧"应作"隊"
485.73	6.3×1.7	□□　　□枭	右侧、下端平整
485.74	4.8×1.5	延□	

续　表

简号	尺寸(长×宽)	释　　文	备　注
485.75	3.5×0.9	□□□	
485.76	4.8×0.9	□□□	
485.77	6.0×1.3		未见图版和释文
485.78	3.3×1.6	□□	
485.79	3.9×1.1	□□□	右侧平整
485.80	3.7×1.0	□吏卒	
485.81	2.8×0.7	□□□□	上端、右侧平整
485.82	4.8×1.1	□ □也　□	
485.83	2.9×1.2	☑ □	
485.84	6.2×1.7	□ □	
485.85	3.5×0.8	□□君　□	
485.86	3.0×1.1	□□□□□	
485.87	1.2×1.1	□□	
485.88	2.0×1.2	□	
485.89	2.1×0.9	□少卿幸	私记
485.90	1.4×1.2	□[食]	
485.91	6.1×1.7		未见图版和释文
485.92	4.3×1.8		未见图版和释文
485.93	3.2×1.1	☑ 言之	
485.94	4.1×0.5		未见图版和释文

简号	尺寸(长×宽)	释　文	备　注
485.95			包含六枚残片,尺寸信息缺失 未见释文
486.7	3.5×1.2	☑	右侧平整
486.10	3.6×0.9	☐	左侧平整
486.15	11.7×1.3	☑ 第廿九队长郑庆☐ 第四队长叶☐府☐	左侧平整
486.16＋486.33	5.4×1.9	☐毋起土功毋[发]	右侧平整 "毋起土功""毋发大众"见悬泉泥墙题记西汉元始五年《四时月令诏条》第三七、三八行 诏书
486.17	6.4×1.2	☐铠鞮瞀各[一]	右侧平整 被兵簿
486.18	5.3×1.2	弩幡三	被兵簿
486.19	4.2×2.1	私留比得入 　☐卩不肯 　☐☐☐	"私留"见EPT5.157
486.23＋486.20	6.7×1.1	鉼庭隧卒李丹归取	
486.22	4.8×1.5	☐☐☐☐☐	
486.24	3.9×1.0	隧长毋[马]	右侧平整
486.25	3.2×1.2	☐之谨	
486.26	4.6×1.2	☐之官移	
486.27	3.2×1.0	故酒泉大尹	右侧平整

续 表

简号	尺寸(长×宽)	释　　文	备　注
486.28	4.5×1.2	斛黍斗□少	左侧、右上侧平整
486.29	3.9×0.9	□□□□闲	右侧平整
486.30	2.8×1.2	□□□□	
486.31	2.8×1.8	□	
486.32	3.7×1.6	□	
486.34	2.2×1.4	□	
486.35	3.7×0.5	□十月[食]□	左侧平整
486.106	4.3×0.9	□士吏习□	上端、右侧平整
486.107	4.7×1.5	□闲者 □□君乃□	下端平整
486.108	3.9×1.3	□□□□□少	右侧平整
486.109	3.4×0.8	谨迹汈□□	右上侧平整
497.16	2.3×1.2	革甲五 □鞻瞀五	左 右 两 侧 似平整 被兵簿
497.18	2.8×0.9	☑ 鞻瞀廿[二]	左侧平整 被兵簿
497.19	2.3×1.1	□ □	
497.20	6.7×1.3	□ 并合和以方寸匕	左侧平整
499.5	2.3×0.9	□足至	右侧平整
501.2	3.0×1.2	谨使	上端平整
501.3	7.4×1.6	□	6/7 简面空白
510.21	6.8×1.3	守府移将戍田卒	右侧平整
512.36	7.3×1.8	□ 府贤尽召百	左侧平整
518.4	3.7×0.8	田卒汝南郡平	

简号	尺寸(长×宽)	释　文	备　注
518.8	4.4×0.8	□□	上端、左侧平整 3/4 简面空白
518.10	2.9×2.2	□□ 百买〔雁〕□ □雁□	
518.11	4.6×0.8	◪	上端、左侧平整
518.12	2.3×1.1	□	右侧平整
518.13	3.9×1.2	□　　□	
518.14	3.6×1.5	◪ 斗三升少麦 升豆	
518.15	3.9×0.7	□乘亭隧鄣	右侧平整 "隧"应作"㷭"
518.16	3.0×1.9	□如适□ □	
518.17			包含四枚残片，尺寸信息缺失 未见释文
518.18	2.3×0.5	□　□□	
518.19	9.0×1.5	◪ 出钱三千四百五十付库佐□	上端、左侧平整 钱出入簿
518.20	4.0×0.8	□丞相御史□	上端、右侧平整
518.21	3.0×0.8	□□ □□□	
518.22	4.0×2.1	刭□ □之与	
518.23	2.0×1.3	□□□	
518.24	3.7×1.1	◪	
519.1	2.5×2.5	□□ □□	

简号	尺寸(长×宽)	释　　文	备　注
519.2	5.0×1.5	产	10/11 简面空白
519.3	4.9×1.3		所附图版分 A、B两面： 519.3A□□ 519.3B☑ ×
519.4	4.8×2.0	□□卒一人〔市〕 □五人其一人□□	
519.5	2.6×2.3	最□ 大□	
519.6	3.3×0.8	□□	
519.7	2.2×0.9	□长	
519.8	3.2×1.2	富	
519.9	3.2×0.5	□□	
519.10	1.9×1.3	□□ 斛〔室〕	
519.11	1.8×1.2	□	
519.12	1.6×1.1	请	
519.13	1.9×1.1	□□乃□	
519.14	2.8×1.2	□觚□	
519.15	1.1×1.2	□	
519.16	1.5×0.9	酒□	
519.17	2.2×0.8	□〔若〕	
519.18	2.3×0.5	□	
519.19	1.7×0.4	□	
519.20	2.0×0.3	□	
519.21	1.6×0.5	□	
519.22	2.0×0.2	□	

续　表

简号	尺寸(长×宽)	释　文	备　注
519.23	1.3×0.2	□□	
519.24	3.2×1.8	□□	
519.25	4.5×1.1	□	
519.26	3.9×1.4	寅□	
519.27	4.7×1.0	□	
519.28	2.8×1.6	□	
519.29	3.0×1.4	□□	
519.30	3.0×1.4	年十	左侧平整
519.31	2.9×1.7	□□	
519.32	2.7×0.8	□再	
519.33	2.5×1.0	卲□	左侧平整
519.34	3.8×1.0	□□□	
519.35	1.9×1.1	□	
519.36	2.0×0.6	□	
519.37	3.2×0.6	□	
519.38	2.5×0.6	□ □	
519.39	2.4×0.7	□前□□	
519.40	1.5×1.2	□□	
519.41	2.2×1.1		未见图版和释文
519.42	2.1×1.3	□地	
519.43	1.8×0.9	长□	
519.44	1.4×1.2	☑	
519.45	1.6×0.7	□	
519.46	2.1×0.7	史	
519.47	2.1×0.5	□	

简号	尺寸(长×宽)	释　文	备　注
519.48	0.9×1.1	□	
520.11	4.1×1.1	●本始五年田官□	左侧平整
520.25	3.5×1.2	□□□百□	
521.32	4.5×1.3	□枏□ 承弦一 □□□	似为被兵簿
521.33	4.0×1.1	□□岁高五尺八	右侧平整 出入名籍 据简文,描述 人的身高用 "长",描述牲 畜则用"高"
521.34	3.5×1.1	入河内苇笥一[合]	右上侧平整
521.35	2.9×0.7	一府遣	
523.23	7.1×1.8	□□□□□□□□□□□ □它如爰书敢言之	左下侧平整 官府上行书
523.24	4.1×1.8	月乙卯日过中时□ □夜过半时□ □百十□□	右侧平整 警檄
523.25	4.3×1.3	□□□	
523.26	2.8×0.7	甲子[张]□	右侧平整
523.27	3.2×1.3	疑者	
523.28	6.3×1.1	□□里□功	
523.29	5.9×1.5	□	右侧平整
523.30	4.0×1.3	丁巳张	左侧、右上侧 平整
523.34	2.0×1.4	之日六 □□食马 □□	右侧平整
523.x1	1.2×0.7	广□	右侧平整

简号	尺寸(长×宽)	释　　文	备　注
523.x2	1.3×0.7	四岁	
523.x3	1.5×0.8	五斗□	右侧平整
523.x4	1.5×0.9	左剽齿	出入名籍
523.x5	1.5×0.9	隧长	
523.x6	1.5×0.8	下远	左侧平整
523.x7	1.8×1.0	□□	右侧平整
523.x8	2.0×1.6	君	
523.x9	2.3×1.2	□□ 西北行 □□□	
523.x10	2.4×1.1	□年四月□	右侧平整
523.x11	2.7×1.1	尉处德	右侧平整
523.x12	3.8×1.3	乐里□□	左侧、右中侧平整
525.x1	1.8×0.6	□	
525.x2	0.9×0.5	□□	左侧平整
525.x3	1.1×0.4	☑	
525.x4	0.7×0.5	□	
525.x5	1.0×4.6	□□	
525.x6	0.7×0.4	□□	
525.x7	1.2×0.9	□	左侧平整
525.x8	2.0×0.6	□□	左侧平整
525.x9	1.6×1.0	□	
525.x10	1.2×0.5	□	
525.x11	1.2×0.5	□□	
525.x12	3.3×0.8	□□□	
537.20	1.3×0.8	□〔天〕﹦□ □□	右侧平整

续 表

简号	尺寸(长×宽)	释　　　文	备　注
551.5	7.2×3.7	— 　— 　—	左侧平整 三条横线
551.6	4.1×1.7	□□但为□ □掾相□ □死命□	左侧平整
551.7	5.1×1.5	落候长[赵]□ 　　　□	
551.8	4.4×1.6	首言	
551.9	3.9×1.1	□不肯归	左侧平整
551.10	2.4×2.3	□超叩□ ☑	"叩"的字形、 笔画与551.11 相同,当为同 一书手
551.11	2.3×1.8	□□□ 亭叩□	
551.12	2.5×1.2	□[朝]□	左侧平整
551.13	3.3×1.1	□□	
551.14	3.3×0.7	□□□	
551.15	6.6×2.3	☑ ☑前日仁遣□ 　□□□[作]为	
551.16	7.2×2.6	☑	
551.17	3.1×2.3	□相□ 叵来□	右侧平整
551.18	6.7×0.5	□□□□□	左侧平整
551.19	5.3×1.7	□□□ □□	
551.20	7.1×1.1	☑	
551.21	4.4×1.2	☑ □□言当	

简号	尺寸(长×宽)	释　　　文	备　注
551.22＋ 551.33	2.6×4.3	□几 　□□ 　□□	右侧、下端平整
551.23	3.0×2.8	□ □	左右两侧似平整
551.24	3.4×2.0	□□ 　□	
551.25	2.7×2.4	☑	
551.26	7.4×1.0	五月廿一日起	左右两侧平整
551.27＋ 551.28＋ 551.38	5.2×2.4	□欲往迫□	左侧、右下侧平整
551.29	3.8×0.6	章	右侧平整 3/4简面空白
551.30	2.6×1.5	□诵 □煞适□	
551.31	2.5×0.8	□□	右侧平整
551.32	2.6×1.7	☑ □永康三 　□	
551.34	2.0×1.4	□□	左侧平整
551.35	1.8×1.0	□决〔绝〕 □蒙□	
551.36	3.0×1.0		未见图版和释文
551.37	2.8×0.9	□见	
551.39	3.0×1.3	□加一	
551.40	4.9×1.0	房不时□	
551.41	3.8×1.0	□□□□	
551.42	4.7×0.9	□　□	左侧平整

简号	尺寸(长×宽)	释　　文	备　注
551.43	4.3×1.0	□把刀一枚数	左右两侧似平整
551.44	5.0×0.9	□□白	
551.45	3.1×1.0	□□□ □□□	
554.1	4.3×1.3	□五十里□	左侧平整
555.5	4.4×0.8	□□敛皆以日［遇中］	左侧平整
555.6	4.5×0.6	□畜□	左侧平整
555.7＋555.8	4.4×0.8	□□要害隧□□	右侧平整
555.9	2.2×0.7	□［房］□	左侧平整
555.10	1.9×0.6	□	
561.1	2.8×0.4	□□□□□	右侧平整
561.2	1.9/2.2×1.0	居延殄北塞□	包含两枚残片
561.4	2.3×1.0	耐乃□	
563.17	2.4×1.2	福	左右两侧似平整
563.18	5.3×1.2		未见图版和释文
585.55	3.8×0.9	□与□	左侧平整
585.63	4.4×1.0	［常］□	
585.67	1.7×1.0	□［月甲午朔］□	
591.41	0.6×0.8		未见图版和释文
N3	2.9×0.9	犯法论	右侧平整
N4	2.5×0.8	［汉］彊	右侧平整
N5	4.2×0.9	□大司农卒史	
N6	5.2×1.8	八月丁［未］ ［敢］言之	右上侧平整官府上行书

简号	尺寸(长×宽)	释　　文	备　注
N7	3.1×1.0	三年九月［辛卯朔］ ☑	
N8	3.1×1.4	□不以为□	右侧平整
N9	3.1×0.8	□［粟五十］ ☑	
N10	3.4×0.6	□·家□	
N11	2.1×0.8	□ □以诏书	
N12	3.0×1.1	□□□□ □复用	
N13	3.6×1.1	［候官］	
N14	3.0×1.5	□□ □八石［具］	
N15	2.5×1.3	□/令史□	
N16	3.0×1.2	五月□　下餔□	
N17	3.5×0.8	□ □不相昆弟	
N18	2.1×1.4	□□ 掾导县	
N19	2.0×1.1	□田□	左下侧平整
N20	1.7×1.2	□不□	右上侧平整
N21	2.5×1.3	□□居延□ □	右侧平整
N22	3.3×1.3	□［塞］□ □	
N23	2.9×1.3	□ 令	
N24	3.3×1.0	大□□	约 2/3 简面空白

简号	尺寸(长×宽)	释　　文	备　注
N25	4.3×1.1		2/3 简面空白 未见释文，据 图版可补释为： □□ □□
N26	4.8×0.8	□十日到☑ ☑	
N27	1.8×0.7		未见释文，据 图版可补释为： □□
N28	2.1×1.0	令	
N29	2.4×0.8	□食一月毋	
N30	1.5×0.8		未见释文，据 图版可补释为： □士
N31	3.7×0.4	□□[候]□	
N32	1.9×0.8	谓官□	右侧平整
N33	1.8×1.1	簿书[不] □	
N34(1)	1.5×0.9	□劝 □	
N34(2)	3.4×0.9		未见释文，据 图版可补释为： □□
N35	2.2×0.9	十月居署	左右两侧平整
N36	1.5×1.0	[遣]□	
N37	2.9×0.8	县官移檄	右侧平整 警檄
N38	2.9×0.7	□孙君房	
N39	2.2×0.5	□□日移	

简号	尺寸(长×宽)	释　　文	备　注
N40	3.3×1.0	☑ 十一 ☑	
N41	3.4×0.8	□□ □［令史任］	
N42	1.7×1.5	□ 四月 □	
N43	2.0×0.8	［劾］晓	
N44	3.2×1.0	予奉食	右侧、下端平整
N45	2.6×1.3	□□丰丞□ ☑	
N46	3.3×0.9	☑ ☑书佐□	
N47	2.6×1.1	到丞	右侧平整
N48	2.3×0.5	至惶恐	疑为私记
N49	2.0×1.3	［史］梁［行］□	右侧平整
N50	3.8×0.5	以亭行	检(文书检)
N51	2.6×1.5	候以邮	检
N52	3.1×0.9	［即日所］□ □□□之□	
N53	4.5×0.6		下端平整 未见释文，据 图版可补释为： □□□□□ □□□□
N54	2.7×0.7	有劾缺［补］□ □	吏缺除代名籍
N55	3.3×0.8		未见释文，据 图版可补释为： □□□□ □□□□□

续　表

简号	尺寸(长×宽)	释　文	备　注
N56	2.5×0.7	农□□□	
N57	2.7×0.7		左侧平整 未见释文，据图版可补释为： □□□
N58	3.0×0.8	□唯为	
N59	1.7×0.6	未归	
N60	1.4×0.6	□钦□	
N61	1.8×0.8	居延利上里	右侧平整
N62	2.5×1.1	□□隧长□	"隧"应作"㸌"
N63	1.2×1.2	令	左右两侧平整
N69	1.2×1.0	☑ □匹四百□	
N70	4.2×1.1	□[月]尽十月奉 □百卅七钱三分□	廪食名籍
N71	4.7×0.9	初元五年	
N72	2.3×1.2	□杀□	
N73	1.8×0.4	奉钱□	奉赋名籍
N74	3.0×0.4	□上毌□□	左侧平整
N75	2.4×0.6	六石具弩	右侧平整 被兵簿
N76	2.0×0.9	甲□	
N77	2.0×1.0	凡吏	右侧平整
N80	1.6×0.8	[隧]卒□	左侧平整 疑或为"阳卒□"
N81	2.2×1.1	□敢有	
N82	2.1×0.9	死叩头死	左右两侧平整 官府上行书
N83	1.9×0.7	□张允	

简号	尺寸(长×宽)	释　　文	备　注
N84	3.6×0.5	□□奉钱五百	吏奉赋名籍
N85	3.3×1.0	□即有	
N86	3.5×1.1	［月］丙午朔	左右两侧平整
N87	2.7×1.2	［檄］绝不发	左右两侧平整
N88	1.2×0.9	［数来］□ □□	
N89	1.7×0.7	□□ □四	
N90	2.3×1.0	射	
N94	1.7×1.3	俎［验垣］	
N96	1.4×0.3	卒□	
N100	1.9×1.8	陈	
N101	1.8×1.4	□绡□	左侧平整
N104	2.3×0.9	□升	左右两侧平整
N105	1.3×1.0	第	右侧平整
N108	1.0×0.6	三百	左侧平整
N112	3.0×1.1	□至	左右两侧平整
N113	4.0×2.0	□肩水□ ［令］	
N124	1.6×0.6	尉史	
N129	1.1×0.3		未见释文，据图版可补释为：□
N137（乙附25）	6.5×0.8	八月癸丑甲渠鄣候喜□	右侧平整
N143（乙附37）	4.2×0.9	旦诣府对尉□　　　　□	左上侧平整疑为私记"旦诣府"另见《长沙东牌楼东汉简牍》50A

续　表

简号	尺寸(长×宽)	释　文	备　注
N251	2.4×0.5		未见释文,据图版可补释为:□
N252	1.2×0.5		未见图版和释文
N253	2.2×0.9	[汉彊]	右侧平整
N396	2.8×1.3		左侧平整 未见释文,据图版可补释为:□□□□
N412	3.6×0.6		所附图版分A、B两面: N412A　□□杣杣 N412B □(释文据图版补) ×
N414	2.4×1.0	□杣	
N415	0.8×1.0	□日 □日	
N416	2.2×0.7		未见释文,据图版可补释为:□□□□ □
N417	1.3×0.5		未见释文,据图版可补释为:□□
N418	1.5×1.2	□忽 □	
N421	4.5×1.3		左侧平整 未见释文,据图版可补释为:□□□

简号	尺寸(长×宽)	释　文	备　注
N422	2.2×1.3		未见释文，据图版可补释为： □ □
N425	2.5×1.1		未见释文，据图版可补释为： □
N427	2.6×0.6		未见释文，据图版可补释为： □□
N428	3.5×0.7		右侧平整 未见释文，据图版可补释为： □
N429	0.8×0.2		未见释文，据图版可补释为： □
N430	4.8×0.8		未见释文，据图版可补释为： □□□□ □□□
N431	2.4×0.4		未见释文，据图版可补释为： □□□
N432	2.3×1.3		上端平整 未见释文，据图版可补释为： □□□
N433	2.0×1.0	寅	右侧平整
N436	3.1×0.9		右侧平整 未见释文，据图版可补释为： □□

续　表

简号	尺寸(长×宽)	释　　文	备　注
N437	3.9×0.8		未见释文,据图版可补释为: □□□ □□□
N438	3.2×0.6		未见释文,据图版可补释为: □□
N439	5.2×1.2		未见释文,据图版可补释为: □□□□□□ □□
N481	5.1×1.1		未见释文,据图版可补释为: □□
N482	2.7×0.6		未见释文,据图版可补释为: □□　　□ □□　　□
N483	1.4×0.5		未见释文,据图版可补释为: □□□
N487	0.6×0.8	□□ □掖□	
N488	1.4×0.5	［戍卒淮阳］	左侧平整
N490	0.9×0.7		未见释文,据图版可补释为: □□□
N491	0.8×0.8		未见释文,据图版可补释为: □
N492	1.2×0.6		未见释文,据图版可补释为: □

简号	尺寸(长×宽)	释　文	备　注
N493	2.3×0.2		未见释文,据图版可释为: □□□□□
N494	0.8×0.6	□敢	
N498	2.3×0.4		左侧平整 未见释文,据图版可补释为: □□□
N499	1.5×0.7		左侧平整 未见释文,据图版可补释为: □□
N500	2.0×0.6		未见释文,据图版可补释为: □
N502	1.5×0.6		未见释文,据图版可补释为: □□□
N503	0.6×0.4		未见释文,据图版可补释为: □
N543	1.3×0.9		未见图版和释文
N544	2.2×0.8		未见图版和释文
N550	0.8×0.6		右侧平整 未见释文,据图版可补释为: □
N551	1.7×0.4		未见释文,据图版可补释为: □

简号	尺寸(长×宽)	释　　文	备　注
N552	2.0×0.2		未见释文,据图版可补释为:□
N574			包含六枚残片,尺寸信息缺失 未见释文
N575	1.9×0.5		未见释文,据图版可补释为:□□
N576	2.1×0.2		未见释文,据图版可补释为:□□□
N578	2.5×1.9	□□ □大父□	"大父"多见于律令条文中
N590	1.8×0.5		未见释文,据图版可补释为:□□
C16 (甲附 16)	11.1×2.1	初元三年九月壬子朔辛巳令史充敢言之爰书 □□丈埻寙帣皆应令即射行候事塞[尉]□	右侧平整 官府上行书
中央研究院历史语言研究所藏敦煌汉简(46 片)			
T14N1	4.5×1.9	□如征和元 □□□□	
T17N23+ T17N2	9.2×1.3	□斗以剑刃刺伤乙左脾一所	左侧、右中侧平整 坐罪名籍
T17N3	4.4×1.1	爵某所隧乃[某]	左右两侧平整
T17N20	4.0×1.2	某年某月	左右两侧平整
T17N21	4.3×1.2	□某郡某县	左右两侧平整

简号	尺寸(长×宽)	释　文	备　注
T17N24	3.7×1.3	某所狱	
T17N25	4.0×1.5	东郡闻喜 □	
T17N26	3.4×1.1	□五五斗斗	右侧平整
T17N27	5.6×1.1	□官谒言当受者□	左侧、右下侧 平整 官府上行书
T17N28	2.0×1.1	[敢]言	右侧平整 官府上行书
T17N30	3.0×0.8	□律令从[事]	右侧平整 劾状
T17N31	3.9×2.0	□受降 　界一里[百] 　　贵隧四[里]	右侧平整 传置道里簿
T17N32＋ T17N33	4.1/4.5×1.1	□五月二日　　□昌安□□ 　一骑　□□孟毋已□	
T17N34	2.4×1.4	□□一完 □□[一完] 百完	被兵簿
T17N35	6.7×2.1	□书□移簿 　□□[再]拜□[再]	左下侧、右上 侧平整
T17N36	2.3×1.1	完	
T17N37	4.9×1.7	伏地地[再]	习字柿
T17N38	2.1×0.8	再再	习字柿
T17N39	1.5×0.9	□时□ 　□	
T17N40	0.6×0.6	□	
T17N41	1.4×0.9	禽寇	左侧平整
T17N42	3.3×1.1	□□车[当]	

简号	尺寸(长×宽)	释　　文	备　注
T17N43	1.8×1.0	阳愿□ 　□□	
T17N44	1.2×1.0	十一[卒] 里□	
T17N45	2.2×0.5	□郡	
T17N46	1.3×1.0	承	
T17N47＋ T17N48	2.2×1.4	弟皆 □中	左右两侧平整
T17N49	1.7×1.6	令卒	
T17N50	1.0×0.9	□□□ 立□	
T17N51	3.6×2.1		图形 ×
T17N52	1.5×0.3	□□	右侧平整
T17N53	1.6×0.5	□	左侧平整
T17N54	0.9×0.9	□□	
T17N55	0.7×0.4	□□	
T17N56	0.8×0.6	□□	
T17N57	2.0×0.6	□	左侧平整
T17N58	1.7×0.6	□	
T17N59	1.2×0.6	□□	
T17N60	2.8×0.7	□	
T17N61	1.8×0.8	□	
T17N62	1.6×0.5	□	
T17N63	1.2×0.9	□ □□	

简号	尺寸(长×宽)	释　　文	备　注
T17N64	1.9×2.0	□ [元]	
T17N65	1.8×1.9	长公	
T17N66	2.3×1.1	□□	
T17N67	3.5×2.5	□下	

［按］

《居延汉简(四)》中,整理者共收录柿919片(经拼合后)。

1. 该书中有31处"未见图版和释文",则此31枚无字残片不属于柿:314.7;314.21;351.13;352.2;352.3;352.4;375.1;435.10;435.12;435.23;437.75;437.116;443.6;443.11;446.12;454.17;465.12;478.59;478.68;484.77;485.77;485.91;485.92;485.94;519.41;551.36;563.18;591.41;N252;N543;N544。

2. 由于缺少残存厚度、彩色及背面图版等信息,我们依据红外正面图版、残长、残宽、残存形制和简文初步判断,其中有16枚不是柿,而是残断简,涉及的文书种类包括:

(1)簿类文书

校簿:317.9;

日迹簿:455.3;

(2)籍类文书

衣物名籍:323.2;

吏奉赋名籍:394.1;

隧别廪食名籍：484.27。

3. 表中所列的柿涉及的具体文书种类包括：

（1）书檄类文书

诏书：486.16＋486.33；

官府上行书：312.16；420.3；435.27；478.19；484.16＋484.56＋484.50；484.25；484.29＋484.45；485.16；485.30；485.40；523.23；N6；N82；C16（甲附 16）；T17N27；T17N28；

官府下行书：430.9（1）；478.3；484.21；484.23；484.30；

报书：454.5；484.33；

病书：454.12＋454.13；

除书：459.4；

债书：435.14；

劾状：437.17＋437.5；454.26；478.21；T17N30；

檄书：478.8；

警檄：437.20；485.25；523.24；N37；

行罚檄：351.2；437.3；

官记：484.28；

私记：323.10；341.7；351.11；435.15；437.18；443.32；446.3；465.13—465.20；478.32；478.34；485.22；485.23；485.29；485.53；485.71；485.89；N48；N143（乙附 37）。

（2）簿类文书

月言簿：327.1；341.3；

被兵簿：324.25；339.20；486.17；486.18；497.16；497.18；521.32；N75；T17N34；

兵完折伤簿:437.89;

茭出入簿:433.27;

钱出入簿:327.6;518.19;

日迹簿:455.3;459.3;

日作簿:479.17;

传置道里簿:T17N31。

(3)籍类文书

吏名籍:478.11;

赍卖名籍:325.11;

衣物名籍:484.26;

吏奉赋名籍:394.1;458.3;478.25;N84;

卒家属禀名籍:437.2;

吏未得俸及赋钱名籍:484.35;

债名籍:483.3;

坐罪名籍:T17N23+T17N2;

病名籍:437.23;

功劳墨将名籍:481.5;485.7;485.17+485.18;485.26;

吏换调名籍:459.2;

出入名籍:457.6;521.33;523.X4;

吏射名籍:484.52;484.55;485.1+485.20+485.14;485.5;
485.36;485.59;485.69;

吏缺除代名籍:484.51;485.43;N54;

车夫名籍:484.67;

卒更日迹名籍:421.17;

传马名籍：454.33。

（4）律令类文书

律令：N578；

功令：484.69；485.70；

烽火品约文书：351.5；351.8＋351.6。

（5）录课类文书

谒文书：323.11；

吏对会入官刺：395.12；454.11＋454.32；

邮书课：436.1；484.34；

表火课：437.16＋437.15；455.5；478.7；

启封记录：314.16。

（6）检楬类文书

文书检：410.1；478.6；N50；N51；

函封：324.24。

结　论

　　现代中国简牍学肇始于西方学者对西北简的发掘、整理与研究，简牍文书学亦由此发端。在对简牍文书的分类和命名的研究过程中，中国学者王国维首先结合实物探讨并将其归纳为一个大致较为明确的分类体系。其后，劳榦进一步将简牍文书的种类细分为近二十种，大体上概括了居延汉简的类别，使文书分类和体系更加详密。与劳榦同时期的日本学者永田英正则注重采用古文书学分类的方法进行简牍的分类研究和体系的建立，独辟蹊径，并被李天虹先生继承和发展。其他诸如陈梦家、林剑鸣、陈直、高敏、郑有国等先生，则更明显地侧重于对具体种类名称的阐述和研究，对文书体系则少予关注。直至李均明先生《简牍文书学》出版，简牍文书的种类归纳才最为完备，体系亦得以较为完善地建立。

　　目前的简牍文书分类已达 170 种之多，本书以个案研究的形式，一方面选取近似易混的名刺、谒和爵里刺为代表来考察"刺类文书"，另一方面，对目前学界尚未重视的简牍柿进行梳理和总结。

　　在秦汉时期，"刺"字并没有产生"名片"义，当时也未产生名为"名刺"的一类简牍文书。辞书和传世文献中疑似为"名刺"的记载，需要结合其具体语境和材料进行释读和推理。总之，目前的出土简牍实物中，能称之为"名片"的"刺"，最早所见为魏晋时期的简牍材料。

谒是名片的雏形，相较于名片，谒所通达的双方并非陌生人，更多地保留了书信的构成要素。谒正是通过其上所写的内容（事）来达到书信的功用。通过对谒的探讨，我们或可以明确：名片类文书起源于战国时期的书信（记）。

尽管目前尚未见有自名"爵里刺"的记载，但爵里刺作为一种表明或包含个人身份信息的文书，这一性质决定了它的核心要素是"姓名"和"郡县籍贯"，它的名称又要求其基本构成还应包括"官爵"和"乡里"。在西北汉简中，"吏名籍"等 19 种文书可以通过附加"官爵"和"乡里"信息来进一步表明吏卒的身份；在长沙走马楼三国吴简中，通过"官爵"和"乡里"的固定搭配可以详细记录民众的户籍信息。正是因为这些户籍、身份文书的广泛存在和使用，促使了爵里刺在东汉和魏晋时期的产生和通行。江西南昌西晋吴应墓中的"名刺"简"中郎豫章南昌都乡吉阳里吴应年七十三字子远"和居延"吏名籍""卒名籍"简均符合我们对爵里刺文书性质和构成的分析，将它们统称为"爵里刺"其实并无问题。根据使用场合的不同，"爵里刺"在《世说新语》和《事林广记》中被用作名片类文书，《魏名臣奏》中用为公务文书。

秦汉简牍中，以"刺"为名的文书有 10 种，这些名称中的"刺"只表笼统的"文书"义，而不能指称文书的具体种类。直接以"刺"为名来称呼这些简牍固然便捷，但在具体归类和命名上，应当按照文书集成的理论和方法,选取与这些"刺"各自相关的简牍进行编联,还原其所属简册的完整结构和内容,考察它们实际的使用和流通情况。只有这样,才能更好地表明其各自的形制和性质,做到名实相副。秦汉简牍中涉及的以"刺"为名的文书,其具体归类和名称或可调整如下:①"谒"归属于"书檄类"文书下的"记"。②"入官刺"置于"簿籍类"文书下,名为"入官名籍"。③"月别刺"归属于"簿籍类"文书下的各种粮食出入簿或"校簿"。④"出奉刺"归属于"簿籍类"文书下的"吏奉赋名籍"。⑤"表火出入界刺"和"邮书刺(过书刺)"都归属到"录课类"文书下的"录"。⑥"券刺"当归置于"符券类"文书下,命名为"契券"。⑦"吏买菱刺"归置于"簿籍类"文书下,命名为"吏买菱名籍"。⑧"库折伤承车轴刺"归属于"簿籍类"文书下的"车夫名籍"。⑨"书刺"即为"书檄类"文书中的书信"私记"。

自竹木被制成简牍用作书写材料以来,在简牍素材的修治、简牍文字的削改、简牍自身的重复利用或废弃中,柿和削刀皆伴随始终。目前所见的带字简牍柿,依据来源和其上书写的内容可分为两大类:

1. 源自简牍典籍的柿,主要是对简牍进行重复利用时刮削下来的竹木片,目前所见多为从觚上刮削下来的习字柿,内容归属"小学"类。

2. 简牍文书学中的柿,具体包括两部分:①是修改错讹简文时删削下来的竹木片,这部分是我们通常所理解的柿,但由于其上内容属于误写,只字片语往往不可连读,研究价值不大;②是对大竹木简牍进行重复利用时刮削下来的竹木片,其上所载内容一般涉及簿籍、书信等多种文书类别。这部分柿是简牍文书学中需要重点梳理、判别和探讨的。

简牍学中对柿的整理和研究,具体内容应包括:①借助高质量的正反面彩色图版对柿进行判别;②柿的材质(竹、木)和形制(简、牍、觚)问题;③柿的尺寸信息(残存长、宽、厚以及上下端、左右侧是否平整)的测量和描述;④柿上文字的释读及缀合;⑤削刀的使用等。

甘肃敦煌地区和四川宣汉罗家坝遗址出土削刀的数量和种类最多。我们对这两处的削刀进行梳理,依据刀刃的弯曲状况,将其形制和功能概括为三大类:①刀刃向内弯曲。此种形制的削刀是重要的文房用具,体现在简牍从析治、编联、书写、重复利用到废弃的全过程。②刀刃或刀背平直,基本不弯曲。此种形制的削刀是日常重要的生产工具,具体表现形式为对物品进行广泛的切割、刮削等。这既是削刀的起源,也是其最基本、最主要的功能。③刀尖翘起,刀刃向刀背一侧弯曲。此种形制的削刀是日常重要的生活用具,主要体现在对食材的处理上,如剥离牲畜的皮毛,这方面的功用在游牧民族地区尤为常见。因此,削刀是简牍时代古人重要的日常生产、生活工具,生时可随身携带以备使用,死后作为重要的物品陪葬。削刀的产生和使用与简牍并无必然联系。削刀在简牍上的使用,只是它众多功能中的一种,和笔、墨等不同,削刀并非专门的文房用品。

简牍柿的尺寸信息包括它的残存长、宽、厚度,并涉及其上下端、左右侧是否平整的问题。目前所见已公布的文书柿材料中,《长沙尚德街东汉简牍》和《地湾汉简》披露的文书柿的尺寸信息最为完备。通过整理发现,除了大木简牍上刮削下来的柿外,源自普通木简(原简完整长度为汉制一尺,宽度小于 2 cm 者)的文书柿的残存长度一般在 5 cm 以下,残存厚度基本在 0.1 cm 左右,残厚超过 0.2 cm 的罕见。目前公布的文书柿基本全为木质,即来源于木简、木牍或木觚。

西北边塞简和南方井窖简牍中都伴有大量的柿出土,有待整理者作出及时地整理。在出版公布时,柿的彩色背面图版和残存厚度这两项信息必不可少。残断简不等同于柿,学者们容易误将有下列特征的残片归为柿:①残片空白,未写有文字或字迹;②残片正反两面均写有文字或字迹;③残片上残存墨迹为图形;④残存厚度过大;⑤残片过长;⑥残片背面没有或只有部分刮削痕迹。

《居延汉简》中收录的文书柿数量最多,涉及的文书种类共计 72 小类,书檄类、簿籍类、律令类、录课类、符券类、检楬类这 6 大文书种类均有涉及。其中,簿籍类文书柿种类最丰富,数量也最多,这与西北文书简总体的情况相符。就具体类别而言,私记和诸官府书这两类柿的数目明显最大,究其原因,前者大多是对大木牍的重复利用,残片尺寸较大,残存的释文也较多,后者得益于官府之间密切而频繁的联系,使得下行、平行、上行文书被大量制作、流通并保存为档案,而待时效性一过,大多数文书便被废弃或被重复利用。

我们对以"刺"为名的文书和简牍柿的上述探讨,主要是在学习李均明等先生简牍文书分类体系时产生的一些疑问和思考、所作的一点尝试。囿于学识,恐有师心自用之嫌,还请诸位先生多多批评赐教!

参考文献

一、资料类

（一）基本史料

[1]（西汉）司马迁.史记[M].北京：中华书局，1959。

[2]（东汉）班固撰.汉书[M].（唐）颜师古注.北京：中华书局，1962。

[3]（东汉）许慎撰.说文解字[M].（宋）徐铉校定.北京：中华书局，2013。

[4]（东汉）蔡邕撰.《独断》校注[M].邢培顺校注.新北：花木兰文化事业有限公司，2024。

[5]（南朝宋）范晔.后汉书[M].北京：中华书局，1965。

[6]（南朝梁）刘勰著.文心雕龙全译[M].龙必锟译注.贵阳：贵州人民出版社，1992。

[7]（北齐）颜之推著.颜氏家训全译[M].程小铭译注.贵阳：贵州人民出版社，1993。

[8]（宋）司马光撰.资治通鉴全译[M].李国祥等主编.贵阳：贵州人民出版社，1994。

[9]（明）徐师曾著.文体明辨序说[M].罗根泽校点.北京：人民文学出版社，1962。

[10]（明）吴讷著.文章辨体序说[M].于北山校点.北京：人民文学出版社，1998。

[11]（清）顾蔼吉编撰.隶辨[M].北京：中华书局，2003。

［12］黄晖撰.论衡校释(附刘盼遂集解)［M］.北京:中华书局,1990。

［13］《续修四库全书》委员会编.续修四库全书［M］.上海:上海古籍出版社, 2002。

(二)出土资料

［1］陈伟.秦简牍合集(一—四)［M］.武汉:武汉大学出版社,2014。

［2］李均明,何双全.散见简牍合辑［M］.北京:文物出版社,1990。

［3］蔡万进.张家山汉简《奏谳书》研究［M］.桂林:广西师范大学出版社, 2006。

［4］彭浩,陈伟,工藤元男主编.二年律令与奏谳书:张家山二四七号汉墓出 土法律文献释读［M］.上海:上海古籍出版社,2007。

［5］湖北省文物考古研究所,随州市考古队编.随州孔家坡汉墓简牍［M］. 北京:文物出版社,2006。

［6］陈松长编著.香港中文大学文物馆藏简牍［M］.香港:香港中文大学文 物馆,2001。

［7］甘肃省博物馆,中国科学院考古研究所编.武威汉简［M］.北京:文物出 版社,1964。

［8］甘肃省博物馆,武威县文化馆合编.武威汉代医简［M］.北京:文物出版 社,1975。

［9］湖北省文物考古研究所编.江陵凤凰山西汉简牍［M］.北京:中华书 局,2012。

［10］连云港市博物馆等编.尹湾汉墓简牍［M］.北京:中华书局,1997。

［11］银雀山汉墓竹简整理小组编.银雀山汉墓竹简〔一〕［M］.北京:文物出 版社,1985。

［12］银雀山汉墓竹简整理小组编.银雀山汉墓竹简〔二〕［M］.北京:文物出 版社,2010。

［13］中国简牍集成编辑委员会编.中国简牍集成〔标注本〕［M］.兰州:敦煌 文艺出版社,2005。

［14］简牍整理小组编.居延汉简(一)［M］.台北:中研院史语所,2014。

［15］简牍整理小组编.居延汉简(二)［M］.台北:中研院史语所,2015。

［16］简牍整理小组编.居延汉简(三)［M］.台北:中研院史语所,2016。

［17］简牍整理小组编.居延汉简(四)［M］.台北:中研院史语所,2017。

[18] 甘肃省文物考古研究所编.敦煌汉简.北京：中华书局,1991。

[19] 甘肃简牍保护研究中心等编.肩水金关汉简（一）[M].上海：中西书局,2011。

[20] 甘肃简牍保护研究中心等编.肩水金关汉简（二）[M].上海：中西书局,2013。

[21] 甘肃简牍保护研究中心等编.肩水金关汉简（三）[M].上海：中西书局,2014。

[22] 甘肃简牍保护研究中心等编.肩水金关汉简（四）[M].上海：中西书局,2015。

[23] 劳榦著.居延汉简考释·释文之部[M].北京：商务印书馆,1949。

[24] 劳榦著.居延汉简考释·释文之部.附录《敦煌汉简校文》[M].北京：商务印书馆,1949。

[25] [日]伏见充敬.汉晋木简残纸集一、二（书迹名品丛刊）[M].东京：二玄社,1966。

[26] 林梅村,李均明编.疏勒河流域出土汉简[M].北京：文物出版社,1984。

[27] 林梅村编.楼兰尼雅出土文书[M].北京：文物出版社,1985。

[28] 吴礽骧,李永良,马建华释校.敦煌汉简释文[M].兰州：甘肃人民出版社,1991。

[29] 陈伟.里耶秦简牍校释（第一卷）[M].武汉：武汉大学出版社,2012。

[30] 睡虎地秦墓竹简整理小组.睡虎地秦墓竹简[M].北京：文物出版社,1990。

[31] 张家山二四七号汉墓竹简整理小组.张家山汉墓竹简〔二四七号墓〕（释文修订本）[M].北京：文物出版社,2006。

[32] 长沙市文物考古研究所等编著.长沙走马楼三国吴简·竹简一[M].北京：文物出版社,2003。

[33] 长沙市文物考古研究所,中国文物研究所编.长沙东牌楼东汉简牍[M].北京：文物出版社,2006。

[34] 张德芳主编.居延新简集释（一—七）[M].兰州：甘肃文化出版社,2016。

[35] 甘肃简牍博物馆等编.地湾汉简[M].上海：中西书局,2017。

[36] 简牍整理小组编.居延汉简补编[M].台北：中研院史语所,1998。

［37］长沙市文物考古研究所等编.长沙尚德街东汉简牍［M］.长沙：岳麓书社，2016。

［38］汪涛，胡平生，吴芳思主编.英国国家图书馆藏斯坦因所获未刊汉文简牍［M］.上海：上海辞书出版社，2007。

［39］长沙市文物考古研究所等.长沙走马楼三国吴简嘉禾吏民田家莂（上）［M］.北京：文物出版社，1999。

［40］夏鼐著.考古学论文集［M］.北京：科学出版社，1961。

［41］长沙市文物考古研究所等编.长沙五一广场东汉简牍（一）［M］.上海：中西书局，2018。

［42］长沙市文物考古研究所等编.长沙五一广场东汉简牍（五）［M］.上海：中西书局，2020。

［43］长沙市文物考古研究所等编.长沙五一广场东汉简牍（六）［M］.上海：中西书局，2020。

［44］长沙市文物考古研究所等编.长沙五一广场东汉简牍（八）［M］.上海：中西书局，2023。

二、专著和论文集

［1］陈梦家.汉简缀述［M］.北京：中华书局，1980。

［2］陈直.居延汉简研究［M］.天津：天津古籍出版社，1986年。

［3］高敏.简牍研究入门［M］.南宁：广西人民出版社，1989。

［4］李均明，刘军.简牍文书学［M］.南宁：广西教育出版社，1999。

［5］李均明著.秦汉简牍文书分类辑解［M］.北京：文物出版社，2009。

［6］李均明，刘国忠，刘光胜，邬文玲.当代中国简帛学研究（1949—2009）［M］.北京：中国社会科学出版社，2011。

［7］李天虹.居延汉简簿籍分类研究［M］.北京：科学出版社，2003。

［8］李学勤主编.字源［M］.天津：天津古籍出版社，2013。

［9］李宗焜.甲骨文字编［M］.北京：中华书局，2012。

［10］林剑鸣编译.简牍概述［M］.西安：陕西人民出版社，1984。

［11］刘钊，洪飏，张新俊.新甲骨文编（增订本）［M］.福州：福建人民出版社，2014。

［12］罗振玉，王国维编著.流沙坠简［M］.北京：中华书局，1993。

[13] 骈宇骞.银雀山汉简文字编[M].北京:文物出版社,2001。

[14] 骈宇骞,段书安.二十世纪出土简帛综述[M].北京:文物出版社,2006。

[15] 骈宇骞,段书安.本世纪以来出土简帛概述[M].台北:万卷楼图书股份有限公司,1999。

[16] 骈宇骞.简帛文献概述[M].台北:万卷楼图书股份有限公司,2005。

[17] 任继昉纂.释名汇校[M].济南:齐鲁书社,2006。

[18] 汪桂海.汉代官文书制度[M].南宁:广西教育出版社,1999。

[19] 王国维撰.简牍检署考校注[M].胡平生,马月华校注.上海:上海古籍出版社,2004。

[20] 熊国英.图释古汉字[M].济南:齐鲁书社,2006。

[21] 徐中舒主编.甲骨文字典[M].成都:四川辞书出版社,1989。

[22] 薛英群.居延汉简通论[M].兰州:甘肃教育出版社,1991。

[23] 臧克和,刘本才编.实用说文解字[M].上海:上海古籍出版社,2012。

[24] 宗福邦,陈世铙,萧海波主编.故训汇纂[M].北京:商务印书馆,2003。

[25] 张显成著.简帛文献学通论[M].北京:中华书局,2004。

[26] 张显成主编.秦简逐字索引(增订本)[M].成都:四川大学出版社,2014。

[27] 郑有国.中国简牍学综论[M].上海:华东师范大学出版社,1989。

[28] 沈颂金.二十世纪简帛学研究[M].北京:学苑出版社,2003。

[29] 李均明.古代简牍[M].北京:文物出版社,2003。

[30] 高恒.秦汉简牍中法制文书辑考[M].北京:社会科学文献出版社,2008。

[31] 中国社会科学院历史研究所战国秦汉史研究室编.简牍研究译丛(第一辑)[M].北京:中国社会科学出版社,1983。

[32] 孙瑞.金文简牍帛书中文书研究[M].长春:吉林文史出版社,2009。

[33] [日]大庭脩.大英图书馆藏敦煌汉简[M].京都:同朋社,1990。

[34] [日]大庭脩著.汉简研究[M].徐世虹译.桂林:广西师范大学出版社,2001。

[35] [日]永田英正著.居延汉简研究[M].张学锋译.桂林:广西师范大学出版社,2007。

[36] 汉语大词典编纂处编纂.汉语大词典[M].上海:上海辞书出版社,

2011。

[37] 汉语大字典编辑委员会编纂.汉语大字典[M].北京：崇文书局,2010。

[38] 李岩云著.敦煌历史与出土文物[M].呼和浩特：内蒙古人民出版社,2006。

[39] 纪永元,初世宾主编.阳关·阳关博物馆文物图录[M].兰州：甘肃人民美术出版社,2013。

[40] 四川省文物考古研究院等编著.宣汉罗家坝[M].北京：文物出版社,2015。

[41] 沈刚著.居延汉简语词汇释[M].北京：科学出版社,2008。

[42] 薛英群.汉简官文书考略[M]//甘肃省文物工作队等编.汉简研究文集.兰州：甘肃人民出版社,1984。

[43] 何双全.敦煌汉简释文补正[M]//甘肃省文物工作队等编.汉简研究文集.兰州：甘肃人民出版社,1984。

[44] 陈直.敦煌汉简释文平议[M]//收入氏著.摹庐丛著七种.济南：齐鲁书社,1981。

[45] 高敏.略谈简牍研究与简牍学的联系和区别——兼与谢桂华先生商榷[M]//收入氏著.秦汉魏晋南北朝史论考.北京：中国社会科学出版社,2004。

[46] 李振宏,孙英民著.居延汉简人名编年[M].北京：中国社会科学出版社,1997。

[47] 田河.土遣策与古代名物研究[C]//华东师范大学历史学系等主办."新史料与古史书写——40年探索历程的回顾与思考"学术研讨会论文集,2018:525。

[48] 首都师范大学历史学院,中国社会科学院简帛研究中心主办.第三届简帛学的理论与实践学术研讨会论文集[C],2018。

[49] 荆门市博物馆编著.荆门市博物馆馆藏文物精品[M].武汉：湖北美术出版社,2012。

[50] 金平著.竹简の制作と使用——长沙走马楼三国吴简の整理作业で得た知见から[M].石原辽平译.//[日]窪添庆文编.魏晋南北朝史のいま.东京：勉诚出版株式会社,2017.中文本做改动后以《长沙走马楼吴简的制作与使用问题刍议》为题由"中国魏晋南北朝史学会"公众号

首发。

［51］刘洪石.谒·刺考述［M］//连云港市博物馆,中国文物研究所编.尹湾
　　　汉墓简牍总论.北京:科学出版社,1999。

［52］邬文玲.简牍中的"真"字与"算"字——兼论简牍文书分类［C］//香港
　　　中文大学历史系中国历史研究中心等主办.简牍与战国秦汉历史:中国
　　　简帛学国际论坛 2016。

三、期刊文章(含报刊)

［1］李均明,陈民镇.简牍学研究 70 年［J］.中国文化研究,2019(3)。

［2］陈直.甘肃武威磨咀子汉墓出土王杖十简通考［J］.考古,1961(1)。

［3］何立民.简帛学研究的开山之作——读《流沙坠简》并论王国维先生简
　　　帛文书研究的贡献［J］.南方文物,2010(3)。

［4］李学勤."二重证据法"与古史研究［J］.清华大学学报,2007(5)。

［5］何兹全.简牍学与历史学.简帛研究(第一辑)［J］.北京:法律出版社,
　　　1993。

［6］方诗铭.敦煌汉简校文补正,秦汉史论丛(第 1 辑)［J］.西安:陕西人民
　　　出版社,1981。

［7］吴昌廉.居延汉简所见之"簿""籍"述略［J］.简牍学报,1980(7)。

［8］郭沫若.武威"王杖十简"商兑［J］.考古,1965(2)。

［9］礼堂.王杖十简补释［J］.考古,1961(5)。

［10］李宝通.特色课程建设需要强化特色——简牍学课程建设刍议［J］.当
　　　代教育与文化,2011(3)。

［11］李均明.简牍文书"刺"考述［J］.文物,1992(9)。

［12］徐世虹.出土简牍法律文献的定名、性质与类别［J］.古代文明,2017(3)。

［13］刘玉璟.《简牍学教程》评介.西北成人教育学报［J］,2012。

［14］裘锡圭.从马王堆一号汉墓:"遣册"谈关于古隶的一些问题［J］.考古,
　　　1974(1)。

［15］沈颂金.劳榦的居延汉简研究［J］.南都学坛(人文社会科学学报),
　　　2003,23(3)。

［16］唐兰.关于遣册［J］.文物,1972(9)。

［17］张显成.简帛所见上古用刺之俗——兼论简帛的民俗史研究价值［J］.

历史文献研究(总第 27 期),2008。

[18] 徐苹芳.汉简的发现与研究[J].传统文化与现代化,1993(6)。

[19] 谢桂华.二十世纪简帛的发现与研究[J].历史研究,2003(6)。

[20] 薛英群.汉代符信考述[J].西北史地,1983 年(3—4)。

[21] 张春树.八十年来汉简的发现、整理与研究[J].简帛研究(第 3 辑).南宁:广西教育出版社,1998。

[22] 马怡.天长纪庄汉墓所见"奉谒请病"木牍——兼谈简牍时代的谒与刺[J].简帛研究(二〇〇九).桂林:广西师范大学出版社,2011。

[23] 张存良,巨虹.英国国家图书馆藏斯坦因所获未刊汉文简牍未刊部分[J].文物,2016(6)。

[24] 谢桂华.居延汉简的断简缀合和册书复原[J].简帛研究(第二辑).北京:法律出版社,1996。

[25] 刘国庆.秦汉简牍中的"刺"字[J].简帛语言文字研究(第九辑).成都:巴蜀书社,2017。

[26] 王彬.汉晋间名刺、名谒的书写及其交往功能[J].出土文献(第八辑).上海:中西书局,2016。

[27] 郭炳洁.汉代"谒"、"刺"的演变[J].云南社会科学,2012(6)。

[28] 郭浩.汉晋"名片"习俗探究[J].史学月刊,2011(9)。

[29] 姚文清.从"名刺"谈起[J].日语知识,2001(3)。

[30] 扬之水.从名刺到拜帖[J].收藏家,2006(5)。

四、学位论文

[1] 黄琳.居延汉简纪时研究[D].上海:华东师范大学,2006。

[2] 张冬冬.简牍书署制度与书法史研究[D].长春:吉林大学,2006。

[3] 朱翠翠.秦汉符信制度研究[D].上海:上海师范大学,2009。

[4] 王晓雷.中国古代名刺初探[D].济南:山东师范大学,2012。

[5] 韩厚明.新疆出土汉晋简牍集释[D].长春:吉林大学,2013。

[6] 章水根.江陵凤凰山汉墓简牍集释[D].长春:吉林大学,2013。

[7] 刘浩.汉晋简牍相关论著的图版比较研究[D].长春:吉林大学,2013。

[8] 王力鑫.睡虎地木牍家书研究[D].北京:中央民族大学,2015。

[9] 张鹏立.秦汉书信研究[D].郑州:郑州大学,2009。

［10］王冠辉.汉代河西邮驿研究［D］.兰州:兰州大学,2013。

［11］吴然.汉代简牍中的舥［D］.北京:首都师范大学,2013。

［12］李欣欣.两汉吴魏晋时期墨书文字的整理与集释——以墙壁题记等材料为中心［D］.长春:吉林大学,2014。

［13］宋培超.尹湾汉墓简牍集释［D］.长春:吉林大学,2014。

［14］赵宁.散见汉晋简牍的搜集与整理(上)［D］.长春:吉林大学,2014。

［15］杜鹏姣.汉代通关文书研究［D］.兰州:兰州大学,2014。

［16］谢明园.基于里耶秦简的秦代公文档案制度研究［D］.济南:山东大学,2014。

［17］姚登君.里耶秦简〔一〕文书分类［D］.青岛:中国石油大学(华东),2014。

［18］张弛.《里耶秦简(一)》文书学研究［D］.武汉:武汉大学,2016。

［19］苏丽婷.战国至魏晋简牍书籍形式与文书分类研究［D］.南京:南京大学,2017。

［20］蔡万进.尹湾汉墓简牍论考［D］.郑州:郑州大学,2001。

［21］胡元德.古代公文文体流变述论［D］.南京:南京师范大学,2006。

［22］程鹏万.简牍帛书格式研究［D］.长春:吉林大学,2006。

［23］彭砺志.尺牍书法:从形制到艺术［D］.长春:吉林大学,2006。

［24］王旺祥.西北出土汉简中汉代津令佚文分类整理研究［D］.兰州:西北师范大学,2009。

［25］杨芬.出土秦汉书信汇校集注［D］.武汉:武汉大学,2010。

［26］谢绍鹢.秦汉西北边地治理研究［D］.西安:西北大学,2010。

［27］王策.金鸡梁所出木牍、封检及相关问题研究［D］.兰州:兰州大学,2011。

［28］张玲.秦汉关隘制度研究［D］.开封:河南大学,2012。

［29］张冬冬.20世纪以来出土简牍(含帛书)年代学暨简牍书署制度研究［D］.长春:吉林大学,2012。

［30］路方鸽.楚地秦汉简牍字词论考［D］.杭州:浙江大学,2013。

［31］刘钊.汉简所见官文书研究［D］.长春:吉林大学,2015。

［32］王会斌.战国令书制作研究［D］.长春:吉林大学,2016。

致　谢

　　四年多的时光过得真快,很高兴能顺利走到今天。有了这段经历,自己的思想和心境都有很大改变,但心态一如既往地平和。我知道,这些都缘于亲人、师长和朋友们的陪伴、支持——有亲情、友情作后盾,这一路走来确实少了许多的困苦和烦闷。

　　首先最应该感谢我的父母,二老对我的求学自始至终、毫无怨言地支持。三十年的学校生活,父母的坚定支持一直是我最大的依靠。感谢我的姐姐和姐夫,最近这十五年,我先后在重庆和长沙求学、工作又求学,每年只有寒暑假才能回山东,父母及家事全赖姐姐、姐夫照顾;此外,这么多年来,姐姐、姐夫也时常接济、帮衬我,他们的辛苦付出免除了我的许多后顾之忧。感谢我心爱的小女儿云朵,陪我慢慢变老,也使我能有机会与她同行,在这个美丽的世界上走一遭;她是我未来人生最大的期待和牵挂,希望她努力成长为一个温暖善良的人。

　　自我读大学以来有三位老师对我帮助、影响非常大。

　　我的本科导师陈爱强先生对我一直关照有加,彼时每次期末考试前都会不厌其烦地叮嘱我好好复习,我虽屡屡当作耳旁风,先生却从未放弃。先生是研究鲁迅的学者,其为人处世的原则对我影响很深:先生时常以口头禅"拍马是为了骑马"教训学生不可曲意逢迎,要本本分分做人,这也是我此时写作的态度:实事求是,尽量说几句恰如其分的话。

我的硕士导师张显成先生领我步入简牍的学术天地。十五年来,张师像父亲一样始终鞭策、关心我的学习、工作和家庭,在张师身边的日子温馨又难忘,衷心感谢和祝福张师!

蒙陈师松长先生不弃,我得以有幸进入陈门。这四年多来,有赖于陈师每月的资助,我的个人生活和家庭经济压力减轻很多。更为重要的是,这四年多来,承陈师的提携,我得以随同陈师天南海北地参会和实地考察,特别是 2016 年末对日本四地七校(科研机构)的访学,极大地拓展了我的学术眼界,丰富了我的人生,这些都构成了我至今为止最为重要的学术经历。这四年多来,也得益于陈师慷慨分享的人脉和平台资源,我得以窥见简牍学这个学术圈子国内外的一些情况,这是我之前所完全没有接触到的。非常惭愧,读博以来,从陈师及师门处受益良多,然而我的资质一般,没有为师门做多少事情,反而让陈师多有费心。感激之情有多深,惭愧之心便有多切!

感谢以下诸君对我的包容和爱护。

雷长巍和胡琼夫妇、黄海中和徐凤夫妇、刘飞飞和杨艳辉夫妇,以及李建平师兄、于显凤、李赛可等人,均与我相识十多年,一直未曾中断过;温俊萍和齐继伟则是我读博期间结识的最为要好的朋友。诸位一直给予我家人般的关心,在我遭逢人生变故时及时开导并提供了力所能及的帮助,感激之情无以言表,人生路上仍请多加关照!

毕业论文后半部分关于简牍柿的写作灵感,源于某日与陈门诸君的谈天,其中欧扬兄多有点拨;论文的英文翻译常获程博丽帮助。四年多来,感谢朱江、周海锋、李洪财、王笑、刘欣欣、王博凯、陈湘圆、贺璐璐、范育均等诸位同门给予的友好情谊。

感谢陈荣杰师姐、李明晓师兄、周祖亮师兄、胡波兄、熊贤品兄等人不时赐以专著或分享电子资源。

工作是一个人安身立命的大事,感谢陈师松长先生、张师显成先生、喻师遂生先生、李鄂权馆长、史光辉院长、李建平师兄、赵立伟师姐、龙仕平师兄、罗启龙兄等提供的就业信息和帮助。前途尚未可知,感谢诸位师友一路以来的关照和提携。

最后,纪念我的师母林俐(春晓)老师。在重庆工作的七年里,我的学习、工作和成家问题常蒙林老师的牵挂和关照。林老师年长我十岁,待人既耐心周到又温柔体贴,令我时常忆起,不能忘怀。英人王尔德尝言"死是睡的兄弟",愿林老师在天堂里没有病痛和哀伤!

刘国庆

2019 年 12 月 13 日

于湖南大学简帛文献研究中心

后　记

我的博士毕业论文的写作,始于一年级下学期(2016年上半年),陈师松长先生为岳麓书院2015级的博、硕士生开设"简帛文献研究"课程。那一年研讨的教材定为李均明、刘军先生合著的《简牍文书学》,陈师要求每个学生自己查找资料备课并分别主讲其中的若干章节。这是我第一次系统地接触简牍文书学的理论和分类体系,在学习的过程中不断产生很多疑问。其间又陆续重点翻阅了李均明先生的《秦汉简牍文书分类辑解》《当代中国简帛学研究(1949—2009)》以及李天虹先生的《居延汉简簿籍分类研究》等著作,许多地方看过多遍后仍然不甚明白,由此产生了研究一番的冲动。彼时雄心万丈,将毕业论文的题目早早定为"秦汉简牍文书分类研究",想着从"简牍文书学"术语的考释入手,对整个分类体系进行考查和修订。然而动笔之后才发觉知识储备的严重不足,面对浩繁的出土材料,最终只断断续续地涉及了"刺类文书"和"简牍柿"这两类文书,这些也便构成了博士毕业论文的主体框架。2019年3月毕业论文预答辩之前,依陈师的建议,将论文题目定为"秦汉简牍文书分类个案研究"。

2019年10月论文第九稿定稿后,经陈师引荐,曾呈送李均明、邬文玲两位先生先行审阅和把关。感谢两位先生所做的细致而耐心的工作!特别是李均明先生,作为目前简牍文书学分类体系的集大成者和权威,针对论文中存在的缺陷和不足提供了诚挚的意见,这使得文章的相关主题在论述时稳妥了许多。于振波、宋少华、邬文玲等先生在前后两次答辩中也都给出了大量切实的建议,论文中相应地酌情进行了吸收、补充和修订。感谢诸位师长的批评和指正!论文中若有其他争议或不足,文责在我。

此外,博士毕业论文能够得以顺利写作,还要感谢"死亡书社"和"国学大师"等网络社群的创建者和维护者,为学界、特别是年轻学子们搭建了珍贵而高效的交流平台,也感谢众多学友的无私奉献。

本次出版,内容上主要增补了三方面:

一是以"月别刺"文书为例,按照文书集成的理论和方法,将其还原为相应的簿籍简册,进而对以"刺"为名的9种"刺类文书"进行新的归类和命名。(第5章)

二是概括了文书柿的尺寸、材质、判别方法及其涉及的文书种类,并指出文书柿在整理和研究中存在的问题。(第7章)

三是针对文书柿占比最大的"簿籍类"文书,分别总结出了它们各自的特殊格式与关键词,并在增补了《长沙五一广场东汉简牍(三—八)》和《居延汉简(四)》这两批材料后,对全部四批材料中的文书柿进行了全面的梳理和研究。(附表:简牍中的文书柿)

小书能得以出版,要特别感谢吴胜伟兄的举荐并帮助争取到出版基金。五年来,我携小女儿苟安于夜郎之地,认真偷懒,努力敷衍,工作和科研上的点滴进步,都离不开胜伟兄"连拉带踹"般的督促和鞭策。

　　秦汉是汉字形体巨变的时期,本书中的简牍释文存在大量的古文异体字形,加之附录表格众多,这给编辑工作带来了很大的麻烦。上海三联书店的杜鹃编辑花了很多心血,提出了许多宝贵的修改完善意见,在此一并表示真诚的谢意!

图书在版编目(CIP)数据

秦汉简牍文书分类个案研究 / 刘国庆著. -- 上海 ：
上海三联书店，2025. 5. -- ISBN 978 - 7 - 5426 - 8901 - 6

Ⅰ. K877.54

中国国家版本馆 CIP 数据核字第 2025LF0396 号

秦汉简牍文书分类个案研究

著　　者 / 刘国庆

责任编辑 / 杜　鹃
装帧设计 / 一本好书
监　　制 / 姚　军
责任校对 / 王凌霄

出版发行 / 上海三联书店

　　　　　(200041)中国上海市静安区威海路 755 号 30 楼
邮　　箱 / sdxsanlian@sina.com
联系电话 / 编辑部：021 - 22895517
　　　　　发行部：021 - 22895559
印　　刷 / 上海颛辉印刷厂有限公司

版　　次 / 2025 年 5 月第 1 版
印　　次 / 2025 年 5 月第 1 次印刷
开　　本 / 890 mm × 1240 mm　1/32
字　　数 / 260 千字
印　　张 / 12.375
书　　号 / ISBN 978 - 7 - 5426 - 8901 - 6/K・835
定　　价 / 98.00 元

敬启读者,如发现本书有印装质量问题,请与印刷厂联系 021 - 56152633